Lorbeer
Literaturverlag

ISBN 978-3-938969-37-3

KZ Flossenbürg
Gedenkbuch der Frauen

Pascal Cziborra

Lorbeer - Verlag
Bielefeld 2015

Inhaltsverzeichnis

Vorwort

Anlässlich des 70-jährigen Jubiläums der Befreiung aus dem KZ Flossenbürg wurde die zweisprachige Erstauflage des Gedenkbuchs der weiblichen Häftlinge von 2007 überarbeitet und in einer inhaltlich deutlich ergänzten und erweiterten einsprachigen Edition unter dem Motto „Forschung und Erinnerung“ neu aufgelegt. Es ist der Versuch der oftmals anonym wirkenden und entindividualisierten Masse der Opfer des Nationalsozialismus, den Opfern von Holocaust und politischer Verfolgung, ihre Identität zurückzugeben und für die Nachwelt zu dokumentieren. Gleichzeitig soll damit die Grundlage einer wissenschaftlichen Bilanz zur Häftlingssterblichkeit des Konzentrationslagers und seiner gut 16.000 weiblichen Häftlinge erstellt werden. Das wichtige Gedenkbuch für die weiblichen Häftlinge des KZ Flossenbürg und seiner Außenlager ist Ergebnis umfangreicher Recherchen und gibt neben einer Kurzeinführung zur Lagergeschichte auch tiefere Einblicke in die analysierte Quellenlandschaft, ohne die eine Rekonstruktion historischer Realitäten und ein angemessenes Gedenken nicht möglich sind. Der Identifizierungsprozess der Todesopfer ist dabei noch lange nicht abgeschlossen, denn es konnten erst etwa 50% der in den Flossenbürger Nummernbüchern verzeichneten Sterbefälle, konkrete Identitäten mit vollständigen Deportationsgeschichten zugeordnet werden. Die anderen namentlich verzeichneten Toten (ca. 130) sind also noch nicht ausreichend identifiziert, d.h. ihre Geburtsdaten wurden nicht anderweitig bestätigt und ihre Herkunft und ihr Vorkriegsleben waren bislang nicht näher zu bestimmen. Neben diesen gut 250 in den Lagerbüchern dokumentierten Toten konnten aber auch sichere Informationen zu zahlreichen weiteren Opfern gesammelt werden. Die Daten stammen von Friedhofsämtern und Gedenkstätten und betreffen größtenteils Häftlinge, die nach der Befreiung verstarben, aber auch einige, die nicht in den Lagerbüchern vermerkt wurden. Die dritte große Säule der Datenerhebung sind Rückmeldungen von überlebenden Angehörigen. Zahlreiche anderweitig dokumentierte Sterbefälle konnten so zusätzlich bestätigt werden. Aber insbesondere die Toten der Evakuierungs- und Todesmärsche sind in der Regel nur auf diesem Weg des persönlichen Zeugnisses und aus der Gedenkkultur heraus zu erfassen. Größtes Reservoir solcher Rückmeldungen sind die Gedenkblätter („Pages of Testimony“) durch Angehörige an Israels zentrale Gedenkstätte Yad Vashem. Allerdings liegen auch hier nur zu etwa 30% aller ermittelten jüdischen Todesopfer solche Gedenkblätter vor. Für andere Opfergruppen existieren derartige Rückmeldungen nicht, wären aber wünschenswert.

Die Daten der Inhaftierten und Verstorbenen wurden zudem mit diversen bereits verfügbaren regionalen, nationalen oder opfergruppenspezifischen Gedenkbüchern abgeglichen. Um Identitäten verlässlich zu bestimmen und eine Datentransparenz zu gewährleisten, werden im namentlichen Gedenkteil für jedes Todesopfer, soweit möglich, auch eine vollständige Deportationsgeschichte und zugewiesene Häftlingsnummern rekonstruiert. Dies darf nicht als Stigmatisierung verstanden werden, sondern soll Verwechslungen ausschließen und den Identifizierungsgrad der einzelnen Personen veranschaulichen.

Bislang konnten mehr als 550 Frauen und Mädchen ermittelt werden, die das KZ Flossenbürg oder mindestens eines seiner Außenlager durchliefen und während ihrer KZ-Haft ums Leben kamen, oder aber nach der Lagerhaft an deren Folgen verstarben. Das sind trotz jahrelanger Bemühungen und Anstrengungen der Erinnerungsarbeit aber nicht einmal 4% der weiblichen Gesamtbelegung. Zugleich kann die maximale Obergrenze bei 3250 Frauen gezogen werden.[1] Die maximale Gesamtsterblichkeit lag also höchstens bei 20%. Sehr wahrscheinlich haben aber mehr als 80% der weiblichen Häftlinge des KZ Flossenbürg das Jahr 1945 überlebt. Da unsichere Sterbefälle bezüglich der Evakuierungsfahrten und Todesmärsche in der namentlichen Aufstellung noch nicht berücksichtigt wurden, ist im besonderen für die Außenlager, die nicht per Zug nach Theresienstadt evakuiert wurden, mit vielen weiteren Todesopfern zu rechnen.

Sollten Sie eine Angehörige, Bekannte, Kameradin oder Freundin unter den geführten Todesopfern vermissen oder durch wissenschaftliche Forschungsarbeiten auf fehlende Identitäten gestoßen sein, zögern Sie bitte nicht, Kontakt mit dem Verlag aufzunehmen. Selbiges gilt auch für den Fall, dass Sie bestehende Einträge ergänzen oder einzelne Angaben, z.B. Namensschreibweisen und Geburtsdaten berichtigen möchten. Nur so kann in künftigen Überarbeitungsschritten ein annähernd vollständiges Gedenkbuch für das KZ-Flossenbürg entstehen.

[1] Vgl. Kapitel 2.3.4

1. Weibliche Häftlinge unter der Verwaltung des KZ Flossenbürg

Das KZ-Flossenbürg wurde im Mai 1938 im östlichen Oberpfälzer Wald direkt an der Grenze zur Tschechoslowakischen Republik gegründet. Die Entscheidung für diesen Lagerstandort fiel aufgrund wirtschaftlicher Kriterien der SS, vor allem wegen der lokalen Granitvorkommen, die zur rentablen Bewirtschaftung und Ausweitung des bestehenden Steinbruches *Wurmstein* durch KZ-Häftlinge, für tauglich befunden wurden. Im Zuge des Aufbaus der Deutschen Erd- und Steinwerke [DESt] war Flossenbürg das reichsweit erste Werk, das offiziell den Betrieb aufnahm, und anders als die späteren defizitären DESt-Betriebe Mauthausen oder Buchenwald von Anfang an kleine Gewinne erwirtschaften konnte. Für die SS-Wirtschaftsbuchhaltung galt der Steinbruch in Flossenbürg als rentables und zukunftsträchtiges Objekt.[2]

In den ersten achtzehn Monaten seines Bestehens war Flossenbürg kein Einweisungslager, d.h. alle Gefangenen waren zuvor schon Häftlinge anderer KZ-Lager gewesen. Sie wurden zunächst aus den Konzentrationslagern Dachau, Buchenwald und Sachsenhausen rekrutiert und waren mehrheitlich unter den ideologisch geprägten Häftlingskategorien Berufsverbrecher [BV] und Vorbeugehäftling [VH] in das Lager aufgenommen worden. Bis Januar 1943 befanden sich nur männliche Häftlinge im KZ-Flossenbürg. Auch die seit 1942 neugegründeten Außenlager waren bis dahin nur mit Männern belegt worden. Neben dem Arbeitseinsatz im Steinbruch wurden die Flossenbürger Häftlinge wohl seit dem Frühjahr 1943 auch für die Rüstungswirtschaft, in der auf dem Lagergelände neu eingerichteten Messerschmitt-Produktion herangezogen. Die Zahl der Häftlinge war bis zu diesem Zeitpunkt kontinuierlich gestiegen.[3]

Die ersten weiblichen Gefangenen im Stammlager Flossenbürg waren Häftlinge des Frauenkonzentrationslagers Ravensbrück und wurden für *Sexzwangsarbeit* in einem eigens dafür errichteten Lagerbordell interniert. Oswald Pohl, Leiter des Wirtschaftsverwaltungshauptamtes [WVHA] hatte am 15. Mai 1943 ein allgemeines Prämiensystem für die KZ eingeführt. Mittels der Ausgabe von Lagergeld sollte durch die Gewährung besonderer Zuwendungen in Form von Extrarationen und Bordellbesuchen die Leistungsbereitschaft bestimmter Häftlingsgruppen gesteigert werden. Kurz nachdem die Bordellbaracke hinter dem Arrestbau am 1. Juli 1943 dafür fertiggestellt war, trafen auch schon die ersten zehn weiblichen Häftlinge aus dem KZ Ravensbrück in Flossenbürg ein und wurden dort im sogenannten „Kommando Sonderbau“ zur Prostitution gezwungen.[4] Zunächst wurden sie weiterhin von

[2] Vgl. Der Ort des Terrors. Band 4. S.17ff.

[3] Vgl. Ebenda

[4] Vgl. Der Ort des Terrors. Band 4. S.43f.
Vgl. Christl Wickert. Tabu Lagerbordell in Gedächtnis und Geschlecht

Ravensbrück verwaltet und nicht in die Lagerregister Flossenbürgs übernommen. Selbiges galt auch für 140 weibliche Ravensbrücker Häftlinge eines neu gegründeten Außenlagers in Neu Rohlau, deren Arbeitseinsatzverwaltung dem KZ-Flossenbürg am 1. Februar 1943 erstmals kommissarisch übertragen worden war. Ähnliche strukturelle Positionierungen nahm die Flossenbürger KZ-Verwaltung auch gegenüber den späteren Ravensbrücker Außenlagerneugründungen Zwodau[5] [03/44], Helmbrechts [07/44], Graslitz [08/44] und Wolkenburg [08/44] ein.[6] Erst ab dem 1. September 1944, im Zuge der geographischen Expansion Flossenbürgs in Form zahlreicher neuer Außenlager für weitere Rüstungsunternehmen, wurden diese weiblichen Häftlinge gänzlich unter die Flossenbürger Verwaltung gestellt, gemeinsam mit den weiblichen Häftlingen des ursprünglichen Männerlagers in Holleischen [04/44], sowie den Neuzugängen in die Lagerbücher übernommen und an sie nach und nach Flossenbürger Häftlingsnummern von 50.000 bis 66.059 vergeben.
In die im Spätsommer und Herbst 1944 neugegründeten Außenlager der Rüstungswirtschaft wurden vorwiegend Frauen aus dem Vernichtungslager Auschwitz und weitere weibliche Häftlinge aus dem KZ Ravensbrück überstellt. Während aus Auschwitz überwiegend Transporte jüdischer Frauen die Außenlager Flossenbürgs erreichten, strömten aus Ravensbrück größtenteils Häftlinge der Kategorie Z.A. [„Zivilarbeiter“], politische Gefangene und sogenannte Schutzhäftlinge [Sch.H.], aber auch mehrere hundert Sinti- und Roma-Frauen in den Verwaltungsbereich Flossenbürg. Die Zahl der weiblichen Häftlinge stieg sprunghaft an. Im Oktober 1944 wurde die weibliche Häftlingsbelegung mehr als verdoppelt und erreichte im November den Stand von 10.000 Häftlingen, der bis Anfang April 1945 auf über 14.000 weibliche Häftlinge ausgebaut werden konnte. Nachdem die Flossenbürger Lagerneugründung in Freiberg Ende August die 1944er Expansionsphase endgültig eingeleitet hatte, folgten Schlag auf Schlag die Gründungen der Lager in Hainichen, Oederan, Plauen, Rochlitz und Gundelsdorf bis Ende September 1944, Dresden Universelle, Dresden Goehle, Hertine, Nürnberg, Dresden Reick, Chemnitz und Wilischthal bis Ende Oktober 1944, sowie Dresden Bernsdorf und Zschopau bis Ende November 1944. Die Eröffnungen der Lager Mehltheuer am 2. Dezember 1944 und Venusberg-Gelenau am 15. Januar 1945 bildeten den Schlusspunkt dieser Phase. Der Häftlingszustrom in die neu gegründeten und von Ravensbrück übernommenen Flossenbürger Lager riss bis Kriegsende aber nicht mehr ab. Nachdem das KZ Auschwitz und etliche andere Lager im Osten im Januar in zahlreichen Todesmärschen evakuiert worden waren, erreichten mit einigen Wochen Verzögerung auch etliche Marschkolonnen aus Groß Rosen und Evakuierungstransporte mit Auschwitz-

---

[5] Die späteren Häftlinge waren seit Dezember 1943 in einem Lager in Falkenau [Sokolov] untergebracht und mussten das Lager in Zwodau selbst mit aufbauen.

[6] Vgl. Der Ort des Terrors. Band 4. S.45ff.

er Häftlingen den Verwaltungsbereich Flossenbürg. So befanden sich unter den im Februar 1945 von Bergen Belsen überstellten Häftlingen auch zahlreiche ehemalige Auschwitzer Häftlinge. Dies gilt im besonderen für den Transport vom ersten Februar nach Rochlitz und für den Transport vom 13. bzw. 28. Februar nach Venusberg-Gelenau, in dem sich unter anderen auch eine größere Gruppe polnischer Jüdinnen befand, welche erst kurz vor der Evakuierung Auschwitz-Birkenaus aus Krakau-Plaszow gekommen waren und keine Tätowierungen mehr erhielten[7]. Auch im Transport vom 12. bzw. 25. Februar aus Bergen Belsen nach Dresden Reick sind einige ehemalige Häftlinge aus Auschwitz nachweisbar. Viele Häftlinge dieses Transportes wurden jedoch auch über Budapest und Dachau nach Bergen Belsen verschleppt.[8] Nach diesen indirekten Evakuierungstransporten des überfüllten Lagers Bergen Belsen und der damit verbundenen Einschleppung der Typhusepidemie in die Lager Dresden Reick und Venusberg-Gelenau, ist der März 1945 der Monat der Todesmärsche aus Groß Rosen, die teilweise nach einer mehr als zweimonatigen entbehrungsreichen Wanderung das Stammlager Flossenbürg und seine Außenlager im Sudetenland erreichten. Eingeleitet wurde diese Phase mit der Ankunft 119 ungarischer Jüdinnen aus dem Groß Rosener Außenlager Freiburg am 26. Februar 1945, welche allerdings per Zug über Trautenau [Trutnov] und Flossenbürg in Zwodau eintrafen[9]. Diese Häftlinge waren zuvor größtenteils über Budapest nach Ravensbrück deportiert worden und wurden dort für einen Arbeitstransport nach Freiburg selektiert. Als sie in Zwodau ankamen hatten sie also bereits einige Monate Zwangsarbeit und Gefangenschaft hinter sich. Anfang März erreichten schließlich zwei weitere große Todesmärsche aus Groß Rosen Flossenbürg. Die Mehrzahl dieser jüdischen Frauen und Mädchen wurde zwischen dem 6. und 9. März als Zugang registriert. Für den 6. März wurde die Ankunft von 621 Jüdinnen aus dem Groß Rosener Lager Grünberg in Helmbrechts notiert. Eine Kolonne hatte zuvor Zwodau erreicht, wo mindestens weitere 166 marschunfähige, sowie 18 bereits auf dem Weg verstorbene Frauen dieses Evakuierungsmarsches zurückgelassen wurden[10] und die Flossenbürger Nummern 63477 bis 63482, 64974 bis 65150 und 65152 erhielten. Viele der Frauen leisteten zuvor im Lager Pürschkau [Schlesiersee] Zwangsarbeit und waren von dort aufgrund der heranrückenden Front nach Grünberg evakuiert worden. Der zweite große Evakuierungsmarsch aus dem KZ Groß Rosen erreichte das Stammlager Flossenbürg in Kolonnen am 8. und 9. März 1945. Dort machten die erschöpften Jüdinnen aus dem Groß Rosener Außenlager Neusalz Zwischenstation und wurden nach einer reichlichen Woche Aufenthalt in einer Steinbruchbaracke am

---

[7] Vgl. Sonia Schreiber Weitz. I Promised I Would Tell. S. 49 Tätowierungen November 44 eingestellt.

[8] Vgl. Pascal Cziborra. KZ Dresden Reick S. 119ff.

[9] Vgl. DEGOB-Protokoll 3377

[10] Vgl. Der Ort des Terrors. Band 4. S. 142 & Hans Brenner. Theresienstädter Studien u. Dokumente 1999 S. 272

17. März 1945 per Zug nach Bergen Belsen abtransportiert. Von den 870 in Flossenbürg angekommenen Frauen, die unter den Häftlingsnummern 64104 bis 64972 und 65153 verbucht werden, wurden 866 weiterüberstellt. Vier der registrierten Groß Rosener Frauen waren während des kurzen Aufenthaltes in Flossenbürg verstorben. Trotz ständiger weiterer Verluste wurde die Mehrheit der 866 überstellten Frauen in Bergen Belsen am 15. April 1945 befreit. Einige waren jedoch auch dem dritten Evakuierungszug zugeteilt worden, der mit Bestimmungsort Theresienstadt erst am 23. April 1945 in Tröbitz befreit werden konnte. In den anderen beiden Bergen Belsener Evakuierungstransporten war bislang kein Häftling aus dieser Gruppe nachzuweisen. Mehr als 200 Frauen und Mädchen aus dem Lager Neusalz wurden nach der Befreiung nach Schweden verschifft, wo es glücklicherweise den meisten gelang sich physisch von der KZ-Haft zu erholen. Einzelne verstarben jedoch auch dort, selbst noch im Frühjahr 1946, an deren Folgen.[11] Von den befreiten und in Bergen Belsen verbliebenen Frauen dieser Gruppe starben hingegen allein in den Frühlings- und Sommermonaten nach der Befreiung noch mindestens 25 Personen[12]. Ungewiss ist vor allem die Zahl der Frauen, die in den etwa vier Wochen bis zur Befreiung in Bergen Belsen oder möglicherweise in den Evakuierungszügen ums Leben kam. Die Zahl der Todesopfer kann deshalb noch nicht genau beziffert werden. Sie ist aber definitiv nicht so groß, wie sie von einigen Historikern bislang geschätzt und publiziert wurde, da allein schon die dokumentarisch belegbare Zahl der nach Schweden transportierten Frauen einige solcher Angaben widerlegt. Besonders hartnäckig hält sich nach wie vor Martin Gilberts[13] Version des Todesmarsches, der bezüglich der Evakuierung aus Neusalz längst nicht mehr als verlässlich gelten kann. Insgesamt werden im Flossenbürger Zugangsbuch 1782 Frauen aus Groß Rosen registriert, die Flossenbürg und seine Außenlager offensichtlich lebend erreichten, sowie 18 Personen, deren Identität nicht mehr festzustellen ist und deren Leichen mit nach Zwodau geführt wurden.

Etwa ab Mitte März 1945 erreichten schließlich auch Evakuierungstransporte aus dem KZ Ravensbrück die Flossenbürger Außenlager. Darunter befanden sich Häftlinge verschiedenster Nationalitäten und Kategorien. Insbesondere das Lager Zwodau wurde Anlaufstation zahlreicher Evakuierungstransporte, die hier unter extremsten Bedingungen einen Zwischenstopp einlegten. Dabei führte nicht nur der Ravensbrücker Transport, sondern auch der Häftlingszustrom aus den Flossenbürger Außenlagern Gundelsdorf, Helmbrechts und dem Lager Dresden Bernsdorf, dessen Belegschaft später teilweise in Richtung Tachau und Theresienstadt evakuiert wurde, in

---

[11] Datenabgleich der Flossenbürger Nummernbücher mit Schwedischen Survivor-Listen

[12] Datenabgleich der Flossenbürger Nummernbücher mit dem Bergen Belsener Gedenkbuch

[13] Vgl. Martin Gilbert. The Holocaust. A History of the Jews of Europe during the Second World War. Henry Holt and Company. New York. 1985. S.784

Zwodau zur explosionsartigen Steigerung der Häftlingsbelegung. Möglicherweise wurden in diesem Chaos nicht mehr alle Häftlinge, die Zwodau durchliefen, registriert. Die letzten Häftlinge, die in die Flossenbürger Zugangsbücher aufgenommen wurden, sind 500 evakuierte Ravensbrücker Häftlinge, die über Zwodau wohl am 2. April 1945 Neu Rohlau erreichen und 400 Ravensbrücker Häftlinge, die ebenfalls über Zwodau am 1. April Graslitz zugeschrieben werden. Alle 900 Frauen hielten sich laut Berichten Überlebender nach Ankunft ihres Zuges zuvor mehrere Wochen im Zwodauer Lager auf.[14] Zwodau erreichte damit den höchsten temporären Häftlingsstand eines Flossenbürger Außenlagers für Frauen und übertraf die bislang größten Lager Freiberg und Venusberg mit einer regulären Belegstärke von etwa 1000 Personen um ein Vielfaches.[15] Auch die temporäre Häftlingsbelegung der Lager Neu Rohlau und Graslitz wuchs durch die Ravensbrücker Transporte in der Evakuierungsphase kurzzeitig so stark an, dass die reguläre Belegung Freibergs und Venusbergs übertroffen wurde. Ähnliches gilt für Helmbrechts durch die evakuierten Groß Rosener Frauen. Auch das Lager Holleischen erreicht im März 1945 eine vierstellige Häftlingsbelegung, nachdem ein großer Teil der Nürnberger Häftlinge aufgrund von Bombenschäden im Siemens-Lager Katzwanger Straße von der kurzzeitigen, provisorischen Unterkunft im Schulhaus Zeltnerstraße nach Holleischen überstellt worden war[16]. Der Räumung des Nürnberger Standortes durch Häftlingstransporte nach Holleischen und Mehltheuer folgte am 28. März 1945 die Auflösung des Rochlitzer Lagers mit der Häftlingsüberstellung nach Graslitz, die die Flossenbürger Evakuierungsphase endgültig einleitete. Nach und nach zwang das Näherrücken der Front zur Aufgabe weiterer Flossenbürger Standorte. Zunächst waren vor allem die Dresdner Lager betroffen. Ab dem 13. April 1945 folgten zahlreiche weitere Standorte, vor allem in Sachsen. Auch im Flossenbürger Stammlager war zu diesem Zeitpunkt die Evakuierung bereits in vollem Gang. Konkrete Anweisungen für den Ablauf der Räumung der Außenlager gab es anscheinend nicht. Oft ist aus den zurückgelegten Strecken kein klares Ziel, oder aber dessen zwischenzeitliche Änderung ersichtlich. Da die einzelnen Evakuierungsstationen nicht vollständig überliefert sind, soll hier lediglich erwähnt werden, wohin man die einzelnen Häftlingsgruppen letztendlich transportierte. So wurden etliche Lager mit jüdischer Belegung per Zug nach Leitmeritz und von dort schließlich zu Fuß nach Theresienstadt evakuiert. Dies gilt für die Lager Wilischthal, Zschopau, Hainichen, Oederan und Hertine. Diese Transporte erreichten Theresienstadt relativ geschlossen. Die Häftlingssterblichkeit lag unter 5%. Auch die verbliebene jüdische Belegung des Lagers Dresden Bernsdorf & Co.

---

[14] Vgl. DEGOB-Protokoll 2650

[15] Mehr als 3500 registrierte weibliche Flossenbürger Häftlinge haben das Lager Zwodau durchlaufen Wann und mit welcher Zahl der temporäre Höchststand eintrat, lässt sich nicht mehr rekonstruieren.

[16] Vgl. Der Ort des Terrors. Band 4. S. 215, siehe Cziborra Frauen im KZ, KZ Mehltheuer

im Stadtteil Striesen wurde nach Theresienstadt evakuiert. Die genannten Transporte trafen zwischen dem 20. und 24. April in Theresienstadt ein. Die Frauen wurden hier am 8. bzw. 9. Mai mehrheitlich befreit.
Ebenfalls mit dem Zug nach Leitmeritz evakuiert wurde das Lager der Astrawerke in Chemnitz. Nach kurzem Aufenthalt wurden diese Häftlinge jedoch ins geräumte Lager Hertine gebracht und noch bis Kriegsende zur Füllung von Munition mit Sprengstoff eingesetzt. Diese Frauen wurden in Hertine am 8. Mai befreit.[17]
Zwei weitere Flossenbürger Außenlager auf sächsischem Boden und mit jüdischer Belegung wurden per Zug nach Österreich in das KZ Mauthausen evakuiert. Hierbei handelt es sich um die Lager Freiberg und Venusberg-Gelenau. Während ihres Aufenthaltes in Trebusice zwischen dem 14. und 20. April wurden die Frauen aus Venusberg-Gelenau dem Freiberger Transportzug angeschlossen. Am 25. April wurden die Waggons in Nyrsko wieder abgetrennt.[18] Die Freiberger Frauen erreichten Mauthausen am 29. April 1945. Die Häftlinge aus Venusberg-Gelenau vermutlich einen oder zwei Tage später. Aus dem Freiberger Lager wurden auch Säuglinge und Schwangere evakuiert, die auf Transport und später in Mauthausen entbanden.
Unter den Häftlingen des Lagers Venusberg-Gelenau forderte die aus Bergen Belsen eingeschleppte Typhusepidemie auch auf der Evakuierung noch zahlreiche Opfer. Massengräber entlang der Strecke lassen etwa 100 Evakuierungsopfer dieses Lagers erwarten, von denen bislang nur einzelne namentlich bekannt sind. Die Sterblichkeit der Freiberger Häftlinge ist deutlich geringer einzustufen. Ihre zahlreiche Befreiung in Mauthausen ist dokumentiert[19]. Einigen Frauen gelang unterwegs die Flucht.
Eine möglicherweise opferreiche, weitere Evakuierung, die zunächst Flossenbürg[20] als Ziel hatte, erfolgte teils zu Fuß, teils mit dem Zug aus dem Lager Wolkenburg nach Dachau. Im dortigen Konzentrationslager kam aber nur ein knappes Drittel der Häftlinge an. Vielen gelang unterwegs die Flucht, mindestens fünf Frauen wurden nach Lebensmitteldiebstählen von einem Standgericht exekutiert.[21] Auch hier ist die genaue Zahl der Evakuierungstoten ungeklärt.
Das Lager Mittweida wurde ebenfalls teils zu Fuß, teils per Zug evakuiert. Über Hainichen trieb man die Häftlinge nach Freiberg, wo man sie in offene Waggons verlud und nach Prag brachte. Ein Teil der Frauen wurde dort befreit, andere wurden weiter nach Budweis gefahren. Dort erlebten auch sie am 7. oder 8. Mai ihre Befreiung.[22] Gänzlich zu Fuß evakuiert wurden die zwei Außenlager in Plauen. Die

[17] Vgl. Der Ort des Terrors. Band 4. S. 82
[18] Vgl. Aufstellung von Pavla Placha zur Evakuierung Freibergs. Gedenkstätte Flossenbürg
[19] Repatriierungslisten AMM U8a/2 und AMM U8b/2 Vgl. Cziborra. KZ Freiberg S. 224ff.
[20] Das Stammlager Flossenbürg war bis zum 20. April selbst geräumt und am 23. April befreit worden.
[21] Der Ort des Terrors. Band 4. S. 271f. & Norbert Aas. Sinti und Roma im KZ Flossenbürg S. 73ff.
[22] Der Ort des Terrors. Band 4. S. 198f.

Häftlinge wurden gemeinsam in Richtung Karlsbad getrieben und bei Tachau befreit.[23] Auch einige Überlebende der Dresdner Bombardierung aus dem Lager Universelle wurden zu Fuß evakuiert. Über das Elbtal erreichten sie das Flossenbürger Männerlager Mockethal-Zatzschke, wo einige Frauen erschossen worden sein sollen. Auf dem weiteren Weg nach Pirna löste sich der Todesmarsch bei einem Fliegerangriff auf. Die Überlebenden wurden von den Alliierten befreit.[24]
Weitere Todesmärsche erfolgten aus den Lagern Graslitz, Neu Rohlau und Zwodau. Aus Graslitz gingen verschiedene Kolonnen ab, die Richtung Karlsbad-Marienbad bzw. Böhmerwald getrieben wurden. Ähnliches gilt für das Lager Neu Rohlau. Die erste Kolonne verließ in der Nacht vom 19. auf den 20. April das Lager in Richtung Karlsbad. Ein zweiter Transport folgte in der Nacht vom 22. auf den 23. April über Stribro nach Saaz [Zatec]. Dort bzw. in Laun überließen die Wachmanschaften am 7. oder 8. Mai die Häftlinge sich selbst. Eine dritte Kolonne mit Häftlingen aus dem Krankenrevier soll Neu Rohlau am 29. April verlassen haben.[25]
Extrem viele Verluste sind nach Zeugenberichten für den Todesmarsch von Zwodau bzw. von Helmbrechts über Zwodau nach Wallern [Volary] zu beklagen. Während die politischen Häftlinge zunächst größtenteils in Zwodau verblieben, wurde die jüdische Belegung beider Lager auf dem entbehrungsreichen Marsch stark dezimiert. Nur durch die sofortige ärztliche Behandlung nach der Befreiung am 6. Mai konnte das Leben einiger Jüdinnen gerettet werden. Militärärztliche Protokolle und Fotos der Befreiten geben erschütternden Aufschluss über den Gesundheitszustand dieser Frauen.[26] Am. 20. April wurden aber auch die in Zwodau verbliebenen Häftlinge in Richtung Tachau bei Karlsberg getrieben, kehrten jedoch nach drei Tagen um und gelangten zurück in ihr ehemaliges, zur Vertuschung zerstörtes Lager. Dort wurden schließlich am 7. Mai auch sie von den Amerikanern befreit.[27]
Von einer entbehrungsreichen Evakuierung am Ende ihrer Haft blieben lediglich die Frauen der Lager Mehltheuer und Holleischen verschont. Holleischen wurde am 3. Mai 1945 von tschechischen Partisanen befreit und am 5. Mai von amerikanischen Truppen übernommen. Das Lager Mehltheuer erreichte die Befreiung bereits im April. Nach Kriegsende wurden die dort befreiten Frauen zu großen Teilen auf die Lager Rentzschmühle und Feldafing verteilt[28]. Wieviele der gut 16.000 weiblichen, registrierten Flossenbürger Häftlinge in den letzten Kriegsmonaten und nach der

[23] Der Ort des Terrors. Band 4. S. 228
[24] Vgl. Der Ort des Terrors. Band 4. S. 100f.
[25] Der Ort des Terrors. Band 4. S. 208
[26] Vgl. Danial Jonah Goldhagen. Hitler's Willing Executioners. Seite 330ff. Cziborra. Frauen im KZ
[27] Vgl. Der Ort des Terrors. Band 4. S. 287
[28] Vgl. USHMM Liste ‚Rentzmüller', Liste Feldafing

Befreiung noch ihr Leben verloren, ist mehr als 70 Jahre nach den Ereignissen leider immer noch nicht vollständig geklärt. Diese Publikation soll helfen das zu ändern.

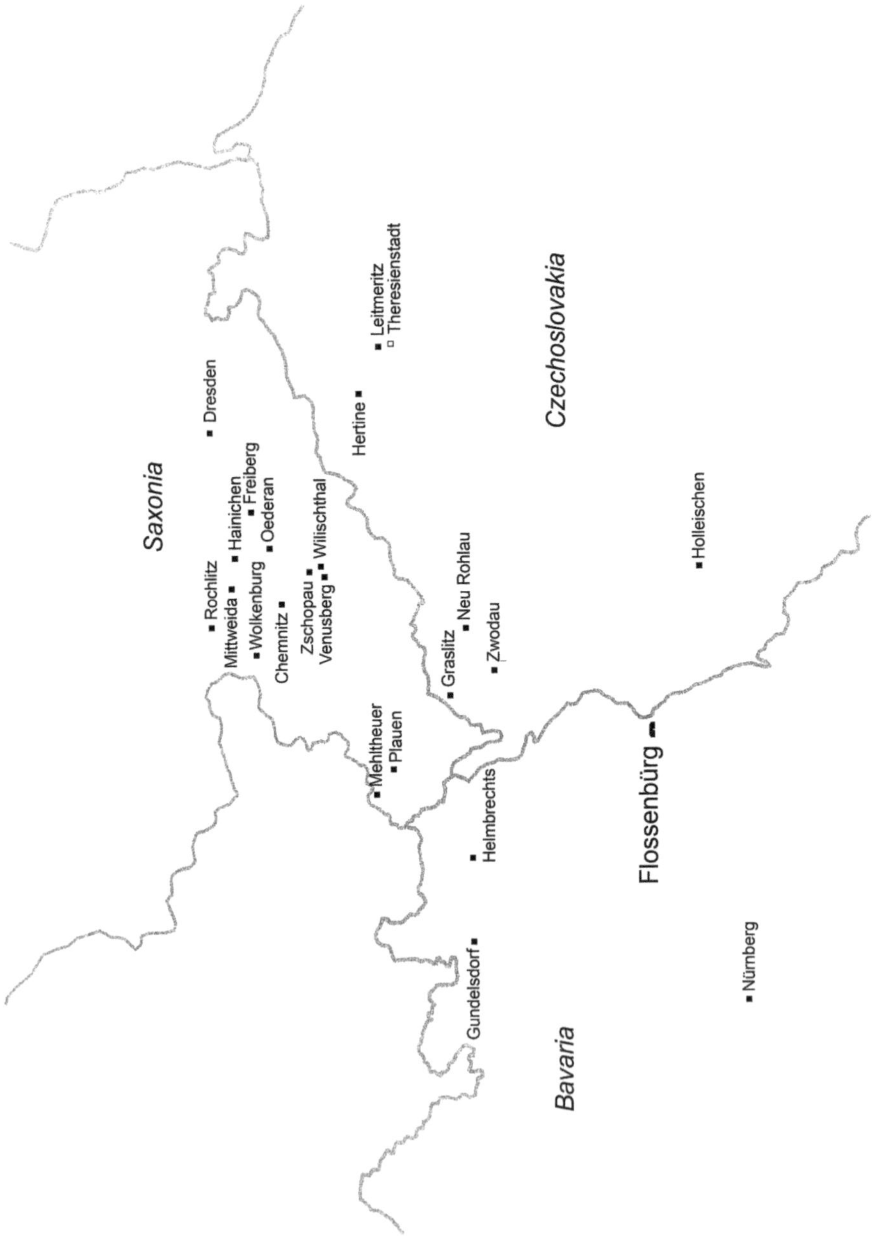

2. Die Flossenbürger Nummernbücher als historische Quelle

Zu den bedeutendsten Quellen für die Rekonstruktion des Flossenbürger Lagergeschehens gehören die acht *Zugangsbücher*, die in der Forschungsliteratur meist *Flossenbürger Nummernbücher* genannt werden. Außerdem kursieren die Begriffe *Eingangsregister* oder *Lagerbücher*, die man synonym gebraucht. Die acht Nummernbücher übergab Häftlingsschreiber Milos Kucera 1945 nach der Befreiung persönlich den Amerikanern[29]. Die Bände Eins bis Sechs enthalten die Daten männlicher KZ-Häftlinge, in den Büchern Sieben und Acht wurden die weiblichen Häftlinge Flossenbürgs registriert. Für die Frauen wurde der Nummernbereich 50.000 bis 69.999 reserviert. Der letzte Eintrag befindet sich jedoch unter der Nummer 66.059. Da die Nummernvergabe nicht lückenlos erfolgte und in manchen Bereichen der Lagerbücher radiert wurde, kann man jedoch nicht direkt von der Zahl der Nummernbuchzeilen auf die Anzahl der enthaltenen biografischen Datensätze schließen. Dies bedarf einer genaueren Betrachtung.
In der Regel befinden sich jedoch auf jeder Seite der Nummernbücher 30 Häftlingsmatrikel. Die Seiten sind in sechs Spalten unterteilt. Jede Zeile folgt also im Idealfall dem Schema: Häftlingsnummer, Haftgrund + Nationalität, Nachname + Vorname, Geburtstag + [Geburtsort/Herkunft], Überstellungslager und Datum der Überstellung, Flossenbürger Außenlager mit Registraturdatum + [Verbleib]. Der *Verbleib* ist ein für die bessere Darstellung gewählter Sammelbegriff und kann eine Überstellung in ein anderes Lager, Entlassung, Beurlaubung, Flucht, Wiederergreifung, Tod oder Sonderbehandlung [SB], d.h. die Hinrichtung des Häftlings bedeuten. Überstellungsdatum und Registraturdatum sind überwiegend identisch, müssen aber nicht zwangsläufig mit der tatsächlichen Ankunft der Häftlinge im Lager oder dem Transportdatum aus dem Überstellungslager übereinstimmen.
Das früheste Registraturdatum ist der 1. September 1944, an dem die Verwaltung Flossenbürg bereits bestehende Lager in ihrem geographischen Einzugsbereich von der Verwaltung Ravensbrück übernahm. Generell werden die einzelnen Einweisungs- bzw. Überstellungstransporte nicht streng chronologisch aufgeführt. Das letzte Registraturdatum eines Transporteingangs ist der 2. April 1945. Veränderungsmeldungen in der Verbleibsspalte sind vom 5. Juli 1944[30] bis zum 14. April 1945 nachweisbar. Die Nummernbücher können demnach also auch nur über solche Häftlinge Auskunft geben, die vor diesem Datum Flossenbürg oder seine Außenlager erreichten, oder deren Tod bis zum 14. April bei der Flossenbürger Verwaltung gemeldet wurde. Dies bedeutet jedoch nicht, dass die Registrierung bis zu diesem

---

[29] Johannes Ibel. Die Häftlingsdatenbank der KZ-Gedenkstätte Flossenbürg. Rundbrief Nr. 115 10/2003 S.3ff.

[30] Flucht eines Häftlings aus Neu Rohlau, der nachträglich eine Flossenbürger Häftlingsnummer erhält

Tag lückenlos erfolgte. So wurden z.B. die spätestens am 6. April von Ravensbrück nach Leitmeritz überstellten 300 weiblichen Häftlinge, die dort für die Firma Osram arbeiten sollten, nicht mehr in die Flossenbürger Zugangsbücher übernommen, obwohl sie spätestens in einer Liste der *Arbeitseinteilung am 13. April 1945*[31] mit einer Zahl von 300 Personen in den Bestand der weiblichen Flossenbürger Häftlinge gerechnet werden. In Leitmeritz sollen sich laut Miroslava Langhamerová außerdem bereits im Februar 50 bis 100 Frauen aus dem evakuierten Auschwitz aufgehalten haben, die in einem Schuppen außerhalb des Lagers untergebracht waren[32]. Auch sie sind nicht in den Flossenbürger Nummernbüchern verzeichnet und lassen sich personell offenbar nicht konkret nachweisen. Unter Umständen basieren diese Angaben also auf Zeugenaussagen zu ein- und demselben Transport. Einige der 300 Ravensbrücker Häftlinge waren nämlich über Auschwitz nach Mecklenburg verschleppt worden und es befanden sich auch etwa 60 Jüdinnen aus Auschwitz unter ihnen. Zudem klaffen die Zeitangaben der Überlebenden bereits kurz nach der Befreiung erheblich auseinander. So heißt es im DEGOB-Protokoll 2111 vom 2. Juli 1945: *„Im Februar kamen wir nach Leitmeritz, in ein Männerlager. Wir waren im Ganzen nur 300 Frauen."* Ein zweites Protokoll vom selben Tag bestätigt: *„Ich blieb in Ravensbrück bis zum 20. März; an diesem Tag setzte die Evakuierung des Lagers ein, das dann vernichtet werden sollte. Ich kam nach Leitmeritz, das eigentlich ein Männerlager war: unser 300 Köpfe zählender Transport waren die einzigen Frauen."* [33] Die Ankunft in Leitmeritz wird hier auf den 23. März datiert. Beide Häftlingsangaben weichen kurze Zeit nach dem Krieg bereits deutlich von dem im wissenschaftlichen Aufsatz bei Langhamerová angegebenen Datum ab. Die genaue Transportankunft wäre also noch abzusichern bzw. zu rekonstruieren.

In der Liste der *Arbeitseinteilung am 13. April 1945* werden zudem 21 weibliche Häftlinge für das Stammlager genannt, die in dieser Zahl ebenfalls nicht in den Büchern nachgewiesen werden können. Möglicherweise stehen diese Angaben in Zusammenhang mit dem Lagerbordell, Sonderhäftlingen oder bevorstehender Hinrichtungen.

Abgesehen von den späten Transporten in den Lagerkomplex Flossenbürg, gab es aber auch Transportgruppen oder Einzelpersonen, die in den Nummernbüchern, möglicherweise bewusst oder aber aus Unachtsamkeit, offensichtlich nicht erfasst wurden. Besonders auffällig ist das für einen Transport in das Außenlager Nürnberg. Während auf einer Auschwitzer Transportliste 593 Personen geführt werden, werden in die Flossenbürger Nummernbücher nur 550 Häftlinge übertragen. Anhand diverser Nachkriegszeugnisse ist allerdings zu belegen, dass eine ganze Reihe Häftlinge

[31] ZStA Potsdam, Film 14430 zitiert nach Dr. Hans Brenner. Dissertation 1982. S. 424f.

[32] Der Ort des Terrors. Band 4. S. 178

[33] DEGOB-Protokoll 691 vom 2. Juli 1945

definitiv das Außenlager Nürnberg erreichten und in Mehltheuer oder Holleischen befreit werden konnten.[34] Auch solche nicht registrierten Personen, wären noch dem Häftlingsbestand des KZ Flossenbürg zuzurechnen. Zudem gibt es etliche Belege, dass auch verschiedene Einzelpersonen verschiedener Lagerstandorte nicht registriert wurden. So befand sich beispielsweise eine Bala Zwerenbaum noch auf der Transportliste des KZ Stutthof ins KZ Flossenbürg wurde aber für das Außenlager Dresden Bernsdorf & Co. nicht in den Nummernbüchern registriert.[35] Auch berichtet die Häftlingsärztin Jadwiga Lenartowicz bzw. deren Tochter Barbara Rylko-Bauer von einem Mithäftling namens „Dr. Wanda Szajniuk“[36], der Mehltheuer erst eine Weile nach Lenartowicz, also möglicherweise erst Ende März oder Anfang April 1945 erreichte. Bei diesem nicht registrierten Häftling dürfte es sich um die in der Ukraine geborene Wanda Szaynok, geborene Baraniecka[37] handeln. Sie soll einen Teil des Krieges in Sibirien verbracht haben und im polnischen Untergrund aktiv gewesen sein, bevor man sie verhaftete und nach Auschwitz einwies. Von dort soll sie über ein anderes Lager 1945 nach Mehltheuer gelangt sein.[38] Diese Schilderungen sind sehr plausibel und passen zu der recherchierten Überlebenden. Möglicherweise existiert sogar ein Foto von ihrer Auschwitzer Häftlingsnummer, sofern diese 33841 lautete und am 1. Februar 1943 vergeben wurde.[39]

Im Außenlager Freiberg scheinen ebenfalls einzelne geflohene Häftlinge am 17. Februar 1945 eingewiesen worden zu sein, die nicht anderweitig in den Flossenbürger Nummernbüchern zu belegen sind.[40] Auch in den Außenlagern des KZ Flossenbürg geborene Säuglinge wurden nicht als Häftlinge registriert. Zu den über 16.000 registrierten weiblichen Häftlingen des KZ Flossenbürg wären also richtigerweise wahrscheinlich etwa 350-450 nicht registrierte Häftlinge hinzuzurechnen.

Nicht berücksichtigt sind dabei allerdings die Durchgangstransporte vom September 1944 aus Warschau und vom November 1944 aus dem ungarischen Baczkau bzw. Gomarom nach Ravensbrück. Diese Sondertransporte mit weiblichen Gefangenen hielten sich vorübergehend im Stammlager Flossenbürg auf. Beim Aufenthalt in Flossenbürg handelte es sich aber nur um einen logistischen Zwischenstop und die Frauen sind nicht der Häftlingsbelegschaft des KZ Flossenbürg zuzuordnen. Am 17.09.1944 wurden 719 Polinnen die Ravensbrücker Häftlingsnummern 69494 bis

---

[34] Vgl. Pascal Cziborra. KZ Mehltheuer. S.137ff.

[35] Vgl. Pascal Cziborra. KZ Dresden Striesen. S.31

[36] Barbara Rylko-Bauer. A Polish Doctor in the Nazi Camps. S.219

[37] *06.12.1898 (1896) Kijow (Rudeka bei Kiew in der Ukraine) – 06.06.1971 Warschau. Möglicherweise war sie unter dem falschen Namen „Halina Sobolewska“ inhaftiert worden. Vgl. Maria Ciesielska. Dzialalnosc obozowego szpitala dla kobiet KL Auschwitz-Birkenau 1942-1945

[38] Vgl. Barbara Rylko-Bauer. A Polish Doctor in the Nazi Camps. S.219

[39] Vgl. Pascal Cziborra. KZ Mehltheuer. S.77

[40] Vgl. Pascal Cziborra. KZ Freiberg S. 60f.

70212 zugewiesen und am 17.11.1944 erhielten 111 Ungarinnen und Sloweninnen, sowie eine Serbin die Häftlingsnummern 84218-84329 des KZ Ravensbrück.[41]
Abgesehen von der lückenhaften Registrierung der oben genannten Häftlingszugänge sind auch die Todesfälle in den Außenlagern in den Nummernbüchern längst nicht vollständig berücksichtigt, da bei der Datenpflege Fehler passierten, Meldungen vergessen wurden oder durch die Kriegsereignisse verloren gingen. Über Opferzahlen nach Überstellung in andere Lager, sowie auf den Evakuierungen und Todesmärschen ist aus den Flossenbürger Nummernbüchern ohnehin nichts zu erfahren. Die Zugangsbücher ermöglichen jedoch die Identifizierung von über 16.000 Personen, d.h. über 97% der weiblichen Häftlinge und damit eine Klärung ihres Schicksals.
Seit Jahren liegen die Nummernbücher als Mikrofilmkopien der US-amerikanischen National Archives and Records Admininstration[42] auch der Gedenkstätte Flossenbürg vor. Die genaue Auswertung dieser wertvollen historischen Quelle soll tieferen Aufschluss über die Opfer, deren Deportation, und über die Praxis der KZ-Verwaltung geben. Zur besseren Strukturierung der Erkenntnisse sollen in den folgenden Abschnitten verschiedene Aspekte einzeln beleuchtet werden, denn nur wer die Datensicherheit vorliegender Quellen richtig einschätzen kann, wird in der Lage sein historische Wahrheiten und damit auch die Leidensgeschichten der Häftlinge verlässlich zu rekonstruieren.

[41] Grit Philipp. Kalendarium. S. 307, 320
[42] NARA, M-1935 R1, M-1935 R-2, M-1935 R-3, M-1935 R-4

2.1. Unregelmäßigkeiten bei der Nummernvergabe

Genauere Auswertungen der Nummernbücher Sieben und Acht ergeben etliche merkwürdige Unregelmäßigkeiten bei der Registrierung der weiblichen Häftlinge. So werden nicht nur einige Nummern ausgelassen, sondern teilweise auch zusammengehörende Transporte in den Nummernbüchern auseinandergerissen, oder Transporte miteinander vermischt.

2.1.1 Unterbrochen und vermischt registrierte Transporte

Paradebeispiel eines unterbrochenen Transportes ist die dritte Überstellung von Auschwitz ins Außenlager Freiberg, bei Dresden. Beim Registriervorgang wird die Gruppe von 500 Frauen in drei Teile getrennt. Einen größeren transportfremden Einschub bilden hierbei die Nummernbuchzeilen 54172 bis 54186. Hier werden plötzlich Frauen aufgelistet, denen noch vor dem ersten September 1944 im Frühjahr und Sommer eine Flucht aus Neu Rohlau und Zwodau gelang, oder die entlassen wurden. Im selben Nummernblock finden sich auch einige Radierungen, sowie eine Leerzeile und eine Todesmeldung. Die Registrierung des Freiberger Transportes wird schließlich ab 54187 bis 54435 fortgeführt. Nachdem zwischenzeitlich etliche Transporte in verschiedene andere Lager registriert wurden, werden an die letzten drei Frauen die Nummern 56801 bis 56803 vergeben. Eine plausible Erklärung hierfür war, trotz Korrespondenz mit einer dieser drei Frauen, nicht in Erfahrung zu bringen. Die zweimalige Unterbrechung und spätere Fortführung der Registrierung scheint allein durch die Buchführungspraxis verursacht worden zu sein.

Weitere Auffälligkeiten in den Flossenbürger Nummernbüchern sind die Einzelregistrierungen der Margit Friedmann des Außenlagers Wilischthal und der Jenny Weiß des Lagers in Hertine, die im weiteren Sinne auch als unterbrochene Transporte interpretiert werden können. Margit Friedmann erhält die Nummer 55749, während die anderen 200 Frauen ihres Transportes die Nummern 58853 bis 59052 belegen. Jenny Weiß wird unter der Nummer 61357 registriert, nachdem ihre 599 Kameradinnen die Nummern 54636 bis 55234 erhalten hatten. Während Jenny Weiß wohl beim Registriervorgang vergessen wurde und nachträglich eine höhere Häftlingsnummer bekommt, wird Margit Friedmann eine deutlich niedrigere Häftlingsnummer als die der anderen Frauen ihres Transportes zugewiesen. Wahrscheinlich soll ihr Eintrag bewusst eine Zeile füllen, die zunächst zwischen zwei Transporten ins Lager Mittweida und Nürnberg leer geblieben war. Warum andere Leerzeilen im Nummernbuch nicht nachträglich ebenso aufgefüllt wurden, kann jedoch aufgrund des derzeitigen Kenntnisstandes nicht schlüssig beantwortet werden.

Neben den Lagern Wilischthal und Hertine gibt es auch für das Lager Hainichen eine Einzelregistrierung, die jedoch ganz offensichtlich durch den frühen Todesfall eines Häftlings verursacht wurde. So erhält die polnische Jüdin Zlata Lassmann, die am 9. September 1944 kurz nach Ankunft ihres Transportes in Hainichen oder sogar schon auf dem Transport verstarb, die Häftlingsnummer 54184, während den anderen 149 Frauen des Transportes die Nummern 53274 bis 53422 zugewiesen worden waren. Die späte und von ihrem Transport getrennte Verzeichnung ihres Todes als Häftlingsabgang am 1. Oktober 1944 lässt darauf schließen, dass sie wohl vor dem eigentlichen Erfassungsvorgang in Hainichen verstarb und ihre Identität somit möglicherweise nachträglich rekonstruiert werden musste. Dies könnte erklären, warum es im Gegensatz zu anderen verstorbenen Hainicher Häftlingen zwischen den Eintragungen im Flossenbürger Nummernbuch und den Aufzeichnungen der Verwaltung des Städtischen Friedhofs Chemnitz bei ihren Lebensdaten zu größeren Diskrepanzen kommt. Während die laut Nummernbuch geführte Zlata Lasmann am 3.9.22 in Warschau geboren worden sein soll, handelt es sich bei dem in Chemnitz bestatteten Hainicher Häftling angeblich um eine Zlata Laßmann, die am 28.12.1914 geboren wurde.[43] Bislang konnte nicht endgültig geklärt werden, um wen es sich bei der Toten tatsächlich handelt. Sie wurde daher mit beiden konkurrierenden Angaben in den Gedenkteil aufgenommen. Ihr 150 Frauen zählender Transport über Auschwitz kam aus dem Ghetto Lodz.

Auch bezüglich des Lagers Oederan führen extreme zeitliche Verzögerungen beim Registriervorgang zu einer Anomalie in den Zugangsbüchern. Bevor Gizella Lichtensteins Eingangstransport vom 12.09.1944 in die Nummernbücher übertragen wird, überstellt man sie am 17.10.1944 bereits weiter nach Ravensbrück. Diese Überstellung führt zu einer direkten Eintragung ins Lagerbuch unter der Nummer 57230. Bei der nachträglichen Registrierung ihres Transportes mit dem Nummernbereich 59153 bis 59453 wird ihr dann in Abwesenheit unbemerkt eine zweite Flossenbürger Häftlingsnummer zugeteilt. Außerdem werden unter den genannten Häftlingsmatrikel zwei verschiedene Transporte durchmischt registriert. Es handelt sich insgesamt um 301 Frauen, etwa 100 Jüdinnen aus Ungarn und Polen vom 12.09.44 und etwa 200 Theresienstädter Jüdinnen des Transportes vom 30.10.1944. Sie werden nach alphabetischer Ordnung geführt.

Besonders kurios an diesem Fall ist, dass es sich hierbei um den ersten und dritten Transport nach Oederan handelt, die in einem zeitlichen Abstand von mehr als sechs Wochen aufeinander folgten. Der zweite Transport nach Oederan vom 09.10.1944 wurde augenscheinlich früher registriert als der erste, denn die 200 Frauen bekamen die Nummern 54436 bis 54635 zugewiesen.

---

[43] In Lodz gibt es zwei Eintragungen zur selben Person: Lasmann Zlata 28.12.1910, Lesmann Zlata 28.12.1913

Ebenfalls gemischt registriert sind die Häftlinge der beiden Flossenbürger Außenlager in Plauen. Laut Berichten verschiedener Zeitzeugen trafen hier zwei Transporte mit je 250 Frauen ein, die auf beide Lager jeweils im Verhältnis von 100:150 Frauen verteilt wurden.[44] Im Nummernbuch werden dem Lager Plauen Baumwollspinnerei 200 Häftlinge mit den Nummern 60157 bis 60356 und dem Lager Plauen Industriewerke 300 Häftlinge mit den Nummern 60557 bis 60856 zugeschrieben. Das Transportdatum vom 14.10.1944 ordnet man dem Lager Baumwollspinnerei, und den 23.09.1944 dem Lager Industriewerke zu. Im Nummernbuch scheint es demnach so, als hätte es zunächst einen 300 Frauen starken Transport für den Standort Industriewerke und später eine Überstellung von 200 Frauen für das Lager Plauen Baumwollspinnerei gegeben. Dies entspricht jedoch nicht den realen Vorgängen im Flossenbürger Lagerkomplex. Diese werden durch die verzögerte Registrierung verfälscht. Die durchmischte Registrierung zeigt, dass auch hier von der Ankunft der Häftlinge bis zu ihrer Registrierung in den Flossenbürger Nummernbüchern durchaus einige Wochen liegen konnten. Die Registrierung der ersten 250 Häftlinge kann so, wie sich der Sachverhalt darstellt, frühestens nach Ankunft des zweiten Transportes abgewickelt worden sein.

2.1.2 Streichungen, Radierungen und Leerzeilen

Zu den Besonderheiten der Flossenbürger Nummernbücher gehören auch die Eintragsstreichungen für das Lager Hertine. In den Nummernbuchzeilen 54691, 54869, 54890, 55166 und 55220 werden bestehende Einträge aus der alphabetischen Ordnung gestrichen und durch Identitäten, die sich nicht diesem Ordnungskriterium unterwerfen, ersetzt. In diesen fünf Zeilen sind also jeweils zwei Identitäten lesbar, von denen die untere, ursprüngliche mit dünner Mine durchgestrichen wurde. Nur in einem Fall scheint ein direkter Schreibfehler vorzuliegen. In Zeile 54869 setzt sich der ursprüngliche Nummernbucheintrag aus dem wiederholten Namen und Geburtsdatum aus Zeile 54868 und dem Vornamen aus der Folgezeile 54870 zusammen. Der Schreibfehler ist neben etlichen anderen Fehlern ein Indiz dafür, dass die Flossenbürger Nummernbücher weitestgehend spaltenweise aus Transport- oder Lagerlisten übertragen wurden [Vgl. Abschnitt Zeilensprünge]. Bei den anderen vier Streichungen kann ein Verrutschen in der Zeile keine Ursache für die Falscheinträge sein. Es ist bislang nicht geklärt, ob die gestrichenen Personen tatsächlich von Auschwitz nach Hertine überstellt wurden oder nicht. Möglicherweise wurden an Stelle von ihnen andere Frauen in das Flossenbürger Außenlager geschickt. Eine fehlerhafte Transportliste, die in die Zugangsbücher übertragen wurde, könnte dann nach Auslie-

[44] Vgl. Der Ort des Terrors. Band 4. S. 227

ferung der Häftlingsnummern nach Hertine, berichtigt worden sein. Eine Befrciung in Theresienstadt, wie für die meisten anderen Hertiner Häftlinge, konnte für die gestrichenen Häftlinge im Datenbankprojekt der Theresienstädter Initiative jedenfalls nicht nachgewiesen werden. Möglicherweise könnte das Interview 19391 der Shoah Visual History Foundation weiteren Aufschluss geben, das dem nachträglich eingetragenen Häftling in Zeile 54890 zuzuordnen ist. Weiterführende Hinweise sind erbeten.

Ähnliche Streichungen wie in Hertine finden sich auch unter den ungarischen Jüdinnen, die Ende Februar aus dem Groß Rosener Außenlager Freiburg nach Zwodau evakuiert wurden. In den Zeilen 63368 und 63452 werden zwei ursprüngliche Einträge in alphabetischer Ordnung gestrichen und durch Identitäten ersetzt, die nicht diesem Ordnungskriterium unterliegen. Sowohl die gestrichenen Frauen als auch die nachträglich eingetragenen Häftlinge sind im Januar 1945 von Ravensbrück in einem 150 Personen starken Transport nach Freiburg überstellt worden und sind im KZ Groß Rosen im Nummernbereich 94001-94150 registriert. Von der in Zeile 63452 nachträglich eingetragenen Ungarin existiert das DEGOB-Protokoll 3377, dem aber leider keine Erläuterung zu dieser Streichung, bzw. Nummernvergabe zu entnehmen ist. Auch für das Lager Oederan ist eine Streichung in Zeile 59276 nachzuweisen, die aber als Schreibfehler zu interpretieren ist. Die gestrichene Identität deckt sich mit Zeile 59266.

Neben den Streichungen für die Lager Hertine und Zwodau gibt es in den Nummernbüchern auch einige Stellen, an denen ganz offensichtlich radiert wurde. Die Zeile 54179 wird zum Beispiel ausradiert, da die in Dresden aus dem Lager Universelle geflohene Russin auch unter der Nummer 57368 geführt wurde. Dort findet man sogar einen expliziten Verweis auf die ausradierte Zeile. Auch die Einträge der Nummernbuchzeilen 54181 bis 54183 wurden durch Radierungen unkenntlich gemacht. Wahrscheinlich waren auch hier geflüchtete Frauen eingetragen, die schon anderweitig innerhalb ihrer Einlieferungstransporte registriert, und mit dem entsprechenden Verbleib versehen waren. Konkrete Verweise, die dies abschließend belegen könnten, existieren jedoch nicht. Eine weitere Radierung erfolgte in Nummernbuchzeile 55239. Hier wurde der Eintrag einer Anna Korsun getilgt und ihr mit entsprechendem Rückverweis die Nummer 55738 zugeteilt. Ob an dieser Stelle zuvor ein anderer Häftling registriert war, kann nicht eindeutig beantwortet werden. Unter dem deutlichen neuen Eintrag befinden sich unleserliche Radierungen. Ausradiert wurden auch die Nummernbuchzeilen 57734, 57736 bis 57738 und 57740. Dazwischen blieben zwei Namen mit Geburtsdatum stehen, Personen, die bislang keinem Transport und Lagerstandort explizit zugeordnet werden konnten. Die Ursachen für diese Radierungen liegen bislang noch im Dunkeln. Aber auch zu einigen dieser Zeilen

gibt es Querverweise im Nummernbuch. So scheint Sara Szymanowicz[45] aus dem Außenlager Freiberg möglicherweise später erneut unter der Häftlingsnummer 57738 verzeichnet, aber schließlich wieder ausradiert worden zu sein. Ähnliches gilt wohl auch für Irena Baumatz[46] und eine der Radierungen. Ausradierungen in den handschriftlich geführten Nummernbüchern dienten also nicht zur Vertuschung von Todesfällen oder Verbrechen, sondern waren lediglich durch aufgefallene Fehler bei der Datenpflege bedingt.
Außer den Radierungen, die in der Mikrofilmkopie durch unterschiedlich stark verschmierte graue Flecken auffallen, gibt es auch vollständig leere Zeilen, die keine Spuren einer ehemaligen Eintragung aufweisen. Diese Nummernbuchzeilen sind nach heutigem Kenntnisstand wahrscheinlich aus der Gesamtzahl der registrierten Häftlinge herauszurechnen. Derartige Leerzeilen legen nahe, dass die Häftlingsnummern 54185, 57228 und 57229 im KZ-Flossenbürg nie vergeben wurden. Etwas anders liegt dabei der Fall der Leerzeile 59937. Unter dieser Häftlingsnummer sollte wohl eigentlich Bala Zwerenbaum, die 500. Person eines Transportes aus dem KZ Stutthof ins Außenlager Dresden Striesen, verzeichnet werden. Bislang ist ungeklärt, ob sie nur beim Registrierungsvorgang oder der Übertragung einer Häftlingsliste ins Nummernbuch übersehen wurde, oder ob ihr möglicherweise schon vom Transport eine Flucht gelang oder sie aus anderen Gründen Dresden niemals erreichte.[47] Ihr kann aber die eintragslose Nummernbuchzeile recht eindeutig zugeordnet werden.

2.2 Die Verlässlichkeit biografischer Daten zur Identifizierung der Häftlinge

Die Verlässlichkeit der biografischen Daten in den Flossenbürger Nummernbüchern ist von stark schwankender Qualität. Sie ist von diversen Faktoren wie Überstellungslager, Nationalität, Häftlingskategorie, Häftlingsalter und auch von der Konzentrationsleistung des registrierenden Schreibers abhängig.
So sind die Häftlingsdaten der Personen, die aus Ravensbrück überstellt wurden, soweit das bislang beurteilt werden kann, tendenziell etwas verlässlicher als die Datensätze der über Auschwitz deportierten Häftlinge. Innerhalb der Auschwitzer Gruppe stechen jedoch die ehemaligen Theresienstädter Frauen und Mädchen durch relativ verlässliche Angaben hervor. Die gründlicheren Daten für die Ravensbrücker Häftlinge können neben dem generellen Vorgang der Registrierung unter Umständen auch in Zusammenhang mit der Nationalität der Deportierten und ihrer Häftlingskategorie gebracht werden. Denn unter diesen Häftlingen befanden sich wesentlich

[45] FloNo.: 54432
[46] FloNo.: 54431
[47] Vgl. Pascal Cziborra. KZ Dresden Striesen. S. 31

mehr deutsche Häftlinge als unter den über Auschwitz deportierten Frauen und Mädchen. Zudem war der Anteil politisch Verfolgter deutlich höher. Bei beiden Gruppen scheint man mehr Wert auf Sorgfalt beim Registriervorgang gelegt zu haben als bei Häftlingen anderer Kategorien und Nationalitäten, die man in der ideologisch geprägten Häftlingshierarchie weiter unten ansiedelte. Entscheidend für eine verlässliche Registrierung waren aber auch entsprechende Sprachkompetenzen, die bei der Erfassung einiger Häftlingsgruppen ganz offensichtlich fehlten. So gestaltet sich die Identifizierung der griechischen Jüdinnen aber auch vieler russischer Frauen und Mädchen sehr schwierig, da die Übertragungen in ein anderes Schriftsystem und die *Verdeutschung* vieler Namen, zahlreiche Feinheiten zur genaueren Identifizierung unkenntlich gemacht haben. Bei den griechischen Jüdinnen sind zudem auch die Geburtsdaten häufig fehlerhaft.

Für die Transporte mit jüdischen Frauen und Mädchen gilt zudem generell eine Stauchung der Altersstruktur in den Zugangsbüchern gegenüber der Realität. Um Selektionen, vor allem in Auschwitz, zu entgehen gaben sich junge Mädchen älter aus als sie waren und ältere Frauen machten sich bei der Registrierung jünger, um als arbeitstauglich zu gelten. Während bei jüngeren Mädchen in den höheren 20er-Jahrgängen die Altersangaben meist um zwei oder drei Jahre, nicht selten aber auch bis zu fünf Jahren schwanken, fällt die Differenz der lebensrettenden Notlüge zur Wirklichkeit bei den Jahrgängen um 1900 des öfteren auch um 10 oder gar 12 Jahre aus. Insbesondere unter den polnischen Jüdinnen ist das Wissen über die Selektionen weit verbreitet und die Bereitschaft zu verjüngenden Aussagen ausgeprägter als zum Beispiel bei den ungarischen Jüdinnen. Angewandt werden diese Praktiken aber von allen. Durch diese bewusste Manipulation der Altersangaben wird die Identifizierung der ehemaligen Häftlinge sehr erschwert. Die bewussten Manipulationen führen dazu, dass ein großer Prozentsatz der Geburtsdaten, vor allem der Geburtsjahre, in den Zugangsbüchern nicht der Realität entspricht. Insgesamt eignet sich folglich der Geburtstag deutlich besser als identifizierendes Merkmal als das Geburtsjahr der Häftlinge. Viele Listen von Überlebenden oder Opfern, die nur Häftlingsnamen und Geburtsjahr oder Alter beinhalten, sind als verlässliche Quellen über Häftlingsschicksale damit schlichtweg ungeeignet. Daher ist für die Flossenbürger Häftlinge auch eine genauere Identifizierung mit ausführlicher Deportationsgeschichte vorgesehen, bei der weiterhin auf die notwendige Mitarbeit der ehemaligen Häftlinge, vor allem aber angesichts der verstrichenen Zeit, auf das Interesse und die Kooperation deren Nachkommen und Angehörigen gesetzt werden muss.

Die Zusammenstellung alphabetischer Transportlisten führte außerdem nicht selten dazu, dass weibliche Häftlinge bei der Registrierung ihren abgelegten Mädchennamen nannten, um nicht von Schwestern, Schwägerinnen, Tanten oder Müttern getrennt zu werden. Auch diese lagerbedingten Angaben erschweren mitunter die

Identifizierung ehemaliger Häftlinge. Neben den aufgrund ihrer Überlebensstrategien bewusst verursachten Falschangaben der Häftlinge haben sich aber auch zahlreiche andere Fehler in die Nummernbücher eingeschlichen, die maßgeblich dem Schreibvorgang als solchem geschuldet sind.

2.2.1 Die Schreibvorgänge als Fehlerquelle

Ein einheitliches Schema zur Erstellung einer Transport- oder Lagerliste gab es im nationalsozialistischen Lagersystem anscheinend nicht. Fest steht jedoch, dass die Flossenbürger Nummernbücher als Abschrift anderer Einzelaufstellungen und Listen entstanden, die an die Verwaltung des Stammlagers übermittelt wurden. Demnach kann in zwei Fehlerarten unterschieden werden: in *übertragene Fehler*, die sich schon in den meist nicht mehr vorhandenen Originallisten befanden und *Übertragungsfehler,* die erst bei der Abschrift dieser Listen ins Nummernbuch gelangten. Für beide Fehlerarten sollen einige Beispiele und ihre Entstehungszusammenhänge angeführt werden.

2.2.1.1 Übertragene Fehler

Bevor eine Häftlingsliste ans Stammlager Flossenbürg gesandt werden konnte, mussten die biografischen Daten erst einmal erfasst werden. Ob dabei teilweise auf Transportlisten aus dem KZ Auschwitz oder Ravensbrück etc. zurückgegriffen werden konnte, oder ob diese Listen in den Flossenbürger Außenlagern ausschließlich eigenhändig erstellt wurden, konnte noch nicht vollständig geklärt werden. Fest steht jedoch, dass entsprechende Lagerschreiber wohl *das* niederschrieben, was sie von den Häftlingen hörten. Die Verschriftlichung mündlich übermittelter biografischer Informationen erweist sich jedoch als höchst fehleranfällig und es kommt dabei nicht selten zur Verunstaltung der biografischen Information. Ein deutliches Beispiel ist Zeile 54274. Hier wird der Name *Pulwermacher* als Nachname *Pulwer* und Vorname *Mracha* verbucht. Die eigentliche Information des Vornamens *Ilse* geht damit verloren. Erst durch die Rekonstruktion von Deportationsströmen konnte die wahre Identität dieses Häftlings recherchiert werden. In einem ähnlich gelagerten Fall verweist auch die Zeile 53430 auf eine falsche Silbentrennung des Gehörten bei der Verschriftlichung. So wird der nach dem Nachnamen genannte Doppel- oder Mädchenname *Olek* und der Vorname *Dina* miteinander zum falschen Vornamen *Olektina* verbunden. In einigen Fällen sind auch Vor- und Nachname in den Spalten vertauscht und Häftlinge finden sich in alphabetischer Reihenfolge plötzlich an ganz anderer Stelle wieder.[48] Einige Häftlinge ließen sich auch nicht nur mit ihren Mädchennamen[49] registrieren, z.B. um nicht von Familienangehörigen getrennt zu werden, sondern einzelne Personen[50] gaben sogar die Nachnamen von Freundinnen an. Diese Extremfälle sollen verdeutlichen, wie sehr man auf die Rückmeldungen ehemaliger Häftlinge angewiesen ist, um verlässlichere Daten zu erheben. Als problematisch erweist sich bei einer solchen Registrierungspraxis auch der unreflektierte Datenaustausch verschiedener Gedenkstätten untereinander. So sind z.B. im Bergen-Belsener Gedenkbuch Identitätsdopplungen entstanden, weil ein- und dieselben Häftlinge zunächst in Dachau und nach Überstellung nach Flossenbürg unter anderen Namen registriert wurden. Mit einer nachhaltigen Identifizierungsaktion der Flossenbürger Häftlinge sollen in Zukunft solche verwirrenden Fehlinformationen ausgeschlossen und ein würdevolles Andenken der Opfer mit korrekten biografischen Angaben gewährleistet werden.

2.2.1.2 Übertragungsfehler

Neben den schon ohnehin in den Originallisten enthaltenen biografischen Fehlinformationen, die meist auf einen mündlichen Registriervorgang zurückzuführen sind, wurden durch einfache Zahlendreher und Mehrdeutigkeiten im Schriftbild, sowie durch die spaltenweise Abschrift weitere Fehler in die Zugangsbücher übertragen. Besonders zahlreich sind die fehlerhaften Angaben zur Nationalität der Häftlinge. Da in dieser Nummernbuchspalte meist mit „Gänsefüßchen" gearbeitet wurde, fällt eine Auslassung eines Nationalitätenwechsels um so deutlicher ins Gewicht. Reihenweise Häftlinge werden dadurch in den Zugangsbüchern bezüglich ihrer Nationalität falsch „deklariert". Manchmal kann eine Verbindung zur Deportationsgeschichte gezogen werden, in anderen Fällen gibt es dafür keine plausiblen Erklärungen. Nicht immer ist der Fehler so offensichtlich wie bei den polnischen Jüdinnen aus Lodz, die von der Häftlingsnummer 53274 bis 53380 durchgehend als ungarische Jüdinnen bezeichnet werden. Gerade bei heterogenen Häftlingszwangsgemeinschaften ist es oft mühevoll die tatsächliche Herkunft des Häftlings zu rekonstruieren. Die spaltenweise Abschrift biografischer Daten birgt aber auch eine erhöhte Gefahr an Zeilensprüngen.

---

[48] Vgl. FloNo.: 63148 oder 58817

[49] Vgl. FloNo.: 61859, 63646 u.a.

[50] Vgl. FloNo.: 53674

2.2.1.3 Zeilensprünge

Zeilensprünge entstehen dann, wenn innerhalb einer Seite die Angaben einer Spalte verrutschen und zu neuen „imaginären“ Kombinationen von Häftlingsdaten führen. Diese nicht immer gleichermaßen offensichtlichen Zeilensprünge sind eine besondere Erschwernis bei der Identifizierung ehemaliger Häftlinge. Zeilensprünge als Anomalien in den Flossenbürger Häftlingsregistern erstrecken sich über unterschiedliche Bereiche und können mitunter auch zur falschen Beantwortung von Haftbestätigungen oder zu Fehlurteilen bei Datenabgleichen führen. Der Zeilensprung ist ein unterschätztes Problem auch bei der Digitalisierung von Transportlisten und ähnlichen Dokumenten, die für die historische Forschung von Bedeutung sind. Anfällig für Zeilensprünge sind vor allem die Passagen von Listen, in denen in einzelnen Spalten gleiche oder ähnliche Daten mehrfach aufeinanderfolgen. Dies ist in den Transportlisten besonders bei jüdischen Frauen, sowohl bei den Nachnamen als auch bei den Vornamen, häufig der Fall. Auch Zeilensprünge, die ihren Ursprung in der Geburtstagsspalte haben, können nachgewiesen werden. Von Zeilensprüngen betroffene Listenareale können unterschiedlichste Dimensionen haben. Für die Flossenbürger Nummernbücher Sieben und Acht konnten bislang neben mehreren kleineren Zeilensprungsequenzen, vier größere betroffene Nummernbereiche ausfindig gemacht werden.

Der erste Bereich betrifft die Nummernbuchzeilen 57975 bis 57980. Dieser Zeilensprung ist besonders unauffällig, da es sich bei allen Häftlingen um ungarische Jüdinnen handelt und die neu entstandenen „Identitäten“ somit auf den ersten Blick plausibel erscheinen. Verrutscht ist in diesem konkreten Fall die Spalte der Vornamen. Da hier einer Ilona Frank eine Jolan Frank folgt, kam es zur Unterschlagung des Vornamens Jolan. Alle folgenden Vorname auf der Nummernbuchseite sind damit um eine Zeile nach oben verrutscht. Der Fehler fiel beim Vergleich mit einer Liste auf, die eines der Häftlingsmädchen nach der Befreiung anfertigte.[51] Auf der Folgeseite des Nummernbuches ist das Problem wieder bereinigt. Dem Schreiber scheint die Unstimmigkeit beim Seitenumbruch aufgefallen zu sein. Der Ursache des Fehlers wird nicht nachgegangen. Die entstandenen „imaginären“ Identitäten werden nicht berichtigt. Auch in Zeile 52989 für das Lager Hainichen scheint der Vorname *Jolan*, vermutlich aus schlichter Unachtsamkeit unterschlagen worden zu sein. Die Vornamen *Klara* und *Lili* sind um eine Zeile nach oben verrutscht. Durch den kurz darauf folgenden Seitenumbruch werden weitere Unstimmigkeiten verhindert.

Ein ähnlich gelagertes Phänomen tritt in den Nummernbuchzeilen 65269 bis 65279 auf. Hier ist die Spaltenkolonne der Familiennamen verrutscht. Da es sich um eine

[51] Liste der Hajnal Harmat. Kopie. Privatarchiv Cziborra.

Häftlingssequenz unterschiedlichster Nationalität handelt ist der Fehler bei näherer Betrachtung relativ offensichtlich. Ein polnischer Name, möglicherweise Dziasek, wird bei der spaltenweisen Übertragung ins Zugangsbuch übersprungen bzw. ausgelassen. Damit erhält die Polin einen türkischen Namen, die Türkin einen französischen Namen, die Französin einen russischen Namen usw. Erst zum Ende der Seite hin wird der Name Galinowska in die Zeile 65279 eingefügt, obwohl er dort eigentlich nicht hingehört, um die einzelnen Spalten untereinander zu harmonisieren. Auch in diesem Fall scheint der Fehler dem Schreiber erst beim Seitenumbruch aufzufallen. Die falschen Einträge werden im Nachhinein aber nicht berichtigt.

Auch in anderen Spalten der Zugangsbücher kommt es zu Zeilensprüngen mit gefährlichen Auswirkungen. So konnten für das Lager Hainichen zwei Zeilensprünge in der Spalte der Geburtsdaten aufgedeckt werden, die die Nummernbuchzeilen 53184 bis 53200 und 53318 bis 53320 betreffen. Im ersten Fall ereignet sich der Zeilensprung wahrscheinlich aufgrund eines unvollständigen Eintrages. Vermutlich war hier in einer Liste nur der Nachname *Adler* geführt. Die Lücke in der Spalte für die Geburtsdaten wird vom Schreiber versehentlich nicht eingehalten, was dazu führt, dass 17 Geburtsdaten um eine Zeile nach oben verrutschen. Dieser Fehler fällt ebenfalls beim Seitenumbruch auf, und wird durch die Wiederholung des letzten Geburtsdatums „in Ordnung“ gebracht. Der Ursache der Unstimmigkeit wird aber nicht nachgegangen. Die bestehenden Fehleinträge werden so belassen. Da sich der zweite Zeilensprung erst kurz vor Seitenende einschleicht, sind hier deutlich weniger Einträge betroffen. Verursacher des zweiten Zeilensprungs ist wahrscheinlich das unterschlagene Geburtsdatum eines Zwillings- oder Schwesternpaares. Die Geburtsdaten der folgenden zwei Häftlinge rutschen dadurch um eine Zeile nach oben. Die Zeilensprünge konnten durch den Abgleich der Flossenbürger mit den Theresienstädter Daten entlarvt, und durch Listen des Ghetto Lodz bestätigt werden und spielten für die Identifizierung eines Todesopfers eine wichtige Rolle.

Ein weiterer großer Zeilensprung betrifft die Häftlinge der Göhlewerke der Firma Zeiss in Dresden mit den Häftlingsnummern 58552 bis 58580. Hier sind nahezu alle Einträge einer Nummernbuchseite betroffen. Dabei sind spätestens ab Danuta Kalinowskaja-Wierbitschenko[52] aus Odessa die Geburtsdaten um eine Spalte nach oben gerutscht. Das Geburtsjahr von Anna Kakowitsch[53] ist noch korrekt. Der Fehler fiel beim Abgleich mit der Auschwitzer Häftlingsdatenbank auf. Dabei konnte auch nachgewiesen werden, dass die Geburtsorte im gleichen Zug aber nicht mit verrutscht sind. Es wurden also vermutlich zunächst alle Geburtsorte übertragen und

[52] FloNo.: 58554

[53] FloNo.: 58552

erst dann die Geburtsdaten verzeichnet oder umgekehrt. Auch dieser Fehler fiel dem Schreiber beim Seitenumbruch auf und wurde nachträglich nicht berichtigt.
Außerdem sind die Daten politischer Häftlinge aus Frankreich im Außenlager Holleischen ebenfalls von einem Zeilensprung bei den Geburtsdaten betroffen. In der Nummernbuchzeile 52597 wurde das Geburtsdatum einer Anna Ruisek[54] ausgelassen. Dadurch sind die Daten dieser Spalte um eine Zeile nach oben verrutscht. Da sich dieser Fehler eher am Ende einer Nummernbuchseite einschlich, sind hier nur die Daten der Luise Sornas[55], Josephine Convert[56] und Hélène Dubien[57] betroffen. Auch in diesem Fall wird das letzte Geburtsdatum auf der Folgeseite einfach wiederholt und die Zeilen dadurch wieder in Übereinstimmung gebracht.
Ein weiterer, jedoch glücklicherweise weniger problematischer Zeilenfehler, der ebenfalls von der spaltenweisen Übertragung der Häftlingsdaten zeugt, ist in Zeile 62858 zu beobachten. Die Abgrenzung des Transportes nach Dresden Reick vom Transport nach Venusberg ist auf den ersten Blick nicht ganz eindeutig. Eine Jüdin ist aufgrund ihrer griechischen Nationalität und dem alphabetischen Ordnungskriterium des Transportes aber eindeutig dem Lager Venusberg-Gelenau zuzuordnen, auch wenn in der Spalte für Transportdatum und Lagerort ein weiteres Mal Dresden Reick zu lesen ist. Der Schreiber hat hier wohl zunächst aus Versehen eine Häftlingsnummer zu viel für das Dresdner Lager reserviert. Ein nachträglich eingezeichneter kleiner Pfeil weist hier aber auf die fehlerhafte Datenübereinstimmung in dieser Zeile hin. Wie die geschilderten Fälle zeigen, bedürfen die Flossenbürger Nummernbücher an diversen Stellen einer gewissenhaften Interpretation und eines intensiven Datenabgleichs, um Einträgen echte Identitäten von Personen zuzuordnen.

[54] *15.07.1919, FloNo.: 52597
[55] *05.12.1920, FloNo.: 52598
[56] *07.12.1896, FloNo.: 52599
[57] *10.12.1917, FloNo.: 52600

2.3 Die Verzeichnung der Todesfälle

Richtig interpretiert werden müssen auch die Angaben bezüglich der im Lagerkomplex Flossenbürg verstorbenen Frauen und Mädchen. Insgesamt werden 255[58] Todesfälle namentlich und 18 nicht näher identifizierbar in den Flossenbürger Nummernbüchern Sieben und Acht verzeichnet. Es werden aber nur die Häftlinge aus der KZ-Belegung abgemeldet, deren Todesmitteilung auch das Stammlager erreicht. Eine Übertragung vorhandener Informationen in die Nummernbücher kann bis zum 14. April 1945 erst einmal vorausgesetzt werden.
Eine Abmeldung eines verstorbenen Häftlings erfolgt in der entsprechenden Verbleibsspalte der Zugangsbücher und wird in der Regel mit einem quadratischen Kreuz und einem Datum kenntlich gemacht. Bei diesem Datum handelt es sich zunächst einmal nicht um ein Sterbedatum, sondern um das Abmeldedatum. Zwischen Todesfall und Abmeldung können mitunter einige Wochen liegen. Der eigentliche Sterbetag wird nur in Ausnahmefällen rückdatiert. In der Forschungs- und Gedenkliteratur sowie verwandten öffentlich abrufbaren Datenbanken werden dennoch nicht selten die Flossenbürger Abmeldedaten immer noch als Todesdaten verbreitet. Dies soll in dieser Publikation bewusst nicht länger so praktiziert werden. Wo immer genauere Daten vorliegen, sollen diese auch angegeben werden.

2.3.1 Die Datierung der Todesfälle

Nur für die Lager Helmbrechts und Dresden Goehle sind in den betrachteten Flossenbürger Nummernbüchern für jeweils einen Meldevorgang einzelne rückdatierte Todesfälle zu belegen. So wird in Zeile 56937 neben dem Todesdatum *Tatjana Melniks*, dem 18.11.1944, wohl auch in Klammern das Abmeldedatum, der 23.11.1944 angegeben. Auch wird die vermutlich gleichzeitige Meldung zweier Todesfälle des Lagers Helmbrechts rückdatiert. So ist in Zeile 63853 neben dem Sterbedatum 7.3.45 auch das Abmeldedatum „Ab 10.3.45" zu lesen. Ähnliches gilt für Zeile 63903, nur dass dort das Sterbedatum 8.3.45 lautet. Die offensichtliche Unterscheidung zwischen Todestag und Abmeldedatum in diesen drei Fällen gibt wichtigen Aufschluss für die anderen in den Nummernbüchern verzeichneten Todesfälle. Zum einen vergeht unterschiedlich viel Zeit zwischen Tod und Abmeldung, hier zwei bis fünf Tage, zum anderen können Frauen, die an verschiedenen Tagen starben, das gleiche Abmeldedatum tragen. Es war also wichtig zu klären, ob es sich bei den anderen Häftlingsabmeldungen um Sterbe- oder Abmeldedaten in der Verbleibsspalte handelt. Da zu einigen Lagern Vergleichsdaten von Friedhofsver-

[58] Eine Todeseintragung der Chana Tarnowska (FloNo.: 59903) bewahrheitete sich bislang nicht.

waltungen etc.vorliegen, kann davon ausgegangen werden, dass es sich bei den meisten Fällen in den Flossenbürger Nummernbüchern um Abmeldedaten handelt. Für die Todesfälle im Lager Freiberg liegen beispielsweise Bestattungsdaten[59] zum Vergleich vor. Diese weisen, abgesehen von einem Fall, in sieben Fällen Differenzen von zwei bis sieben Tagen auf. Die Todesfälle wurden also nicht rückdatiert. Das Bestattungsdatum ist somit in jedem Fall präziser als das verzeichnete Abmeldedatum der Flossenbürger Nummernbücher. Der Bestattungstag muss aber nicht zwangsläufig mit dem Sterbetag des Häftlings übereinstimmen. Aus diesem Grund wurde im Gedenkteil den Bestattungsdaten ein „spätestens" vorangesetzt. Spätestens am Tag ihrer Bestattung müssen diese Frauen verstorben sein.

Vergleichsdaten eines Friedhofamtes existieren auch für einen Teil der Todesfälle des Hainicher Lagers[60]. Hier fallen die Differenzen ähnlich aus. Beim Sonderfall Zlata Lassmann sind es zwar gut drei Wochen, in den anderen Fällen aber vier bzw. acht Tage. Für den Todesfall in Wilischthal dient ein Foto mit einem provisorischen Holzkreuz auf dem Grab des Opfers als Referenz.[61] Auch die Meldung aus diesem Lager wird offensichtlich nicht rückdatiert. Die Differenz beträgt neun Tage.

Auch die Intervalle der Todesmeldungen im März und April 1945 in den Lagern Venusberg-Gelenau, Dresden Reick, Dresden Bernsdorf, Helmbrechts und Zwodau legen eine Buchführungspraxis weitestgehend ohne Rückdatierung nahe. Da sich in dieser letzten Lagerperiode die Todesfälle in einzelnen Standorten häufen, werden dort in unregelmäßigen Abständen die zwischenzeitlich verstorbenen Häftlinge kollektiv abgemeldet. So werden in Venusberg-Gelenau auf dem Höhepunkt der Typhusepidemie am 23. März 1945 elf Frauen an einem Tag aus der Lagerstärke gestrichen, während erst drei Tage zuvor die Meldung zweier Todesfälle nach Flossenbürg übermittelt worden war. Diese elf Häftlinge verstarben sicherlich nicht alle an einem Tag, sondern wahrscheinlich zwischen dem 18. und 23. März.

Ähnliche Sammelmeldungen werden auch in den anderen genannten Lagern praktiziert. Für die ersten Todesfälle im Lager Venusberg-Gelenau gibt es zudem Quellen, die einen Vergleich mit den Abmeldedaten möglich machen. Die erste Bestattung einer oder mehrerer[62] ungarischer Jüdinnen erfolgte am 7. Februar in Herold eine zweite Bestattung einer ungarischen Jüdin fand dann am 13. Februar in Drebach statt. Beide Einzelgräber sind bis heute erhalten, die bestatteten Toten aber bislang nicht eindeutig identifiziert. Aufgrund lokalen kirchlichen Widerstandes, der weitere würdelose Begräbnisse auf den Friedhöfen der umliegenden Gemeinden vereitelte, verscharrte die SS ab März 1945 dann die Leichen in der Nähe des Barackenlagers

[59] Michael Düsing. Wir waren zum Tode bestimmt. S. 162
[60] Jürgen Nitsche, Ruth Röcher. Juden in Chemntiz. S. 470
[61] Pascal Cziborra. KZ Wilischthal. Unter Hitlerauges Aufsicht. S. 51
[62] Vgl. Herbert Jankowski. Ein Versuch der Wahrheitsfindung. Aussage Adolf Harzer.

im Wald. Dort befindet sich noch heute das Massengrab dieser Häftlinge. Vergleicht man die überlieferten Bestattungsdaten mit den frühesten Abmeldedaten für das Lager Venusberg vom 20. bzw. 26. Februar, ergibt sich eine Differenz von jeweils 13 Tagen, die im Vergleich zu den Differenzen der anderen Lager durchaus realistisch erscheint. Es ist daher gut möglich, dass die drei im Februar abgemeldeten Häftlinge des Lagers Venusberg in Herold oder Drebach bestattet worden sind. Schwer in ein schlüssiges Gesamtbild der Venusberger Todesmeldungen einzuordnen sind auch die Angaben einer Überlebenden, die als Sterbetag ihrer am 31. März 1945 abgemeldeten Schwester den 20. März 1945 angibt. Die Differenz von elf Tagen scheint zunächst nicht außergewöhnlich. In die daraus resultierende Zeitspanne fallen jedoch mindestens vier verschiedene Sammelmeldungen des Lagers Venusberg, bei denen die Abmeldung des verstorbenen Häftlings hätte vollzogen werden können. Möglicherweise könnten in diesem Fall Schwierigkeiten bei der Identifizierung von Leichen im Lager eine Rolle gespielt haben. Es muss daher in Betracht gezogen werden, dass die Abmeldung verstorbener Häftlinge nicht in jedem Fall chronologisch erfolgte. Sicher scheint jedoch, dass die Angaben in der Verbleibsspalte des Lagers Venusberg-Gelenau nicht rückdatiert wurden. Einen Beweis gegen eine vollständig chronologische Abmeldung verstorbener Häftlinge desselben Lagerstandortes lieferten die Recherchen zum Außenlager Dresden Reick, hier werden laut Vergleich mit den Friedhofsakten Tolkewitz drei Todesfälle vom 20. März erst am 3. April in den Nummernbüchern abgemeldet, während sechs Todesfälle aus dem Zeitraum vom 23. bis 26. März schon am 31. März 1945 als „Abgänge" verzeichnet wurden. Auch durch Feiertage (Weihnachten) und besondere Kriegsereignisse wie die Bombardierung Dresdens scheinen sich die Abmeldungen verstorbener Häftlinge verzögert zu haben. So wurden im Außenlagerstandort Dresden Striesen Todesfälle zum Teil erst nach 14 Tagen oder fast drei Wochen in den Nummernbüchern vermerkt. Ein Todesfall vom 13. Dezember wird erst am 27. Dezember, also nach den Weihnachtsfeiertagen verbucht. Außerdem werden die weiblichen Brandopfer der Bombardierungsnacht vom 14. Februar 1945 erst am 6. März abgemeldet.

Auch für das Lager Wolkenburg mit nicht-jüdischer Häftlingsbelegung liegen Vergleichsdaten in Form eines Notizzettels aus den Lagerunterlagen, sowie Beerdigungsscheine der Kirchengemeinde vor. Diese belegen, dass auch für Wolkenburg keine Rückdatierung betrieben wurde. Die Differenz zwischen Sterbetag und Abmeldung beträgt ähnlich wie in anderen Lagern vier bis sechs Tage. Man kann also davon ausgehen, dass die weiblichen Flossenbürger Häftlinge stets einige Tage eher verstarben, als ihr Tod in den Nummernbüchern aufscheint. Lediglich bei den im Stammlager Flossenbürg verstorbenen und hingerichteten Frauen scheinen Sterbetag und Abmeldedatum identisch zu sein.

Freiberg		
FloNo.	Bestattung	Abmeldung
54131	09.11.1944	12.11.1944
54159	09.11.1944	12.11.1944
53984	24.11.1944	26.11.1944
53818	19.12.1944	22.12.1944
54314	27.01.1945	31.01.1945
53796	17.03.1945	21.03.1945
53547	19.03.1945	26.03.1945
53873	26.03.1945	26.03.1945

Venusberg-Gelenau		
FloNo.	Bestattung	Abmeldung
61893	[07.02.45]	20.02.1945
61884	[13.02.45]	26.02.1945
61950	[13.02.45]	26.02.1945
FloNo.	Sterbetag	Abmeldung
62959	20.03.1945	31.03.1945

Mehltheuer		
FloNo.	Sterbetag	Abmeldung
59543	23.02.1945	05.03.1945

Dresden Reick		
FloNo	Sterbetag	Abmeldung
62805	17.03.1945	21.03.1945
62759	18.03.1945	21.03.1945
62667	20.03.1945	03.04.1945
62675	20.03.1945	03.04.1945
62736	20.03.1945	03.04.1945
62804	23.03.1945	31.03.1945
62731	25.03.1945	31.03.1945
62758	25.03.1945	31.03.1945
62765	25.03.1945	31.03.1945
62720	26.03.1945	31.03.1945
62732	26.03.1945	31.03.1945

T1

Hainichen		
FloNo.	Sterbetag	Abmeldung
54184	09.09.1944	01.10.1944
53399	22.11.1944	26.11.1944
53342	23.01.1945	31.01.1945

Wilischthal		
FloNo.	Sterbetag	Abmeldung
58872	06.12.1944	15.12.1944

Wolkenburg		
FloNo.	Sterbetag	Abmeldung
50030	13.10.1944	17.10.1944
50031	13.10.1944	17.10.1944
58237	15.02.1945	21.02.1945
50061	15.03.1945	20.03.1945

Oederan		
FloNo.	Sterbetag	Abmeldung
59443	11.10.1944	16.10.1944
54607	05.02.1945	16.02.1945
55113	10.03.1945	20.03.1945

Dresden Striesen		
FloNo	Sterbetag	Abmeldung
59933	13.12.1944	27.12.1944
59693	25.12.1944	03.01.1945
59780	29.12.1944	03.01.1945
59756	21.01.1945	02.02.1945
59834	08.02.1945	14.02.1945
59752	14.02.1945	06.03.1945
59757	14.02.1945	06.03.1945
59818	14.02.1945	06.03.1945
59878	14.02.1945	06.03.1945
59906	14.02.1945	06.03.1945
59830	21.02.1945	06.03.1945

2.3.2 Nicht verzeichnete Todesfälle

Die zeitlich verzögerte Meldung von Todesfällen führt vor allem für den April 1945 zu Abweichungen zwischen der Lagerrealität und dem Stand der Zugangsbücher. Die Dokumentationslücke ist für die einzelnen Lager unterschiedlich groß. Während für viele Lager mit geringerer Häftlingssterblichkeit die Aufzeichnungen der Friedhofsverwaltungen mit den in den Nummernbüchern dokumentierten Todesfällen übereinstimmen, konnte beispielsweise für das Lager Wolkenburg durch Norbert Aas eine größere zeitliche Dokumentationslücke nachgewiesen werden. So wurden drei Todesfälle des Lagers, einer vom 24. März, zwei vom 3. April 1945[63] nicht mehr an das Stammlager gemeldet, oder das entsprechende Schriftstück ging auf dem Weg dorthin verloren. Ähnliches lässt sich durch den Abgleich mit Bestattungslisten des Johannesfriedhofs Dresden Tolkewitz für das Außenlager Dresden Reick konstatieren. So werden jeweil ein Todesfall vom 21., 22., und 27. März, zwei Todesfälle vom 30. März, einer vom 5. April, einer vom 6. April und einer vom 14. April nicht in den Nummernbüchern verzeichnet, obwohl zwischendurch immer wieder auch Todesmeldungen aus Reick bei der Kommandantur Flossenbürg ankommen. Die letzte reguläre Abmeldung des Lagers wurde am 8. April in den Nummernbüchern vermerkt. Diese drei Verstorbenen sind aber wiederum in den Friedhofsunterlagen nicht nachweisbar.[64] Auch für die Außenlager Nürnberg und Hertine gibt es auf den entsprechenden Friedhöfen geringfügig mehr Gräber für weibliche KZ Tote als in den Nummernbüchern verzeichnet wurden. Auch hier wurde bei den namentlich bekannten KZ-Opfern wohl nicht rückdatiert, wie der Abgleich mit dem Nürnberger Tagebuch der Überlebenden Agnes Rózsa belegt.

Auch für andere Lager sind Dokumentationslücken bei den Todesfällen sehr wahrscheinlich. So wird für das Lager Venusberg-Gelenau am 8. April die letzte Abmeldung von acht Häftlingen vorgenommen. Berücksichtigt sind hierin wohl, wenn überhaupt, nur Todesfälle der ersten Apriltage. Bis zum 14. April, dem Tag der letzten verzeichneten Veränderungsmeldungen in den Nummernbüchern Sieben und Acht, dürften aber noch etliche Frauen in Venusberg gestorben und in einem Splitterschutzgraben verscharrt worden sein. Der Gedenkstein des entsprechenden Massengrabes in Venusberg Ortsteil *Spinnerei* erinnert merkwürdigerweise sehr pauschal an *„über 100 Frauen aus Ländern Südosteuropas"* die der *„Barbarei des Faschismus"* dort zum Opfer fielen, obwohl die Leichen am 7. November 1945 exhumiert und in Särge umgebettet wurden. Es scheint also keine genaue Opferzahl erhoben worden zu sein. Am 30.08.1945 ging man beim Gendarmerieposten Venusberg noch davon aus, dass ca. 65 Jüdinnen, sowie vier männliche Zwangsarbeiter in

[63] Vgl. Norbert Aas. Sinti und Roma im KZ Flossenbürg. S. 70

[64] Pascal Cziborra. KZ Dresden Reick S.35ff.

dem Massengrab beerdigt wären.[65] Leider konnten bislang keine Aufzeichnungen, die die genaue Zahl der exhumierten Leichen nennen, ausfindig gemacht werden. In den Zugangsbüchern sind lediglich 46 Todesfälle verzeichnet. Es starben demnach wohl mindestens 20 Frauen in den letzten Tagen kurz vor der Evakuierung, möglicherweise auch deutlich mehr. Neben Einzelfällen in einigen anderen Standorten ist auch für die Lager Helmbrechts und Zwodau mit deutlich mehr Opfern bis zum 14. April 1945 zu rechnen, als bis dahin abgemeldet wurden. Aber es scheinen auch schon vor dem März 1945 immer wieder Abmeldungen nicht bei der Stammlagerverwaltung eingetroffen oder verarbeitet worden zu sein.[66] Außerdem dürfte der große Bombenangriff auf das Lager Dresden Universelle im Februar 1945 ebenfalls Opfer gefordert haben, die nicht als solche in den Nummernbüchern verzeichnet wurden. Berichte Überlebender legen nahe, dass die Flossenbürger Nummernbücher für ihr Lager bei weitem nicht die Realität widerspiegeln. Wie verlässlich solche Berichte sind, lässt sich nur durch die Einzelschicksalrecherche ergründen. Quantitative Übertreibungen traumatisierter Überlebender sind allerdings nicht selten.[67] Die firmeneigene Aufgliederung der Gefolgschaftsmitglieder am 26. März 1945, die für den 14. Februar 685 weibliche KZ-Häftlinge als „entlassen" aufführt, sowie die Flossenbürger Arbeitseinsatzliste vom 13. April, in der das Lager noch mit 679 Häftlingen geführt wird, bezeichnet Historiker Ulrich Fritz dennoch als *„buchmäßige Abwicklung des Lagers aus Firmen- und Kommandantursicht"*.[68] Hinweise, die das tatsächliche Geschehen erhellen könnten, sind erwünscht.
Im Lager Hertine könnte eine Explosion bei der Munitionsbefüllung ebenfalls zu Opfern geführt haben, die man nicht im Flossenbürger Nummernbuch verzeichnete.

2.3.3 Übersicht der abgemeldeten Todesfälle

Da die Flossenbürger Nummernbücher abgesehen von der Datierungspraxis und den hier aufgezeigten Diskrepanzen gegenüber der Realität, doch einen guten ersten Überblick über die Todesfälle in den einzelnen Lagern geben, wurden die in den Nummernbüchern Sieben und Acht verzeichneten Abmeldungen in folgende Tabellen übertragen. Dem Leser sollte jedoch bewusst sein, dass es sich bei den 254 verzeichneten Todesfällen, längst nicht um alle Lagertoten handelt und dass Todesopfer der Evakuierungen und Sterbefälle nach Überstellung und Befreiung noch hinzuzurechnen wären. So stellen die in den Lagerbüchern verzeichneten Todesfälle

[65] Herbert Jankowski. Ein Versuch der Wahrheitsfindung. Unveröffentlichte Sammlung. Flossenbürg
[66] Vgl. Pascal Cziborra. KZ Dresden Striesen S.57ff.
[67] Vgl. Pascal Cziborra. KZ-Autobiografien S.109ff.
[68] Der Ort des Terrors. Band 4. Seite 100f.

weiblicher Häftlinge des KZ Flossenbürg wohl maximal 20% derjenigen dar, die tatsächlich während und infolge der erlittenen KZ-Haft ums Leben kamen.

Tabelle der Abmeldungen verstorbener Häftlinge

T2	September 1944																															
	1	2	3	4	5	6	7	8	9	10	11	12	13	14	15	16	17	18	19	20	21	22	23	24	25	26	27	28	29	30		S
Chemnitz																																-
Dresden Bernsd.																																-
Dresden Univer.																																-
Dresden Goehle																																-
Dresden Reick																																-
Flossenbürg	-	-	-	-	-	-	-	-	-	-	-	-	-	-	-	-	-	-	-	-	-	-	-	-	-	-	-	-	-	-		-
Freiberg	-	-	-	-	-	-	-	-	-	-	-	-	-	-	-	-	-	-	-	-	-	-	-	-	-	-	-	-	-	-		-
Graslitz	-	-	-	-	-	-	-	-	-	-	-	-	-	-	-	-	-	-	-	-	-	-	-	-	-	-	-	-	-	-		-
Gundelsdorf															-	-	-	-	-	-	-	-	-	-	-	-	-	-	-	-		-
Hainichen								-	-	-	-	-	-	-	-	-	-	-	-	-	-	-	-	-	-	-	-	-	-	-		-
Helmbrechts	-	-	-	-	-	-	-	-	-	-	-	-	-	-	-	-	-	-	-	-	-	-	-	-	-	-	-	-	-	-		-
Hertine																																.
Holleischen	-	-	-	-	-	-	-	-	-	-	-	-	-	-	-	-	-	-	-	-	-	-	-	-	-	-	-	-	-	-		-
Leitmeritz																																-
Mehltheuer																																-
Mittweida																																-
Neu Rohlau	-	-	-	-	-	-	-	-	-	-	-	-	-	-	-	-	-	-	-	-	-	-	-	-	-	-	-	-	-	-		-
Nürnberg																																-
Oederan												-	-	-	-	-	-	-	-	-	-	-	-	-	-	-	-	-	-	-		-
Plauen Baumw.													-	-	-	-	-	-	-	-	-	-	-	-	-	-	-	-	-	-		-
Plauen Industr.													-	-	-	-	-	-	-	-	-	-	-	-	-	-	-	-	-	-		-
Rochlitz														-	-	-	-	-	-	-	-	-	-	-	-	-	-	-	-	-		-
Venusberg																																-
Wilischthal																																-
Wolkenburg	-	-	-	-	-	-	-	-	-	-	-	-	-	-	-	-	-	-	-	-	-	-	-	-	-	-	-	-	-	-		-
Zschopau																																-
Zwodau	-	-	-	-	-	-	-	-	-	-	-	-	-	-	-	-	-	-	-	-	-	-	-	-	-	-	-	-	-	-		-
Total	-	-	-	-	-	-	-	-	-	-	-	-	-	-	-	-	-	-	-	-	-	-	-	-	-	-	-	-	-	-		0

Tabelle der Abmeldungen verstorbener Häftlinge

T2	Oktober 1944																														
	1	2	3	4	5	6	7	8	9	10	11	12	13	14	15	16	17	18	19	20	21	22	23	24	25	26	27	28	29	30	31	S
Chemnitz																								-	-	-	-	-	-	-	-	-
Dresden Bernsd																																-
Dresden Univer.									-	-	-	-	-	-	-	-	-	-	-	-	-	-	-	-	-	-	-	-	-	-	-	-
Dresden Goehle									-	-	-	-	-	-	-	-	-	-	-	-	-	-	-	-	-	-	-	-	-	-	-	-
Dresden Reick																						-	-	-	-	-	-	-	-	-	-	-
Flossenbürg	-	-	-	-	-	-	-	-	-	-	-	-	-	-	-	-	-	-	-	-	-	-	-	-	-	-	-	-	-	-	-	-
Freiberg	-	-	-	-	-	-	-	-	-	-	-	-	-	-	-	-	-	-	-	-	-	-	-	-	-	-	-	-	-	-	-	-
Graslitz	-	-	-	-	-	-	-	-	-	-	-	-	-	-	-	-	-	-	-	-	-	-	-	-	-	-	-	-	-	-	-	-
Gundelsdorf	-	-	-	-	-	-	-	-	-	-	-	-	-	-	-	-	-	-	-	-	-	-	-	-	-	-	-	-	-	-	-	-
Hainichen	1	-	-	-	-	-	-	-	-	-	-	-	-	-	-	-	-	-	-	-	-	-	-	-	-	-	-	-	-	-	-	1
Helmbrechts	-	-	-	-	-	-	-	-	-	-	-	-	-	-	-	-	-	-	-	-	-	-	-	-	-	-	-	-	-	-	-	-
Hertine										-	-	-	-	-	-	-	-	-	-	-	-	-	-	-	-	-	-	-	-	-	-	-
Holleischen	-	-	-	-	-	-	-	-	-	-	-	-	-	-	-	-	-	-	-	-	-	-	-	-	-	-	-	-	-	-	-	-
Leitmeritz																																-
Mehltheuer																																-
Mittweida									-	-	-	-	-	-	-	-	-	-	-	-	-	-	-	-	-	-	-	-	-	-	-	-
Neu Rohlau	-	-	-	-	-	-	-	-	-	-	-	-	-	-	-	-	-	-	-	-	-	-	-	-	-	-	-	-	-	-	-	-
Nürnberg																		-	-	-	-	-	-	-	-	-	-	-	-	-	-	-
Oederan	-	-	-	-	-	-	-	-	-	-	-	-	-	-	-	1	-	-	-	-	-	-	-	-	-	-	-	-	-	-	-	1
Plauen Baumw.	-	-	-	-	-	-	-	-	-	-	-	-	-	-	-	-	-	-	-	-	-	-	-	-	-	-	-	-	-	-	-	-
Plauen Industr.	-	-	-	-	-	-	-	-	-	-	-	-	-	-	-	-	-	-	-	-	-	-	-	-	-	-	-	-	-	-	-	-
Rochlitz	-	-	-	-	-	-	-	-	-	-	-	-	-	-	-	-	-	-	-	-	-	-	-	-	-	-	-	-	-	-	-	-
Venusberg																																-
Wilischthal																															-	-
Wolkenburg	-	-	-	-	-	-	-	-	-	-	-	-	-	-	-	-	2	-	-	-	-	-	-	-	-	-	-	-	-	-	-	2
Zschopau																																-
Zwodau	-	1	-	-	-	-	-	-	-	-	-	-	-	-	-	-	-	-	-	-	-	-	-	-	-	-	-	-	-	-	-	1
Total	1	1	-	-	-	-	-	-	-	-	-	-	-	-	-	1	2	-	-	-	-	-	-	-	-	-	-	-	-	-	-	5

Tabelle der Abmeldungen verstorbener Häftlinge

T2	November 1944																															
	1	2	3	4	5	6	7	8	9	10	11	12	13	14	15	16	17	18	19	20	21	22	23	24	25	26	27	28	29	30		S
Chemnitz	-	-	-	-	-	-	-	-	-	-	-	-	-	-	-	-	-	-	-	-	-	-	-	-	-	-	-	-	-	-		-
Dresden Berns.																											-	-	-	-		.
Dresden Univ.	-	-	-	-	-	-	-	-	-	-	-	-	-	-	-	-	-	-	-	-	-	-	-	-	-	-	-	-	-	-		-
Dresden Goehle	-	-	-	-	-	-	-	-	-	-	-	-	-	-	-	-	-	-	-	-	-	-	1	-	-	-	-	1	-	-		2
Dresden Reick	-	-	-	-	-	-	-	-	-	-	-	-	-	-	-	-	-	-	-	-	-	-	-	-	-	-	-	-	-	-		-
Flossenbürg	-	-	-	-	-	-	-	-	-	-	-	-	-	-	-	-	-	-	-	-	-	-	-	-	-	-	-	-	1	-		1
Freiberg	-	-	-	-	-	-	-	-	-	-	-	2	-	-	-	-	-	-	-	-	-	-	-	-	-	1	-	-	-	-		3
Graslitz	-	-	-	1	-	-	-	-	-	-	-	-	-	-	-	-	-	-	-	-	-	-	-	-	-	-	-	-	-	-		1
Gundelsdorf	-	-	-	-	-	-	-	-	-	-	-	-	-	-	-	-	-	-	-	-	-	-	-	-	-	-	-	-	-	-		-
Hainichen	-	-	-	-	-	-	-	-	-	-	-	-	-	-	-	-	-	-	-	-	-	-	-	-	-	1	-	1	-	-		2
Helmbrechts	-	-	-	-	-	-	-	-	-	-	-	-	-	-	-	1	-	-	-	-	-	-	-	-	-	-	-	-	-	-		1
Hertine	-	-	-	-	-	-	-	-	-	-	-	-	-	-	-	-	-	-	-	-	1	-	-	-	-	-	-	-	-	-		1
Holleischen	-	-	-	-	-	-	-	-	-	-	-	-	-	-	-	-	-	-	-	-	-	-	-	-	-	-	-	-	-	-		-
Leitmeritz																																-
Mehltheuer																																-
Mittweida	-	-	-	-	-	1	-	-	-	-	-	-	-	-	-	-	-	-	-	-	-	-	-	-	-	-	-	-	-	-		1
Neu Rohlau	-	-	-	-	-	-	-	-	-	-	-	-	-	-	-	-	-	-	-	-	-	-	-	-	-	-	-	-	-	-		-
Nürnberg	-	-	-	-	-	-	-	-	-	-	-	-	-	-	-	-	-	-	-	-	-	-	-	-	-	-	-	-	-	-		-
Oederan	-	-	-	-	-	-	-	-	-	-	-	-	-	-	-	-	-	-	-	-	-	-	-	-	-	-	-	-	-	-		-
Plauen Baum.	-	-	-	-	-	-	-	-	-	-	-	-	-	-	-	-	-	-	-	-	-	-	-	-	-	-	-	-	-	-		-
Plauen Indust.	-	-	-	-	-	-	-	-	-	-	-	-	-	-	-	-	-	-	-	-	-	-	-	-	-	-	-	-	-	-		-
Rochlitz	-	-	-	-	-	-	-	-	-	-	-	-	-	-	-	-	-	-	-	-	-	-	-	-	-	-	-	-	-	-		-
Venusberg																																-
Wilischthal	-	-	-	-	-	-	-	-	-	-	-	-	-	-	-	-	-	-	-	-	-	-	-	-	-	-	-	-	-	-		-
Wolkenburg	-	-	-	-	-	-	-	-	-	-	-	-	-	-	-	-	-	-	-	-	-	-	-	-	-	-	-	-	-	-		-
Zschopau																									-	-	-	-	-	-		-
Zwodau	-	-	-	-	-	-	-	-	-	-	-	-	-	-	-	-	-	-	-	-	-	-	-	-	-	-	-	-	-	-		-
Total	-	-	-	1	-	1	-	-	-	-	-	2	-	-	-	1	-	-	-	-	1	-	1	-	-	2	-	2	1	-		12

Tabelle der Abmeldungen verstorbener Häftlinge

T2	Dezember 1944																															
	1	2	3	4	5	6	7	8	9	10	11	12	13	14	15	16	17	18	19	20	21	22	23	24	25	26	27	28	29	30	31	S
Chemnitz	-	-	-	-	-	-	-	-	-	-	-	-	-	-	-	-	-	-	-	-	-	-	-	-	-	-	-	-	-	-	-	-
Dresden Berns.	-	-	-	-	-	1	-	-	-	-	-	-	-	-	-	-	-	-	-	-	-	-	-	-	-	-	1	-	-	-	-	2
Dresden Univ.	-	-	-	-	-	-	-	-	-	-	-	-	-	-	-	-	-	-	-	-	-	-	-	-	-	-	-	-	-	-	-	-
Dresden Goehle	-	-	-	-	-	-	-	-	-	-	-	-	-	-	-	-	-	-	-	-	-	-	-	-	-	-	-	-	-	-	-	-
Dresden Reick	-	-	-	-	-	-	-	-	-	-	-	-	-	-	-	-	-	-	-	-	-	-	-	-	-	-	-	-	-	-	-	-
Flossenbürg	-	-	-	-	-	-	-	-	-	-	-	-	-	-	-	-	-	-	-	-	-	-	-	-	-	-	-	-	-	-	-	-
Freiberg	-	-	-	-	-	-	-	-	-	-	-	-	-	-	-	-	-	-	-	-	-	1	-	-	-	-	-	-	-	-	-	1
Graslitz	-	1	-	-	-	-	-	-	-	1	-	-	-	-	-	-	-	-	-	-	-	-	-	-	-	-	-	-	-	-	-	2
Gundelsdorf	-	-	-	-	-	-	-	-	-	-	-	-	-	-	-	-	-	-	-	-	-	-	-	-	-	-	-	-	-	-	-	-
Hainichen	-	-	-	-	-	-	-	-	-	-	-	-	-	-	-	-	-	-	-	-	-	-	-	-	-	-	-	-	-	-	-	-
Helmbrechts	-	-	-	-	-	-	-	-	-	-	-	-	-	-	-	-	-	-	-	-	-	-	-	-	-	-	-	-	-	-	-	-
Hertine	-	-	-	-	-	-	1	-	-	-	-	-	-	-	-	-	-	-	-	-	-	-	-	-	-	-	-	-	-	-	-	1
Holleischen	-	-	-	-	-	-	-	-	-	-	-	-	-	-	-	-	-	-	-	-	-	-	-	-	-	-	-	-	-	-	-	-
Leitmeritz																																-
Mehltheuer		-	-	-	-	-	-	-	-	-	-	-	-	-	-	-	-	-	-	-	-	-	-	-	-	-	-	-	-	-	-	-
Mittweida	-	-	-	-	-	-	-	-	-	-	-	-	-	-	-	-	-	-	-	-	-	-	-	-	-	-	-	-	-	-	-	-
Neu Rohlau	-	-	-	-	-	1	-	-	-	-	-	-	-	-	-	-	-	-	-	-	-	-	-	-	-	-	-	-	-	-	-	1
Nürnberg	-	-	-	-	-	-	-	-	-	-	-	-	-	-	-	-	-	-	-	-	-	-	-	-	-	-	-	-	-	-	-	-
Oederan	-	-	-	-	-	-	-	-	-	-	-	-	-	-	-	-	-	-	-	-	-	-	-	-	-	-	-	-	-	-	-	-
Plauen Baum.	-	-	-	-	-	-	-	-	-	-	-	-	-	-	-	-	-	-	-	-	-	-	-	-	-	-	-	-	-	-	-	-
Plauen Indust.	-	-	-	-	-	-	-	-	-	-	-	-	-	-	-	-	-	-	-	-	-	-	-	-	-	-	-	-	-	-	-	-
Rochlitz	-	-	-	-	-	-	-	-	-	-	-	-	-	-	-	-	-	-	-	-	-	-	-	-	-	-	-	-	-	-	-	-
Venusberg																																-
Wilischthal	-	-	-	-	-	-	-	-	-	-	-	-	-	-	1	-	-	-	-	-	-	-	-	-	-	-	-	-	-	-	-	1
Wolkenburg	-	-	-	-	-	-	-	-	-	-	-	-	-	-	-	-	-	-	-	-	-	-	-	-	-	-	-	-	-	-	-	-
Zschopau	-	-	-	-	-	-	-	-	-	-	-	-	-	-	-	-	-	-	-	-	-	-	-	-	-	-	-	-	-	-	-	-
Zwodau	-	-	-	-	-	-	-	-	-	-	-	-	-	-	-	-	-	-	-	-	1	-	-	-	-	-	-	-	-	-	-	1
Total	-	1	-	-	-	2	1	-	-	1	-	-	-	-	1	-	-	-	-	-	1	1	-	-	-	-	1	-	-	-	-	9

Tabelle der Abmeldungen aufgrund Häftlingstod

T2	Januar 1945																															
	1	2	3	4	5	6	7	8	9	10	11	12	13	14	15	16	17	18	19	20	21	22	23	24	25	26	27	28	29	30	31	S
Chemnitz	-	-	-	-	-	-	-	-	-	-	-	-	-	-	-	-	-	-	-	-	-	-	-	-	-	-	-	-	-	-	-	-
Dresden Berns.	-	-	2	-	-	-	-	-	-	-	-	-	-	-	-	-	-	-	-	-	-	-	-	-	-	1	-	-	-	-	-	3
Dresden Univ.	-	-	-	-	-	-	-	-	-	-	-	-	-	-	-	-	-	-	-	-	-	-	-	-	-	-	-	-	-	-	-	-
Dresden Goehle	-	-	-	-	-	-	-	-	-	-	-	-	-	-	-	-	-	-	-	-	-	-	-	-	-	-	-	-	-	-	-	-
Dresden Reick	-	-	-	-	-	-	-	-	-	-	-	-	-	-	-	-	-	-	-	-	-	-	-	-	-	-	-	-	-	-	-	-
Flossenbürg	-	-	3	-	-	-	-	-	-	-	-	-	-	-	-	-	1	-	-	-	-	-	-	-	-	-	-	-	-	-	-	4
Freiberg	-	-	-	-	-	-	-	-	-	-	-	-	-	-	-	-	-	-	-	-	-	-	-	-	-	-	-	-	-	-	1	1
Graslitz	-	-	-	-	-	1	-	-	-	-	-	-	-	-	-	-	-	-	-	-	-	-	-	-	-	-	-	-	-	-	-	1
Gundelsdorf	-	-	-	-	-	-	-	-	-	-	-	-	-	-	-	-	-	-	-	-	-	-	-	-	-	-	-	-	-	-	-	-
Hainichen	-	-	-	-	-	-	-	-	-	-	-	-	-	-	-	-	-	-	-	-	-	-	-	-	-	-	-	-	-	-	1	1
Helmbrechts	-	-	-	-	-	-	-	-	-	-	-	-	-	-	-	-	-	-	-	-	-	-	-	-	-	-	-	-	-	-	-	-
Hertine	-	-	-	-	-	-	-	-	-	-	-	-	-	-	1	-	-	-	-	-	1	-	-	-	-	-	-	-	-	-	-	2
Holleischen	-	-	-	-	-	-	-	-	-	-	-	-	-	-	-	-	-	-	-	-	-	-	1	-	-	-	-	-	-	-	-	1
Leitmeritz																																-
Mehltheuer	-	-	-	-	-	-	-	-	-	-	-	-	-	-	-	-	-	-	-	-	-	-	-	-	-	-	-	-	-	-	-	-
Mittweida	-	-	-	-	-	-	-	-	-	-	-	-	-	-	-	-	-	-	-	-	-	-	-	-	-	-	-	-	-	-	-	-
Neu Rohlau	-	-	-	-	-	-	-	-	-	-	-	-	-	-	-	-	-	-	-	-	-	-	-	-	-	-	-	-	-	-	-	-
Nürnberg	-	-	-	-	-	-	-	-	-	-	-	-	-	-	-	1	-	-	-	-	-	-	-	-	-	-	-	-	-	-	-	1
Oederan	-	-	-	-	-	-	-	-	-	-	-	-	-	-	-	-	-	-	-	-	-	-	-	-	-	-	-	-	-	-	-	-
Plauen Baum.	-	-	-	-	-	-	-	-	-	-	-	-	-	-	-	-	-	-	-	-	-	-	-	-	-	-	-	-	-	-	-	-
Plauen Indust.	-	-	-	-	-	-	-	-	-	-	-	-	-	-	-	-	-	-	-	-	-	-	-	-	-	-	-	-	-	-	-	-
Rochlitz	-	-	-	-	-	-	-	-	-	-	-	-	-	-	-	-	-	-	-	-	-	-	-	-	-	-	-	-	-	-	-	-
Venusberg															-	-	-	-	-	-	-	-	-	-	-	-	-	-	-	-	-	-
Wilischthal	-	-	-	-	-	-	-	-	-	-	-	-	-	-	-	-	-	-	-	-	-	-	-	-	-	-	-	-	-	-	-	-
Wolkenburg	-	-	-	-	-	-	-	-	-	-	-	-	-	-	-	-	-	-	-	-	-	-	-	-	-	-	-	-	-	-	-	-
Zschopau	-	-	1	-	-	-	-	-	-	-	-	-	-	-	-	-	-	1	-	-	-	-	-	-	-	-	-	-	-	-	-	2
Zwodau	-	-	-	-	-	-	-	1	-	-	-	-	-	-	-	2	-	-	-	-	-	-	-	-	-	-	-	-	1	-	-	4
Total	-	-	6	-	-	1	-	1	-	-	-	-	-	-	1	3	1	1	-	-	1	-	1	-	-	1	-	-	1	-	2	20

Tabelle der Abmeldungen verstorbener Häftlinge

T2	Februar 1945																															
	1	2	3	4	5	6	7	8	9	10	11	12	13	14	15	16	17	18	19	20	21	22	23	24	25	26	27	28				S
Chemnitz	-	-	-	-	-	-	-	-	-	-	-	-	-	-	-	-	-	-	-	-	-	-	-	-	-	-	-	-				-
Dresden Berns.	-	1	-	-	-	-	-	-	-	-	-	-	-	1	1	-	-	-	-	-	-	-	-	-	-	-	-	-				3
Dresden Univ.	-	-	-	-	-	-	-	-	-	-	-	-	-	-	-	-	-	-	-	-	-	-	-	-	-	-	-	-				-
Dresden Goehle	-	-	-	-	-	-	-	-	-	-	-	-	-	-	-	-	-	-	-	-	-	-	-	-	-	-	-	-				-
Dresden Reick	-	-	-	-	-	-	-	-	-	-	-	-	-	-	-	-	-	-	-	-	-	-	-	-	-	-	-	-				-
Flossenbürg	-	-	-	-	-	-	-	-	-	-	-	-	-	-	-	-	-	-	-	-	-	-	-	-	-	-	-	-				-
Freiberg	-	-	-	-	-	-	-	-	-	-	-	-	-	-	-	-	-	-	-	-	-	-	-	-	-	-	-	-				-
Graslitz	-	-	-	-	-	-	-	-	-	-	-	-	-	-	-	-	-	-	-	1	-	-	-	-	-	-	-	-				1
Gundelsdorf	-	-	-	-	-	-	-	-	-	-	-	-	-	-	-	-	-	-	-	-	-	-	-	-	-	-	-	-				-
Hainichen	-	-	-	-	-	-	-	-	-	-	-	-	-	-	-	-	-	-	-	-	-	-	-	-	-	-	-	-				-
Helmbrechts	-	-	-	-	-	-	-	-	-	-	-	-	-	-	-	-	-	-	-	-	-	-	-	-	-	-	-	-				-
Hertine	-	-	-	-	-	-	-	-	-	-	-	-	-	-	-	-	-	-	-	-	-	-	-	-	-	-	-	-				-
Holleischen	-	-	-	-	-	-	-	-	-	-	-	-	-	-	-	-	-	-	-	-	-	-	-	-	-	-	-	-				-
Leitmeritz																																-
Mehltheuer	-	-	-	-	-	-	-	-	-	-	-	-	-	-	-	-	-	-	-	-	-	-	-	-	-	-	-	-				-
Mittweida	-	-	-	-	-	-	-	-	-	-	-	-	-	-	-	-	-	-	-	-	-	-	-	-	-	-	-	-				-
Neu Rohlau	-	-	-	-	-	-	-	-	-	-	-	-	-	-	-	-	-	-	-	-	-	-	-	-	-	-	-	-				-
Nürnberg	-	-	-	-	-	-	-	-	-	-	-	-	-	-	-	-	-	-	-	-	-	-	-	-	-	-	-	-				-
Oederan	-	-	-	-	-	-	-	-	-	-	-	-	-	-	-	1	-	-	-	-	-	-	-	-	-	-	-	-				1
Plauen Baum.	-	-	-	-	-	-	-	-	-	-	-	-	-	-	-	-	-	-	-	-	-	-	-	-	-	-	-	-				-
Plauen Indust.	-	-	-	-	-	-	-	-	-	-	-	-	-	-	-	-	-	-	-	-	-	-	-	-	-	-	-	-				-
Rochlitz	-	-	-	-	-	-	-	-	-	-	-	-	-	-	-	-	-	-	-	-	-	-	-	-	-	-	-	-				-
Venusberg	-	-	-	-	-	-	-	-	-	-	-	-	-	-	-	-	-	-	-	1	-	-	-	-	-	2	-	-				3
Wilischthal	-	-	-	-	-	-	-	-	-	-	-	-	-	-	-	-	-	-	-	-	-	-	-	-	-	-	-	-				-
Wolkenburg	-	-	-	-	-	-	-	-	-	-	-	-	-	-	-	-	-	-	-	-	1	-	-	-	-	-	-	-				1
Zschopau	-	-	-	-	-	-	-	-	-	-	-	-	-	-	-	-	-	-	-	-	-	-	-	-	-	-	-	-				-
Zwodau	-	-	-	-	-	-	-	-	-	-	-	-	-	-	-	1	-	-	-	-	-	-	-	-	-	-	-	1				2
Total	-	1	-	-	-	-	-	-	-	-	-	-	-	1	1	2	-	-	-	2	1	-	-	-	-	2	-	1				11

Tabelle der Abmeldungen verstorbener Häftlinge

T2	März 1945																														
	1	2	3	4	5	6	7	8	9	10	11	12	13	14	15	16	17	18	19	20	21	22	23	24	25	26	27	28	29	30	31	S
Chemnitz	-	-	1	-	-	-	-	-	-	-	-	-	-	-	-	-	-	-	-	-	-	-	-	-	-	-	-	-	-	-	-	1
Dresden Berns	-	-	-	-	-	6	-	-	-	-	-	-	-	1	1	-	-	-	-	1	-	-	-	-	-	2	-	-	-	-	-	11
Dresden Univ.	-	-	-	-	-	-	-	-	-	-	-	-	-	-	-	-	-	-	-	-	-	-	-	-	-	-	-	-	-	-	-	-
Dresden Goehle	-	-	-	-	-	-	-	-	-	-	-	-	-	-	-	-	-	-	-	-	-	-	-	-	-	-	-	-	-	-	-	-
Dresden Reick	-	-	-	-	3	-	-	-	-	-	-	-	-	-	-	-	-	-	-	-	7	-	-	-	-	-	-	-	-	-	7	17
Flossenbürg	-	-	-	-	-	-	-	-	-	-	-	-	-	1	-	1	-	2	-	-	-	-	-	-	-	-	-	-	-	-	-	4
Freiberg	-	-	-	-	-	-	-	-	-	-	-	-	-	-	-	-	-	-	-	-	1	-	-	-	-	2	-	-	-	-	-	3
Graslitz	-	-	-	-	-	-	-	-	-	-	-	-	-	-	-	-	-	-	-	-	-	-	-	-	-	-	-	-	-	-	-	-
Gundelsdorf	-	-	-	-	-	-	-	-	-	-	-	-	-	-	-	-	-	-	-	-	-	-	-	-	-	-	-	-	-	-	-	-
Hainichen	-	-	-	-	-	-	-	-	-	-	-	-	-	-	-	-	-	-	-	1	-	-	-	-	-	-	-	-	-	-	-	1
Helmbrechts	-	-	1	-	-	-	-	-	-	2	-	-	-	5	-	-	-	-	-	1	-	1	-	-	-	6	-	-	3	-	3	22
Hertine	-	-	-	-	-	-	-	-	-	-	-	-	-	-	-	-	-	-	-	-	-	-	-	-	-	-	-	-	-	-	-	-
Holleischen	-	-	-	-	-	-	-	1	-	-	-	-	-	-	-	-	-	-	-	-	-	-	-	1	-	-	-	-	-	-	-	2
Leitmeritz																																-
Mehltheuer	-	-	-	-	1	-	-	-	-	-	-	-	-	-	-	-	-	-	-	-	-	-	-	-	-	-	-	-	-	-	-	1
Mittweida	-	-	-	-	-	-	-	-	-	-	-	-	-	-	-	-	-	-	-	-	-	-	-	-	-	-	-	-	-	-	-	-
Neu Rohlau	1	-	-	-	-	-	-	-	-	-	-	-	-	-	-	-	-	-	-	-	-	-	-	-	-	-	-	-	-	-	-	1
Nürnberg	-	-	2	-	-	-	-	-	-	-	-	-	-	-	-	-																2
Oederan	-	-	-	-	-	-	-	-	-	-	-	-	-	-	-	-	-	-	-	1	-	-	-	-	-	-	-	-	-	-	-	1
Plauen Baum.	-	-	-	-	-	-	-	-	-	-	-	-	-	-	-	-	-	-	-	-	-	-	-	-	-	-	-	-	-	-	-	-
Plauen Indus.	-	-	-	-	-	-	-	-	-	-	-	-	-	-	-	-	-	-	-	-	-	-	-	-	-	-	-	-	-	-	-	-
Rochlitz	-	-	-	-	-	-	-	-	-	-	-	-	-	-	-	-	-	-	-	-	-	-	-	-	-	-	-	-				-
Venusberg	-	-	-	-	-	-	-	-	-	-	-	-	-	-	-	-	-	2	-	2	-	-	11	-	-	6	4	-	4	-	6	35
Wilischthal	-	-	-	-	-	-	-	-	-	-	-	-	-	-	-	-	-	-	-	-	-	-	-	-	-	-	-	-	-	-	-	-
Wolkenburg	-	-	-	-	-	-	-	-	-	-	-	-	-	-	-	-	-	-	-	1	-	-	-	-	-	-	-	-	-	-	-	1
Zschopau	-	-	-	-	-	-	-	-	-	-	-	-	-	-	-	-	-	-	-	2	-	-	-	-	-	-	-	-	-	-	-	2
Zwodau	-	-	-	-	-	-	-	-	-	-	-	-	-	-	-	7	-	-	4	1	-	2	-	-	-	4	-	7	-	-	-	25
Total	1	-	4	-	4	6	-	1	-	2	-	-	-	8	1	8	-	4	4	10	8	3	11	1	-	20	4	7	7	-	16	129

Tabelle der Abmeldungen verstorbener Häftlinge

T2	April 1945																															
	1	2	3	4	5	6	7	8	9	10	11	12	13	14	15	16	17	18	19	20	21	22	23	24	25	26	27	28	29	30		S
Chemnitz	-	-	-	-	-	-	-	-	-	-	1	-	-	-	-																	1
Dresden Berns.	-	1	-	-	-	-	-	-	-	-	-	-	-	-	-																	1
Dresden Univ.	-	-	-	-	-	-	-	-	-	-	-	-	-	-	-																	-
Dresden Goehle	-	-	-	-	-	-	-	-	-	-	-	-	-	-	-																	-
Dresden Reick	-	-	3	-	-	-	-	3	-	-	-	-	-	-	-																	6
Flossenbürg	-	-	-	-	-	-	-	-	-	-	-	-	3	-	-																	3
Freiberg	-	-	-	-	-	-	-	-	-	-	-	-	-	-	-																	-
Graslitz	-	-	-	-	-	-	-	-	-	-	-	-	-	-	-																	-
Gundelsdorf	-	-	-	-	-	-	-	-	-	-	-	-	-	-	-																	-
Hainichen	-	-	-	-	-	-	-	-	-	-	-	-	-	-	-																	-
Helmbrechts	-	-	6	6	-	-	-	5	-	-	-	3	-	-	-																	20
Hertine	-	-	-	-	-	-	-	-	-	-	-	-	-	-	-																	-
Holleischen	-	-	-	-	-	-	-	-	-	-	-	-	-	-	-																	-
Leitmeritz																																-
Mehltheuer	-	-	-	-	-	-	-	-	-	-	-	-	-	-	-																	-
Mittweida	-	-	-	-	-	-	-	-	-	-	-	-	1	-	-																	1
Neu Rohlau	-	-	-	-	-	-	-	-	-	-	-	2	-	2	-																	4
Nürnberg																																-
Oederan	-	-	-	-	-	-	-	-	-	-	-	-	-	-	-																	-
Plauen Baum.	-	-	-	-	-	-	-	-	-	-	-	-	-	-	-																	-
Plauen Indust.	-	-	-	-	-	-	-	-	-	-	-	-	-	-	-																	-
Rochlitz																																-
Venusberg	-	-	-	-	-	-	-	8	-	-	-	-	-	-	-																	8
Wilischthal	-	-	-	-	-	-	-	-	-	-	-	-	-	-	-																	-
Wolkenburg	-	-	-	-	-	-	-	-	-	-	-	-	-	-	-																	-
Zschopau	-	-	-	-	1	-	-	-	-	-	-	-	-	-	-																	1
Zwodau	-	3	2	-	-	6	-	-	-	3	-	-	9	-	-																	23
Total	-	4	11	6	1	6	-	16	-	3	1	5	13	2	-																	68

2.3.4 Häftlingssterblickeit im KZ Flossenbürg

Für die Kommandantur Flossenbürg, die mit Hilfe der Nummernbücher Buch über die Häftlingszugänge und –abgänge führte, war zunächst keine größere Häftlingssterblichkeit bei den weiblichen Häftlingen ersichtlich. Nachdem ab ersten September 1944 einige bestehende Außenlager für Frauen dem Lagerstandort Flossenbürg verwaltungsmäßig zugeordnet und nach und nach weitere Arbeitslager gegründet worden waren, hatte es bei kontinuierlich wachsender Häftlingszahl nur einzelne Todesfälle in einzelnen Außenlagerstandorten gegeben. So wurde im September 1944 aus den 10 bereits bestehenden oder neu eröffneten Außenlagern gar kein Todesfall gemeldet, im Oktober aus 20 Lagern 5 Fälle, im November aus 23 Lagern 12 Fälle, im Dezember aus 24 Lagern 9 Sterbefälle, im Januar 1945 aus 25 Lagern 20 Todesfälle und im Februar 11 Todesmeldungen. Von Oktober 1944 bis Februar 1945 wurden also der Verwaltung des Stammlagers Flossenbürg (einzelne Exekutionen wegen Sabotage oder anderer Vergehen mit inbegriffen) durchschnittlich 11 Todesfälle von Frauen pro Monat aus insgesamt 20 bis 25 Außenlagern gemeldet. Von den Außenlagern mit männlichen Häftlingen war man zu diesem Zeitpunkt deutlich höhere Sterbequoten gewöhnt. Handlungsbedarf, die Arbeitsbedingungen der weiblichen Häftlinge zu verbessern oder aber gar im Sinne des ideologischen Programmes „Vernichtung durch Arbeit“ gezielt zu verschärfen, um höheren „Häftlingsabgang“[69] zu erreichen, wurde scheinbar für die Frauenlager des KZ Flossenbürg aus der Zahl der gemeldeten Sterbefälle nicht abgeleitet. Reaktionen auf die relativ geringe Sterbequote, die in der Regel nicht mit der Vorstellungswelt eines Konzentrationslagers assoziiert wird, sind bislang nicht nachzuweisen.

Im November 1944 wurde der Häftlingsbestand von 10.000 Frauen überschritten und stieg bis Ende Februar auf über 12.000 weibliche Häftlinge an. Im ersten halben Jahr lag die gemeldete bzw. statistisch belegbare Häftlingssterblichkeit der Frauen für den gesamten KZ-Komplex Flossenbürg also bei etwa 0,1 Prozent bzw. einem Promille pro Monat. D.h. Monat für Monat starb etwa einer von tausend Häftlingen. Es macht also in diesem Fall und für den betrachteten Zeitraum in letzter Konsequenz eher wenig Sinn von einer sogenannten „Vernichtung durch Arbeit“ zu sprechen. Im Zuge der Kriegsereignisse hatten sich die KZ-Häftlinge zu einem rüstungswirtschaftlich wichtigen Reservoir an Zwangsarbeitern entwickelt, was sich zumindest im Fall der Frauen zweifellos auf die Haftbedingungen auswirkte. Den privaten und staatlichen Rüstungsfirmen oder militärischen Dienststellen war in der Regel an der Arbeitskraft der Häftlinge gelegen.

[69] Euphemistischer SS-Jargon für den Tod von Häftlingen. In der Meldungssprache wurden aber auch Überstellungen manchmal als „Häftlingsabgang“ bezeichnet.

Das eigentliche Häftlingssterben begann in den Frauenlagern erst Mitte Februar 1945 und schlägt sich in den Flossenbürger Nummernbüchern durch zeitliche Verzögerung des Meldeweges nieder. So werden im März 1945 sprunghaft mehr als zwölf Mal so viele Todesfälle, nämlich 130 an der Zahl, gemeldet. Der Wert für den April fällt mit 68 gemeldeten Todesfällen bis zum 15. April ähnlich hoch aus. Aber schaut man sich die Zahlen und ihr Zustandekommen genauer an, sind diese überwiegend durch konkrete Ereignisse oder Evakuierungstransporte aus anderen KZ-Lagern verursacht. So sind jeweils 40 gemeldete bzw. registrierte Todesfälle in den Außenlagern Helmbrechts und Zwodau Evakuierungstransporten bzw. Todesmärschen aus dem KZ Groß Rosen zuzuordnen. Neben diesen beiden Lagern fallen noch drei andere Standorte auf, in denen Epidemien ausgebrochen waren. Aus Bergen-Belsen eingeschleppte Typhusepidemien fordern ab März 1945 in Venusberg mindestens 40 Todesopfer und in Dresden Reick mindestens 20 Leben. In Dresden Striesen beim Außenlager Bernsdorf & Co. ist es eine aus Auschwitz bzw. Stutthof mitgebrachte Ruhrepidemie und der Treffer des Krankenreviers durch eine Brandbombe beim großen Luftangriff, der zu erhöhten Opferzahlen führt. Ohne diese äußeren Umstände, die von den Firmen und der Lagerleitung in erster Instanz wenig beeinflussbar waren, hätte es in den Frauenlagern des KZ Flossenbürg auch zu Kriegsende kaum einen deutlichen Anstieg der Häftlingssterblichkeit gegeben. So entfallen mehr als 30% der registrierten Todesfälle auf evakuierte Häftlinge aus dem KZ Groß Rosen und über 75% der Todesfälle fallen generell in die Monate März und April 1945, in denen nicht mehr alle Todesfälle lückenlos verzeichnet werden. Seinen Höhepunkt hatte das Häftlingssterben der weiblichen Häftlinge des KZ Flossenbürg aber erst bei den Evakuierungstransporten und auf den Todesmärschen ab Mitte April bis Anfang Mai 1945. Auch in den Folgemonaten nach der Befreiung ist die Häftlingssterblichkeit hoch. Von den für den Gedenkteil anderweitig ermittelten Todesfällen fallen weit über 100 in den Mai, mehr als 20 recherchierte Fälle in den Juni, mehr als 10 Fälle in den Juli und mehr als 15 Todesfälle in die Monate bis Jahresende 1945.
So stellen die in den Nummernbüchern vermerkten Todesfälle bei den Frauen nicht einmal 50% der derzeit insgesamt bekannten Todesopfer und möglicherweise nicht einmal 10% oder 20% der zu erwartenden Ofpergesamtzahl dar. Als Obergrenze sind nach derzeitigem wissenschaftlichen Kenntnisstand maximal 3250 Todesfälle weiblicher Häftlinge anzusetzen. Es hat im KZ-Komplex Flossenbürg trotz abweichender Zeitzeugenberichte offensichtlich kein Frauenlager gegeben, dessen Gesamtsterblichkeit über 45% gelegen hat. Die Mortalität einzelner Häftlingsgruppen kann dabei aber über 50% gelegen haben. Allerdings gab es auch mehr als 10 Lager mit Sterblichkeiten unter 5% und mehr als die Hälfte der Lager weist Mortalitätsraten unter 10% auf. Insgesamt dürften daher mehr als 80% der weiblichen Häftlinge des KZ Flossenbürg das Jahr 1945 überlebt haben.

Mortalität	Häftlinge	überlebt	verstorben	NB	ungeklärt	max. total	maximal
Chemnitz	**510**	ca. 500	3	[2]	ca. 7	10	2%
Dresden Bernsd.	**284**	142+	29	[20]*	113	(70)	(25%)
Dresden Univer.	**700**	?	1+3Flo.	[0]	?	(315)	(45%)
Dresden Goehle	**700**	?	2+1Flo.	[2]	?	(15)	(2%)
Dresden Reick	**400**	35+	43+	[23]	320	(80)	(20%)
Flossenbürg	**893** [=12+2+7+870+2]	365+ [?+5+360]	0+0+2+46 +0+Exek.	[12]	?	(265)	(30%)
Freiberg	**1001**	(900+)	30+	[8]	[...]	(100)	10%
Graslitz	**966** [101+150+136+ 10 +150+400+ca.19]	?	6+	[5]	?	(145)	(15%)
Gundelsdorf	**100**	50+	1+	[0]	48	(40)	(40%)
Hainichen	**500**	470+	12	[5]	ca. 20	30	6%
Helmbrechts	**1244** [=686-63?+621]	150+	3+82	[3]+ [40]	1000+	(500)	(40%)
Hertine	**600**	560+	8+1Oederan	[4*]	ca. 30	40	7%
Holleischen	**632+63**?	600+	9+4Flo. +1Zwo+1Gras	[3*]	?	(30)	(4%)
Leitmeritz	**300**	290+	7+	[0]	-	(15)	5%
Mehltheuer	**200**	194	2+	[1]	4	6	3%
Mittweida	**500**	?	5+	[2]	?	(25)	(5%)
Neu Rohlau	**1117** [=558+1+4+20+2 +10+15+1+6+500]	?	1+1+20	[6]	?	(280)	(25%)
Nürnberg	**550** [+X]	?	3+1Hollei.	[3]	?	(30)	(5%)
Oederan	**501**	491	6	[3*]	4	10	2%
Plauen Baumw.	**200**	?	0	[0]	?	(10)	(5%)
Plauen Industr.	**300**	?	0	[0]	?	(15)	(5%)
Rochlitz	**601**	?	0	[0]	?	(60)	(10%)
Venusberg	**1000**	570+	123+	[46]	307	(430)	43%
Wilischthal	**301**	295	2	[1]	4	6	2%
Wolkenburg	**401**	100+	7+	[4]	?	(180)	(45%)
Zschopau	**500**	465	10	[5]	25	35	7%
Zwodau	**1276** [=742+200+119+166+ 18+3+ca.28]	?	75+ [17+1+11+46]	[16] [40] [18]*	?	(510)	(40%)
Summen:	**16040+300+18 = 16358+**	[13000+]	551 +18	254 +18	?	(3252)	**T3**

G1: Verteilung bekannter Todesfälle weiblicher Häftlinge des KZ Flossenbürg auf den Zeitraum September 1944 bis Dezember 1945

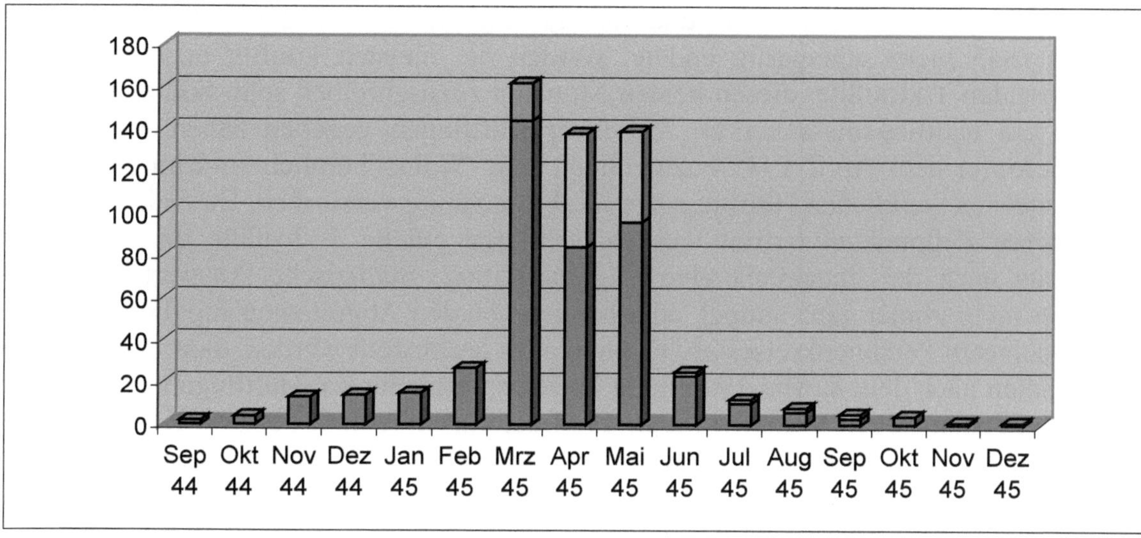

Unter Vorbehalt möglicher Bombardierungsopfer im Februar 1945, waren die mit Abstand tödlichsten drei Monate sehr wahrscheinlich der März, April und Mai 1945. Sie markieren die chaotische Phase des politischen Umbruchs mit Engpässen in der Versorgungslage und Todesmärschen und Evakuierungsfahrten kurz vor Kriegsende. Bis Ende Januar 1945 ist die Sterblichkeit durch die Nummernbücher abgesehen von möglichen Explosionsopfern im Außenlager Hertine wahrscheinlich annähernd vollständig abgedeckt. Im Februar 1945 dürften Opfer der Dresdner Bombardierung fehlen. Ob es dabei im Außenlager Universelle Maschinenfabrik aber wirklich Hunderte Todesopfer gab, ist bis heute ungeklärt und nach Dokumentenlage weniger wahrscheinlich. Im März steigt die Lagersterblichkeit der Frauen im KZ-Komplex Flossenbürg vor allem durch epidemische Krankheiten in einzelnen betroffenen Außenlagern und Evakuierungstransporten aus dem KZ Groß Rosen sprunghaft an. Es kommen mehr weibliche Häftlinge ums Leben als im vorangegangenen halben Jahr des Lagerbestehens zusammen. Die 18 mitgeführten namentlich nicht identifizierten Leichen wurden farblich abgesetzt ebenfalls dem März zugerechnet. Durch Lücken bei der Verzeichnung der Todesfälle im Nummernbuch und Todesfälle nach Überstellung nach Bergen-Belsen, Ravensbrück oder andere Lager, könnte die Opferzahl für diesen Monat in Zukunft noch moderat ansteigen. Erhebliche Zuwächse bei den Todesfällen, sind allerdings für die Monate April und Mai zu erwarten. Schon jetzt wurden 96 von 104 bislang zeitlich nicht exakt zu fassenden Todesfällen (farblich abgesetzt) provisorisch auf diese beiden Monate verteilt.

Einzelne Todesfälle wurden dabei auch späteren Monaten zugeordnet, da sie zum Teil noch nach Heimkehr der Häftlinge eintraten. Da vor allem Rückmeldungen zu den Evakuierungstoten fehlen und das Häftlingssterben mit der Kapitulation am 8. Mai 1945 nicht schlagartig endete, werden die meisten künftig noch zu recherchierenden Todesfälle, diesen beiden Monaten zuzuschreiben sein. Sollte es tatsächlich ein Häftlingsmassaker an Zwodauer Häftlingen gegeben haben, würden die Todesopfer dem April 1945 zuzurechnen sein. Wahrscheinlich sind im April 1945 die meisten weiblichen Häftlinge des KZ Flossenbürg verstorben. Da einige Lager zu früheren Zeitpunkten befreit wurden, erfolgten etliche Todesfälle im April 1945 bereits nach der entsprechenden Lagerbefreiung. Statistische Auswertungen sind daher nicht immer ganz simpel, oder hängen von den Abgrenzungsmöglichkeiten des betrachteten Personenkreises ab. Es kann aber festgestellt werden, dass in den sieben Monaten nach dem 8. Mai 1945 mehr befreite weibliche KZ-Häftlinge verstarben als in den ersten sieben Monaten (Sept. 1944 bis einschließlich Februar 1945) nach der Gründung und während der Expansionsphase der Frauenabteilung und seiner Außenlager des KZ Flossenbürg.

Todesopfer	HUN	POL	RD	FRA	CZE	HOL	RUS	ITA	SK	GRE	BEL	ROM	SL	Stls.	?	Total	in%
Jüdinnen	227	138	18	10	21	18	-	10	9	5	1	1	-	1	1	460	83%
	[+18]															[+18]	
Politische	-	4	-	20	-	-	3	1	-	-	-	-	-	-	-	28	5%
Z.A.	-	12	-	1	-	-	8	-	-	-	-	-	-	-	-	21	4%
Sch.H.	-	3	5	6	-	-	-	-	-	-	1	-	-	-	-	15	3%
‚Asoziale'	-	-	11	-	-	-	-	-	-	-	-	-	-	-	-	11	2%
‚Zigeuner'	1	-	5	-	1	-	-	-	-	-	-	-	-	-	-	7	1%
B.V.	-	-	5	-	-	-	-	-	-	-	-	-	-	-	-	5	1%
ohne	-	-	1	1	-	-	-	-	-	-	-	-	1	-	1	4	1%
Zusammen	228+	157+	45	38	22	18	11	11	9	5	2	1	1	1	2	551	100%
Prozentual	41%	28%	8%	7%	4%	3%	2%	2%	2%	1%	>	>	>	>	-	100%	T4

Da für die einzelnen Nationen und Opfergruppen unterschiedliche Recherchemöglichkeiten und Aufarbeitungszwischenstände vorliegen, ist die derzeitige statistische Aufschlüsselung der namentlich bekannten Todesopfer nicht sonderlich aussagekräftig, soll hier aber nicht vorenthalten werden. Es dominieren mit 83% der namentlich bekannten Todesopfer bei 51% Häftlingsanteil die jüdischen Opfer. Die Nationalitäten korrelieren dabei mit 41% ungarischen und 28% polnischen Opfern weitestgehend mit dem im Lager zahlenmäßig am stärksten vertretenen Häftlingsgruppen. Lediglich unter den Russinnen sind bislang verhältnismäßig wenige Todesopfer namentlich bekannt. Da es aber nahezu keine russischen Jüdinnen im KZ-Komplex Flossenbürg gab, ist das Bild der nationalen Opferanteile diesbezüglich verzerrt.

2.4 Die Entlassungen

Der Verbleibsspalte der Flossenbürger Nummernbücher sind etwa 90 Entlassungen aus, oder Beurlaubungen von der KZ-Haft zu entnehmen. Diese stehen wohl oft im Zusammenhang mit gerichtlichen Prozessen und juristischen Verfahren, die anscheinend größtenteils deutschen Häftlingen galten. Leider konnte zu dieser Personengruppe noch nicht eingehend recherchiert werden, weshalb das Prozedere, die Vorgeschichten und Bedingungen solcher Entlassungen zu anderen polizeilichen oder gerichtlichen Institutionen, in Einzelfällen möglicherweise auch direkt in die Freiheit, noch weitestgehend im Dunkeln liegen. Im Außenlager Holleischen soll es z.B. nach den Ausführungen der Historiker Jiri Fiser und Dr. Hans Brenner zur Amnestierung einzelner Französinnen gekommen sein, die bei der Aufklärung eines Fluchtvorfalles mit der SS kooperierten.[70] Ob dazu eine gesetzliche Grundlage oder eine spezielle Lagervorschrift existierte, ist unbekannt. Sonst ist in den Nummernbüchern bislang lediglich für die Monate Dezember und Januar ein wöchentlicher Turnus auffällig, in dem Entlassungen vorgenommen oder in die betrachteten Zugangsbücher übertragen wurden. Die Eintragung oder Entlassung erfolgt in diesem Zeitraum für gewöhnlich montags. Allein im Dezember werden 30 Personen, meist an andere exekutive Institutionen, entlassen. Möglicherweise wurden die Häftlinge teilweise, vielleicht auch generell, zunächst ins Stammlager Flossenbürg „rücküberstellt“, um dort ihre Entlassungspapiere zu erhalten. Einige Eintragungen in der Verbleibsspalte der Nummernbücher, wie die Entlassungen der Zwodauer Häftlinge am 17.02.1945, deuten jedenfalls daraufhin. Es könnte sich hierbei aber auch um Rücküberstellungen aus Graslitz handeln, da zwischen beiden Lagern ein reger Häftlingsaustausch betrieben wurde. Die Häftlinge wären dann in Zwodau entlassen worden.

Auch in der Evakuierungsphase soll es auf dem Evakuierungsmarsch aus dem Außenlager Graslitz zu weiteren nicht verzeichneten Entlassungen gekommen sein. So berichtet Maria Husemann 1964:

> „Die letzte Nacht des Todesmarsches, die ich mit dem kleinen Rest unserer Gruppe verbrachte, lagen wir in einer Scheune in Breitenstein, einige Kilometer von Luditz entfernt. Mehr stehend als liegend hatten wir die Nacht im Stroh verbracht. Zwei meiner Kameradinnen – Juden – waren in der Nacht derart von Durchfall heimgesucht, dass sie unfähig waren aufzustehen. Ich meldete das der Aufseherin. Sie sagte: „Dann müssen sie eben hier bleiben.“ Die anderen traten schon zum Weitermarsch an. Auf mein wiederholtes

[70] Vgl. Pascal Cziborra. Frauen im KZ. S. 77f. & S.161

> Bitten, den armen Frauen doch zu helfen, kam keine Reaktion. Da erbot ich mich, bei ihnen zu bleiben und mich um sie zu kümmern. Nach langem Hin und Her wurde ich zum Kommandoführer befohlen. Nach einigen Anschnauzern bekam ich dann für uns drei Frauen den Entlassungsschein. Mein Entlassungsschein liegt in Fotokopie bei. Der Name des Kommandanten KZ Flossenburg, Außenarbeitslager, ist leider kaum leserlich. Soweit ich entziffern kann, heißt er D. Ziobalny oder Zioballa. Uns wurden niemals Namen bekanntgegeben."[71]

Die Unterschrift des Lagerführers Dziobaka auf Husemanns kopiertem Entlassungsschein spricht für die Authentizität dieser Episode. Dass Jüdinnen „offiziell" aus dem KZ entlassen wurden ist dabei aber ganz sicher nur eine äußerst seltene, wenn nicht sogar einmalige Erscheinung der chaotischen Umbruchphase, die dem verbreiteten Umgang und den Vernichtungsplänen der SS widersprach. Der geschilderte Fall zeigt aber Handlungsalternativen für Kommandoführer, die auch auf den Todesmärschen Entscheidungsspielräume hatten und sich über offizielle Befehle hinwegsetzen konnten. So wurden auch bei der Evakuierung aus dem Außenlager Dresden Reick kranke Jüdinnen in einer Scheune bei Hellendorf zurückgelassen, wenngleich sie wohl keine Entlassungspapiere erhielten.[72] Offizielle Genehmigungsverfahren für Entlassungsanfragen waren in der politischen Umbruchphase nicht mehr möglich und wurden wohl von den Verantwortlichen auch nicht mehr angestrebt.

Laut Historikerin Gudrun Schwarz hatte eigentlich die Gestapo über Entlassungen zu entscheiden und auch der Lagerkommandant musste Entlassungsanfragen bewürworten oder konnte diese ablehnen.[73] Um die Kenntnisse zu den Entlassungen zu erweitern, wären daher Hinweise zu folgenden Fällen sinnvoll.

[71] Maria Husemann. Mein Widerstandskampf gegen die Verbrechen der Hitlerdiktatur. S23ff.
[72] Pascal Cziborra. KZ Dresden Reick. S. 52f.
[73] Vgl. Pascal Cziborra. Frauen im KZ. S.161

T5: Tabelle der Entlassungen

Entlassen:	Lagerstandort	P	Text	Nation/Kategorie	FloNo.
28.09.1944	Neu Rohlau	1	Entlassen 28.9.44	RD	52027
28.09.1944	Neu Rohlau	1	Entlassen 28.9.44	RD	52111
12.10.1944	Zwodau	1	12.10.44 Entlassen	RD Aso.	50869
21.10.1944	Holleischen	1	Entlassen 21.10.44	Französin	50476
21.10.1944	Holleischen	1	Entlassen 21.10.44	Französin politisch	50674
21.10.1944	Zwodau	1	Entlassen 21.10.44	Tschechin politisch	51357
21.10.1944	Neu Rohlau	1	Entlassen 21.10.44	RD	52018
21.10.1944	Neu Rohlau	1	Entlassen 21.10.44	RD Sch.	52048
21.10.1944	[???]	1	Entlassen 21.10.44	[???]	54186
23.10.1944	[Zwodau Graslitz]	1	23.10.44 Entlassen	RD Aso.	51878
23.10.1944	Neu Rohlau	1	Entlassen 23.10.44	RD Sch.	52046
06.11.1944	[Zwodau Graslitz]	1	6.11.44 Entlassen nach Salzburg	RD Aso.	50873
06.11.1944	[Zwodau Graslitz]	1	Entl. N. Stuttgart 6.11.44	Französin	51271
06.11.1944	Neu Rohlau	1	Entl. N. Köstlin 6.11.44	RD	52023
20.11.1944	Holleischen	1	Entl. N. Berlin 20.11.44	Französin politisch	50461
22.11.1944	[Zwodau Graslitz]	1	Entlassen 22.11.44	RD politisch	50903
04.12.1944	[Zwodau Graslitz]	1	Entlassen 4.12.44	RD Aso.	50932
04.12.1944	[Zwodau Graslitz]	1	4.12.44 Entlassen n. Stapo Berlin	Frankreich	51279
04.12.1944	Neu Rohlau	1	4.12.44. Entlassen Stapo Cuxhaven	Tschechin politisch	51908
04.12.1944	Neu Rohlau	1	4.12.44 Entlassen n. Stapo Troppau	RD Aso.	51976
04.12.1944	Neu Rohlau	1	4.12.44 Entlas[s]en Stapo Regensburg	RD	52035
04.12.1944	Neu Rohlau	1	Entlassen 4.12.44 Stapo Kiel	RD Sch.	52051
04.12.1944	Neu Rohlau	1	Entlassen 4.12.44 Frankf./M.	RD Sch.	52071
04.12.1944	Dresden Univers.	1	entlassen 4.12.44	RD Sch.H.	57646
04.12.1944	Dresden Univers.	1	entlassen 4.12.44	RD Sch.H.	57657
11.12.1944	Zwodau	1	11.12.44 Entlassen	RD Aso.	50872
11.12.1944	[Zwodau Graslitz]	1	11.12.44 Entassen	Russin Z.A.	51119
11.12.1944	Neu Rohlau	1	11.12.44 Entlassen Stapo Chemnitz	RD	51987
11.12.1944	Neu Rohlau	1	Entlassen 11.12.44	RD Sch.	52064
11.12.1944	Neu Rohlau	1	11.12.44 Beurlaubt Ortspol. Bsh. Ganacker	RD Sch.	52079
11.12.1944	Dresden Goehle	1	11.12.44 Entlassen Kripo Kiel	RD Sch.	56902
11.12.1944	Dresden Univers.	1	11.12.44 Beurlaubt Kdt. Breslau	RD Sch.H.	57246
11.12.1944	Dresden Univers.	1	11.12.44 Entlassen n. Stapo Fkft./ M.	RD Sch.	57306
11.12.1944	Dresden Univers.	1	11.12.44 Entlassen Grepo Wien	RD	57338
11.12.1944	Dresden Univers.	1	Entlassen 11.12.44	RD politisch	57717
11.12.1944	Dresden Univers.	1	11.12.44 Überst. N. Amtsger. Hamburg	RD Aso.	57730
11.12.1944	Graslitz	1	11.12.44 überst. N. Jugendschutzlager Uckermark	RD Sch.	58336
18.12.1944	Dresden Univers.	1	entlassen 18.12.44 Stapo Dresden	RD	57585

Entlassen:	Lagerstandort	P	Text	Nation/Katcgorie	FloNo.
25.12.1944	Neu Rohlau	1	25.12.44 entlassen	RD Sch.	51984
25.12.1944	Neu Rohlau	1	Entlassen 25.12.44	RD Sch.	52052
25.12.1944	Neu Rohlau	1	Entlassen 25.12.44	RD Sch.	52105
25.12.1944	Dresden Univers.	1	25.12.44 entlassen	RD Sch.	57514
25.12.1944	Dresden Univers.	1	entlassen 25.12.44	RD Sch.	57574
25.12.1944	Dresden Univers.	1	entlassen 25.12.44	RD Sch.	57652
25.12.1944	Graslitz	1	25.12.44 überstellt U-Haftanst. Alt-Moabit	Französin Aso.	58361
30.12.1944	[Zwodau Graslitz]	1	30.12.44 entlassen	RD politische	51630
01.01.1945	Holleischen	1	Entlassen 1.1.1945	Französin	50475
08.01.1945	Zwodau	1	8.1.45 entlassen	RD Aso.	52742
08.01.1945	Graslitz	1	8.1.45 entlassen	RD Aso.	52745
15.01.1945	Neu Rohlau	1	15.1.45 entlassen Arnols – Ortspol.	RD Aso.	51975
15.01.1945	Neu Rohlau	1	15.1.45 entlassen Redemitz Ortspol. Bsh.	RD Sch.	52061
15.01.1945	Neu Rohlau	1	15.1.45 entlassen Stapo. Magdeburg	RD Sch.	52080
15.01.1945	Neu Rohlau	1	15.1.45 entlassen Radolin – Ortspol.	RD Sch.	52101
15.01.1945	Neu Rohlau	1	15.1.45 entlassen Stapo Berlin	Russin Z.A.	52409
15.01.1945	Dresden Univers.	1	15.1.45 entlassen Stapo Innsbruck	RD Sch.	57280
15.01.1945	Dresden Univers.	1	15.1.45 entlassen Komm. Breslau	RD politisch	57715
15.01.1945	Dresden Reick	1	15.1.45 entlassen Stapo München	Polin Z.A.	57791
23.01.1945	Neu Rohlau	1	23.1.45. Entl. N. Arbach	[Russin Z.A.] ???	52126
05.02.1945	Neu Rohlau	1	5.2.45 entlassen n. Stapo Halle	RD Sch.	52058
05.02.1945	Neu Rohlau	1	5.2.45 entlassen nach Stapol. Düsseldorf	RD politisch	56806
05.02.1945	Graslitz	1	5.2.45 entlassen n. Ortspol. Stollenhagen	RD Sch.	58313
07.02.1945	Dresden Univers.	1	7.2.45 Entlassen nach Stapo Dresden	RD Sch.H.	57253
17.02.1945	Zwodau	1	16.2.45 rücküberstellt 17.2.45 Kripo Frankf./O. entlassen	RD Aso.	50954
17.02.1945	Zwodau	1	16.2.45 rücküberstellt 17.2.45 Kripo Hagen/Westf. entlassen	RD Aso.	50967
17.02.1945	Zwodau	1	16.2.45 rücküberstellt 17.2.45 Ger.Gef. Weiden entlassen	RD Aso.	51003
17.02.1945	Zwodau	1	16.2.45 rücküberstellt 17.2.45 Kripo Berlin entlassen	RD Aso.	51167
19.02.1945	Helmbrechts	1	19.2.45 nach Pol. Präsid. Berlin überstellt	Russin Z.A.	50181
24.02.1945	[Zwodau Graslitz]	1	24.2.45 entlassen	RD Aso.	50959
24.02.1945	[Zwodau Graslitz]	1	24.2.45 entlassen	Russin Z.A.	50995
24.02.1945	[Zwodau Graslitz]	1	24.2.45 entlassen	Französin	51541
26.02.1945	Neu Rohlau	1	26.3.45 entlassen	RD	51986
26.02.1945	Neu Rohlau	1	26.2.45 entlassen	RD Sch.	52091
26.02.1945	Mittweida	1	26.2.45 entlassen	RD Sch.H.	55467
11.03.1945	Dresden Univers.	1	11.3.45 entlassen [14.3.???]	RD politisch	62505
12.03.1945	[Zwodau Graslitz]	1	12.3.45 zum Arb.Amt Weiden entlassen	Polin Z.A.	51019
12.03.1945	Neu Rohlau	1	12.3.45 nach Lindenthal Ob.pol. entlassen	RD Sch.	52081

Entlassen:	Lagerstandort	P	Text	Nation/Kategorie	FloNo.
19.03.1945	Neu Rohlau	1	19.3.45 zur Ortspol. Bsh. Friedland/ Memel entlassen	RD Sch.	52087
20.03.1945	[Zwodau Graslitz Neu Rohlau]	1	nach Arb. Amt Neustrelitz entlassen	RD Aso.	54178
26.03.1945	Dresden Goehle	1	26.3.45 nach Stapo Schwerin entlassen	RD Sch.	60358
27.03.1944	Graslitz	1	27.3.45 nach Stapo Nürnberg entlassen	RD politisch	58423
30.03.1945	Wolkenburg	1	Arb. Amt Weiden entlassen	Polin Z.A.	59098
01.04.1945	Dresden Goehle	1	1.4.45 nach [???] Halle entlassen	RD Sch.	60524
02.04.1945	[Zwodau Graslitz]	1	1.4.45 rücküberstellt 2.4.45 entlassen	[Polin Aso.] ???	50894
04.04.1944	Neu Rohlau	1	4.4.45 entlassen	RD	52029
04.04.1944	Neu Rohlau	1	4.4.45 entlassen	RD	52047
04.04.1945	Neu Rohlau	1	4.4.45 entlassen	RD Sch.	52093
04.04.1945	Neu Rohlau	1	4.4.45 entlassen	RD politisch	56804
04.04.1945	Helmbrechts	1	4.4.45 entlassen	Russin Sch.	61667
11.04.1945	Graslitz	1	11.4.45 nach Ortspol. Berlin entlassen	RD Sch.H.	58339
12.04.1945	Helmbrechts	1	12.4.45 n. Stapo Kiel entlassen	RD Sch.	61616
??.??.1945	Graslitz	1	[nicht verzeichnet]	RD politisch	52808
??.??.1945	Graslitz	1	[nicht verzeichnet]	Jüdin	?????
??.??.1945	Graslitz	1	[nicht verzeichnet]	Jüdin	?????

2.5 Die Fluchtversuche

In den Flossenbürger Nummernbüchern Sieben und Acht sind auch zahlreiche Fluchtversuche mit 68 beteiligten Personen dokumentiert. Nur für sieben dieser Häftlinge ist eine Wiederergreifung belegbar, auf die aber nicht, wie oft von der SS angedroht, die Todesstrafe folgte, sondern wie Zeitzeugen für verschiedene Fälle berichten, „nur“ körperliche Züchtigungen und kollektive Strafen für bestimmte Häftlingsgruppen, die der Abschreckung dienen sollten. In einem Fall verhängte man möglicherweise auch eine Rücküberstellung nach Ravensbrück[74].

Für die Verzeichnung geflüchteter Häftlinge gelten sehr wahrscheinlich ähnliche Datierungsverschiebungen wie für die Meldung von Todesfällen. So ereignete sich z.B. die auf den Evakuierungstag des Lagers Wilischthal verbuchte Flucht der Jüdin Henni Boas ein paar Tage eher, als die Datierung in den Nummernbüchern zunächst vermuten lässt. Die belegbare Wiederergreifung der Jüdin kurz vor der Evakuierung des Lagers wird nicht mehr ans Stammlager Flossenbürg gemeldet, oder möglicherweise aufgrund der Verzögerung durch den Postweg und der Räumung des Stammlagers nicht mehr in die Zugangsbücher übertragen.[75] Der Fluchtversuch der Jüdin

[74] Siehe 24.10.1945 Dresden Zeiss Ikon Goehle-Werk
[75] Vgl. Pascal Cziborra. KZ Wilischthal.

Boas ist der einzige verzeichnete Fall unter den Jüdinnen, obwohl sich z.B. für die Außenlager in Dresden Striesen und in Freiberg aus Zeitzeugenberichten Fluchtvorfälle weiterer jüdischer Häftlinge rekonstruieren lassen. Diese Häftlingsgruppe, die etwa 51% der weiblichen Belegung ausmachte, ist unter den geflohenen Frauen also deutlich unterrepräsentiert. Erst auf den Evakuierungen und Todesmärschen gelingt es verstärkt jüdischen Häftlingsgruppen und Einzelpersonen,[76] ihren Aufsehern zu entkommen. Die auffällige Unterrepräsentation der Jüdinnen unter den Geflohenen steht im deutlichen Kontrast zu der krassen Überrepräsentation russischer Häftlinge. Diese machen etwa 50% der geflüchteten, weiblichen Häftlinge aus, obwohl sie mit 2236 Personen nur 13,9% der weiblichen Flossenbürger Häftlingsdurchlaufbelegung stellten. Häufig wird dieses Fluchtverhalten und die Risikobereitschaft ursächlich mit der stalinistischen Auffassung von Kolaboration in Zusammenhang gebracht, die in Zwangsarbeitern der deutschen Rüstungswirtschaft Kolaborateure sah, die Bestrafungen zu befürchten hatten.
Die unterm Strich doch unerwartet hohe Zahl der 60 gemeldeten weiblichen KZ-Häftlinge, die zwischen September 1944 und Mitte April 1945 einen Fluchtversuch aus ihren Haft- und Zwangsarbeitsstätten wagten, zeugt von deren enormen Leidensdruck innerhalb der Lager. Da insgesamt 14 verschiedene Flossenbürger Außenlager nachweislich von Fluchtvorfällen betroffen waren, kann nicht von Einzelfällen, sondern muss von einer lagerübergreifenden Problematik die Rede sein. Nur in den Flossenbürger Standorten mit nahezu ausschließlich jüdischer Belegung scheinen Fluchtvorfälle – Wilischthal ausgenommen – nicht vorgekommen, oder die Fluchtversuche jüdischer Häftlinge wie im Außenlager Freiberg oder in den Dresdner Lagern nicht gemeldet worden zu sein. Hinweise zu nicht verzeichneten Fluchtvorfällen und zum Schicksal der im folgenden aufgeführten Geflohenen sind erwünscht!

T6: Übersicht der Fluchtvorfälle

Flucht	Lagerstandort	P	Text	Nation/Kategorie	FloNo.
13.05.1944	Neu Rohlau	1	Gefl. V. Neurohlau 13.5.44	Russische Z.A.	54173
20.06.1944	Neu Rohlau	1	Gefl. V. Neurohlau 20.6.44	Russische Z.A.	54172
30.06.1944	Neu Rohlau	2	Gefl. V. Neurohlau 30.6.44	Russische Z.A.	54174
			Gefl. V. Neurohlau 30.6.44	[Russische Z.A.]	54180
05.07.1944	Zwodau	2	Gefl. V. Zwodau 5.7.44	[Russische Z.A.]?	54175
			Gefl. V. Zwodau 5.7.44	RD VH.	54177

[76] Vgl. Pascal Cziborra. KZ Zschopau S.94ff., KZ Dresden Striesen S.102ff., KZ Freiberg S.71ff. Vgl. auch Helmbrechts, Zwodau u.a.

Flucht	Lagerstandort	P	Text	Nation/Kategorie	FloNo.
25.08.1944	Neu Rohlau	2	Gefl. V. Neurohlau 25.8.44	Russische Z.A.	52357
			Gefl. V. Neurohlau 25.8.44	Russische Z.A.	52411
08.09.1944	Graslitz	1	Gefl. V. Graslitz 8.9.44	Tschech.[Zig.]Aso.	51691
11.09.1944	Wolkenburg	2	11.9.44 gefl. 3.11.44 Wiederergriffen	RD Zig.	50024
			11.9.44 geflücht. 3.11.44 Wiederergr.	RD Zig.	50139
13.09.1944	Holleischen	3	Gefl. V. Holleischen 13.9.44	Polnische Politische	50276
			Gefl. V. Holleischen 13.9.44	Polnische Politische	50480
			Gefl. V. Holleischen 13.9.44	Polnische Politische	50487
23.09.1944	Zwodau	4	Gefl. V. Zwodau 23.9.44	Polnische Z.A.	50976
			23.9.Gefl. v. Zwodau 24.10. Zwodau eingel.	Russische Z.A.	51224
			23.9.44 geflüchtet	Russische Z.A.	51225
			Gefl. Zwodau 23.9.44	Russische Z.A.	51383
27.09.1944	Zwodau	3	Gefl. Zwodau 27.9.44	Russische Z.A.	51217
			Gefl. Zwodau 27.9.44	Russische Z.A.	51265
			Gefl. Zwodau 27.9.44	Russische Z.A.	51341
17.10.1944	Dresden Universelle	1	geflüchtet 17.10.44 von Dresden – Universelle	Russin Sch.H.	57368
21.10.1944	Plauen Baumwollspinnerei	2	21.10.44 Entflohen	Russische Z.A.	60314
			21.10.44 Entflohen	Russische Z.A.	60318
24.10.1944	Dresden Zeiss Ikon Goehle-Werk	2	gefl. 24.10.44, wiederergriffen n. Rav. Überst. 6.12.44	Russische Z.A.	56850
			24.10.44. Geflüchtet von Dresd Zeis[s] Ikon	Russische Z.A.	56894
04.11.1944	Mittweida	2	Gefl. Mit[t]weida 4.11.44	Polnische Z.A.	55523
			Gefl. Mit[t]weida 4.11.44	Polnische Z.A.	55714
10.11.1944	Dresden Z.I.Goehle	1	10.11.44 Geflücht.	Polnische Z.A.	58692
10.11.1944	Plauen Industriew.	1	geflüchtet Plauen-Ind. Den 10.11.44	Polnische Z.A.	60729
11.11.1944	Zwodau	3	Gefl. Zwodau 11.11.44	Französin Polit.	51546
			Gefl. Zwodau 11.11.44	Französin Polit.	51551
			Gefl. Zwodau 11.11.44	Französin [Polit.]	51568
04.12.1944	Mittweida	1	4.12.44 Geflohen in Mittweida	Polnische Z.A.	55632
07.12.1944	Mittweida	1	7.12.44 entflohen 10.12.44 wiederergriffen	Russische Z.A.	55732
06.01.1944	Zwodau	1	6.1.45 geflüchtet u. 11.1. wiederergriffen in Zwodau	Russische Z.A.	51329

Flucht	Lagerstandort	P	Text	Nation/Kategorie	FloNo.
18.02.1945	Helmbrechts	2	in Helmbrechts 18.2.45 entflohen	Russische Z.A.	50206
			in Helmbrechts 18.2.45 entflohen	Russische Z.A.	50247
26.02.1945	Helmbrechts	1	26.2.45 in Helmbrechts geflüchtet	Russische Z.A.	61630
27.02.1945	Dresden Reick Zeiss Ikon	8	27.2.45 Dresden Zeiss geflüchtet	Russische Z.A.	57745
			27.2.45 geflücht.	Polnische Z.A.	57757
			27.2.45 geflücht	Polnische Z.A.	57837
			27.2.45 in Dresden Zeiss geflüchtet	Russin Sch.	57846
			27.2.45 in Dresden Zeiss geflüchtet	Russin Sch.	57849
			27.2.45 in Dresden Zeiss geflüchtet	Russin Sch.	57856
			27.2.45 in Dresden Zeiss geflüchtet	Russin Sch.	57862
			27.2.45 in Dresden Zeiss geflüchtet	Polnische Z.A.	57922
03.03.1945	Dresden Universelle	3	3.3.45 geflüchtet	RD VH. Aso.	62470
			3.3.45 geflüchtet	Staatenlose. Zig.	62584
			3.3.45 geflüchtet	Staatenlose. Zig.	62603
05.03.1945	Dresden Z.I.Goehle	1	5.3.45 geflohen	RD Aso. VH.	60394
07.03.1945	Dresden Zeiss Ikon Goehle-Werk	3	7.3.45 geflüchtet in Dresden Goehle	Russische Z.A.	60469
			7.3.45 geflüchtet in Dresden Goehle	Russische Z.A.	60502
			7.3.45 geflüchtet 7.4.45 wiedereingel.	Polnische Z.A.	60529
16.03.1945	Chemnitz	2	16.3.45 in Chemnitz geflüchtet	Polnische Z.A.	56373
			16.3.45 in Chemnitz geflüchtet	Polnische Politische	56707
19.03.1945	Dresden Zeiss Ikon Goehle-Werk	3	19.3.45 in Dresden Zeiss IK geflüchtet	[???]	56840
			19.3.45 in Dresden Zeiss Ikon geflüchtet	Russische Z.A.	56906
			19.3.45 in Dresden Zeiss IK geflüchtet	Russische Z.A.	56940
22.03.1945	Dresden Reick Z.I.	1	22.3.45 in Dresden Zeiss geflüchtet	Russische Z.A.	57903
27.03.1945	Graslitz	1	27.3.45 geflüchtet in Graslitz	RD Aso.	51093
29.03.1945	Chemnitz	1	29.3.45 Chemnitz geflüchtet	Italienische Politische	56541
04.04.1945	Dresden Universelle	1	4.4.45 geflüchtet in Dresden – Univers.	Lettin Sch.	57617
04.04.1945	Dresden Universelle	1	4.4.45 geflüchtet in Dresden – Universelle	Polnische Z.A.	62548
05.04.1945	Chemnitz	2	5.4.45 in Chemnitz geflüchtet	Russische Z.A.	56443
			5.4.45 in Chemnitz geflüchtet	Russische Z.A.	56736
05.04.1945	Dresden Z.I.Goehle	1	5.4.45 in Dresden – Göhle-werk geflüchtet	Russische Z.A.	58659
13.04.1945	Wilischthal	1	13.4.45 geflüchtet	Belgische Jüdin	59008

2.6 Übersicht der Transporte und Überstellungen

Folgender chronologischen Übersicht der Zu- und Abgänge weiblicher Häftlinge des KZ-Flossenbürg liegt im wesentlichen die Auswertung der Nummernbücher, sowie eine Vergleichsanalyse mit den meist lückenhaften Datenbeständen verschiedener Gedenkstätten zugrunde. Die Datierungen wurden zunächst aus den Flossenbürger Zugangsbüchern übernommen und nur dann einer Korrektur unterzogen, sofern verlässlichere Quellen vorlagen. Aufschlussreich waren vor allem die monatlichen Forderungsnachweise (FNW) über den Häftlingseinsatz der einzelnen Arbeitskommandos, mit denen tagesgenau die Entlohnung der Arbeitskraft der Häftlinge durch die SS aufgeschlüsselt und den profitierenden Unternehmen in Rechnung gestellt wurde.[77] Anhand des erstmaligen Arbeitseinsatzes oder größerer Anstiege bei der eingesetzten Personenzahl, kann der Beginn der Zwangsarbeit einzelner Kommandos oder Transporte bestimmt werden. Dabei fiel auf, dass das Überstellungsdatum etlicher Transporte in den Nummernbüchern (Flo.NB) den tatsächlichen Ereignissen hinterherhinkt. Wie bei der Abmeldung der Todes- und Fluchtvorfälle sind auch bei der Datierung der Transporte, insbesondere auch bei der Verzeichnung von Einzelüberstellungen, größere zeitliche Diskrepanzen zu beobachten, die beim Abgleich mit den Ravensbrücker Registraturdaten auffielen [Vgl. Überstellungen Schwangerer im Januar 1945]. Den Datierungen der Flossenbürger Nummernbücher ist damit generell mit Vorsicht zu begegnen. Die tatsächlichen Transportdaten sind in etlichen Fällen noch abzusichern. Daher kann sich auch die Chronologie der Transporte noch leicht ändern. Dies gilt insbesondere für den Zeitraum zwischen dem 8. und 10. Oktober 1944, wo in sieben verschiedenen Außenlagern insgesamt 2500 Häftlinge eintrafen. Aber auch für die am 1. September 1944 von der Verwaltung des KZ Ravensbrück übernommenen Häftlinge liegen bislang kaum genaue Informationen zu ihren Überstellungstransporten in die entsprechenden Außenlager vor. Eine chronologische Einordnung war daher bislang noch gar nicht möglich. Die publizierten Daten sind daher als vorläufig anzusehen, bilden aber den heutigen Kenntnisstand weitestgehend ab. Die Auswertung der Häftlingskategorien und Nationen richtet sich größtenteils nach der Bezeichnung in den Nummernbüchern und die Angaben können daher in Einzelfällen von der Realität abweichen. Da im Flossenbürger Nummernbuch teilweise unterschiedliche Abkürzungen für die gleichen Häftlingskategorien verwendet worden sind, wurden die Angaben für die vorliegende Publikation weitestgehend standardisiert.

[77] Vgl. BArch, NS4FL / 393 Bd .2

T7: Übersicht der Transporte

1944

Abfahrt	Ankunft	Überstellung aus ...	Ziel-Lager	Pers.	FloNo.	Häftlings-kategorie	Nation
Register-eintrag	[01.09.1944] [19.07.1944]	Ravensbrück	**Helmbrechts** [19.07.1944]	**180**	50150- 50329	Z.A. Z.A. Politische Politische Politische Aso.	Russl. 97 Polen 3 Polen 6 Russl. 17 Frankr. 55 RD 2
Register-eintrag	[01.09.1944]	Ravensbrück [07.09.1944]	**Helmbrechts**	**102**	52460- 52561	Z.A. Z.A. Aso.	Polen 80 Russl. 21 RD 1
Register-eintrag	[01.09.1944]	Ravensbrück	**Holleischen**	**523**	50330- 50852	Siehe unten [Tabelle]	Siehe unten [Tabelle]

523	Frankr.	Polen	Russland	Ungarn	Rumän.	Litauen
Politisch	254	110	108			
Jüdisch		1		1	1	
-	27	16	3			1

Abfahrt	Ankunft	Überstellung aus ...	Ziel-Lager	Pers.	FloNo.	Häftlings-kategorie	Nation
Register-eintrag	[01.09.1944]	Ravensbrück	**Holleischen**	**101**	52562- 52662	Politische Politische Politische	Frankr. 54 Polen 45 Tschech. 2
Register-eintrag	[01.09.1944]	Ravensbrück	**Holleischen**	[7]		Aso. BV.	RD 5 RD 2
Register-eintrag	[01.09.1944]	Ravensbrück	**Graslitz**	[101]	52663- 52816	Aso. BV. Politische Polit. Jüdin *Mischling* Z.A. Aso. Z.A. - -	RD 69 RD 17 RD 4 RD 4 Polen 2 Polen 2 Russland 1 [Frankreich] 1 - 1
Register-eintrag	[01.09.1944]	Ravensbrück	**Zwodau**	[45] **Total: 153**	Außer	Aso. BV. Political Aso. Political Aso.	RD 26 RD 13 RD 2 Polen 2 Russland 1 Tschechien 1
Leerzeile			[Graslitz]		52733	**Leerzeile**	

1944

Register-eintrag	[01.09.1944] [07.08.1944]	Ravensbrück	**Graslitz** [07.08.1944]	**150**	50853- 51636 **784**	Siehe unten	Siehe unten
Register-eintrag	[01.09.1944]	Ravensbrück	**Zwodau**	**597**		Siehe unten	Siehe unten
Register-eintrag	[01.09.1944]	Ravensbrück	**[Graslitz oder Zwodau]**	**37**		Siehe unten	Siehe unten

150	RD	Polen	FRA	CZ	Russl.
Aso.	90	13		14	
Polit.		2	8	2	4
Z.A.		3			1
BV	3				
-		2	8		

37	RD	Polen	FRA	CZ	Russl.
Aso.	13	1		1	
Polit.	2		1	1	
Z.A.		5			5
BV	3				
-			5		

597	RD	Fra	Rus	Pol	Jug	CZ	Lux	Stl.
Aso	155			2	1			1
ZA.			116	67				
Pol.	7	35			43	9	1	
BV	38							
ZA. Pol			1					
Aso Zig.	1							
-		119	1					

Register-eintrag	[01.09.1944]	Ravensbrück	**Graslitz oder Zwodau**	[136] [9] **145**	51637- 51781	Zigeuner [Zig. Aso.] [Z. Aso.] [Aso.]	RD 113 Tschech. 31 Polen 1
Register-eintrag	[01.09.1944]	Ravensbrück	**Graslitz** **Zwodau** **Zwodau**	**3**	51782 51783 51784	Aso. BV. Aso	RD RD RD
Register-eintrag	[01.09.1944]	Ravensbrück	**Zwodau oder Graslitz**	[89] [2] **91**	51785- 51875	Politische Politische	Frankr. 90 Jugosl. 1
Register-eintrag	[01.09.1944]	Ravensbrück	**Zwodau oder Graslitz**	[6] [5] [1]? **12**	51876- 51888 Außer	Aso. BV. Zig. Aso. Politische	RD 6 RD 3 RD 2 Jugosl. 1
Leerzeile					51879	**Leerzeile**	

1944

Register-eintrag	[01.09.1944]	Ravensbrück	**Neu Rohlau**	**558**	51889-52446	Siehe unten	Siehe unten

558	Pol.	Rus.	RD	Ukr.	Slovenia	CZ	Jug.	Serb	CH	Ital.
Z.A.	190	167	-	44	-	-	-	-	-	-
Polit.	-	-	-	-	-	8	2	-	-	1
Sch.	-	-	57	-	-	-	-	-	-	-
Aso.	-	-	16	-	-	-	-	-	-	-
Zig.	-	-	3	-	-	-	-	-	-	-
-	-	-	36	-	26	-	5	1	1	-

Register-eintrag	[01.09.1944]	Ravensbrück	**Flossenbürg** [Sonderbau] [52450 Neu Rohlau ?]	**12+1**	52447	-	Polen
					52448	-	Polen
					52449	-	Polen
					52450	Aso.	RD
					52451	Aso.	RD
					52452	Aso.	RD
					52453	Aso.	RD
					52454	Aso.	RD
					52455	Aso.	RD
					52456	-	Polen
					52457	-	Polen
					52458	Aso.	RD
					52459	Politische	Russland
Register-eintrag	[01.09.1944] Ankunft: 21.08.1944	Ravensbrück	**Wolkenburg**	**150**	50000-50149	Zig.	Siehe unten

RD	Polen	Holl.	CZ	FRA	Belg.	Russl.	Jugo.	Staatl.
114	9	7	3	2	2	1	1	11

Register-eintrag	[01.09.1944]	Ravensbrück	**Neu Rohlau**	**3**	54172	Z.A.	Russland
					54173	Z.A.	Russland
					54174	Z.A.	Russland
			Zwodau	**1**	54175	Z.A.	Russland
			Graslitz	**1**	54176	VH.	RD
			Zwodau	**1**	54177	VH.	RD
Register-eintrag	[01.09.1944]	Ravensbrück	**[???]**	**1**	54178	Aso.	RD
			Ausradiert		54179	**Ausradierte Zeile**	
			Neu Rohlau	**1**	54180	[Z.A.]	[Russland]
			Ausradiert		54181	**Ausradierte Zeile**	
			Ausradiert		54182	**Ausradierte Zeile**	
			Ausradiert		54183	**Ausradierte Zeile**	
			Leerzeile		54185	**Leerzeile**	
			[???]	**1**	54186	-	-

September 1944

<table>
<tr><td>31.08.1944</td><td>02.09.1944</td><td>Auschwitz
[Lodz]</td><td>Freiberg</td><td>249</td><td>53423-
53671</td><td>Jüdinnen</td><td>Polen 247
Tschech. 2</td></tr>
<tr><td>03.09.1944</td><td></td><td>Flossenbürg
[Sonderbau]</td><td>Ravensbrück</td><td>5</td><td>52447
52448
52449
52456
52457</td><td>-
-
-
-
-</td><td>Polen
Polen
Polen
Polen
Polen</td></tr>
<tr><td>[???]</td><td>08.09.1944</td><td>Auschwitz
[Lodz]</td><td>Hainichen</td><td>150</td><td>53274-
53422
54184</td><td>Jüdinnen</td><td>Polen</td></tr>
<tr><td>[???]</td><td>11.09.1944
[15.09.1944]</td><td>Auschwitz</td><td>Gundelsdorf</td><td>100</td><td>52817-
52916</td><td>Jüdinnen</td><td>Polen</td></tr>
<tr><td>[???]</td><td>12.09.1944
[30.10.1944]</td><td>Auschwitz</td><td>Oederan
[vermischt re-
gistriert 30.10.]</td><td>~100
[+0/1]</td><td>[59153-
59453]</td><td>Jew</td><td>Ungarn 68
Polen 33 ?</td></tr>
<tr><td>12.09.1944</td><td>14.09.1944</td><td>Auschwitz</td><td>Rochlitz</td><td>201</td><td>57941-
58141</td><td>Jüdinnen
Z.A.</td><td>Ungarn 200
Russland 1</td></tr>
<tr><td>[???]</td><td>[15.09.1944]
[???]</td><td>Krakau-Plasz.
[Wissenschaftl.
Einheit]</td><td>Flossenbürg</td><td>7</td><td>52917
52923</td><td>Jüdinnen</td><td>Polen</td></tr>
<tr><td colspan="8"></td></tr>
<tr><td>[???]</td><td>17.09.1944
[23.09.1944]</td><td>Auschwitz</td><td>Plauen
Baumwollsp. [100]
Industriew. [150]</td><td>250</td><td>[60157-
60356]
+
[60557-
60856]</td><td>Vgl.
folgende
Tabelle</td><td>Vgl.
folgende
Tabelle</td></tr>
</table>

Industriew.	Polen	Russland	Italien	Jugosl.	Kroatien
Politische	162	15	32	4	1
Z.A.	46	30	1	-	-
Sch.H.	6	-	2	-	-
PSV	1	-	-	-	-

<table>
<tr><td>[???]</td><td>22.09.1944</td><td>Auschwitz
[Lodz]</td><td>Freiberg</td><td>251</td><td>53672-
53922</td><td>Jüdinnen</td><td>Polen 248
Tschech. 3</td></tr>
<tr><td>[???]</td><td>[???]</td><td>[???]</td><td>Zwodau</td><td>1</td><td>55236</td><td>-</td><td>-</td></tr>
<tr><td>[???]</td><td>[???]</td><td>[???]</td><td>Graslitz</td><td>1</td><td>55238</td><td>-</td><td>-</td></tr>
<tr><td>30.09.1944</td><td>[???]</td><td>Zwodau</td><td>Ravensbrück</td><td>1</td><td>55236</td><td>-</td><td>-</td></tr>
<tr><td>30.09.1944</td><td>01.10.1944</td><td>Graslitz</td><td>Ravensbrück</td><td>9</td><td>55238
50857
50875
51251
51443
51614
51704
51706
51759</td><td>-
Aso.
Z.A.
Aso.
Aso.
Aso.
Aso. [Z-2508]
Aso. [Z-2615]
Z.A. [Z-4127]</td><td>-
RD
Polen
RD
Polen
RD
RD
RD
RD</td></tr>
</table>

Oktober 1944

[???]	05.10.1944	Ravensbrück	**Neu Rohlau**	**20**	56804-56823	Aso. Politische BV. VH. Aso.	RD 12 RD 5 RD 2 RD 1
[???]	09.10.1944 [13.10.44?]	Auschwitz	**Mittweida**	**500**	55240-55739	Siehe unten [Tabelle]	Siehe unten [Tabelle]

500	Russland	Polen	Italien	Jugosl.	Kroatien	RD
Z.A.	183	64	1	1	-	-
Politisch	73+30	29	16	5	-	-
Sch. H.	19	64	3	2	2	1
Aso.	-	2	-	-	-	-
VH. Aso.	-	1	-	-	-	-
VH. BV.	-	1	-	-	-	-
-	-	-	3	-	-	-

07.10.1944	09.10.1944	Auschwitz [Lodz]	**Oederan**	**200**	54436-54635	Jüdinnen	Polen 196 RD 2 Tschech. 1 Slowakei 1
[???]	09.10.1944 [spätestens]	Ravensbrück	**Dresden Universelle**	**500**	57231-57730	Siehe unten [Tabelle]	Siehe unten [Tabelle]

500	RD	Lettland	Russl.	Serbien	Pol.	CZ	FRA	ITA	Belg.	Holl.	Lit	-
Sch.H.	84	61	48	51	48	9	3	3	2	1	1	-
Aso.	13	-	-	-	-	-	-	-	-	-	-	-
Politische	10	5	-	10	2	-	-	-	-	-	-	-
Sch.Aso.	1	-	-	-	-	-	-	-	-	-	-	-
VH.Aso.	49	-	-	-	1	-	-	-	-	-	-	-
BV.Aso.	1	-	-	-	-	-	-	-	-	-	-	-
Z.A.	2	-	10	2	8	-	-	-	-	-	-	12
VH.	9	-	-	-	-	-	-	-	-	-	-	-
VH.BV	16	-	-	-	-	-	-	-	-	-	-	-
BV.	7	-	-	-	-	-	-	-	-	-	-	-
SV. BV.	1	-	-	-	-	-	-	-	-	-	-	-
a.W. Sch.	12	-	-	-	-	-	-	-	-	-	-	-
a.W. polit.	4	-	-	-	-	-	-	-	-	-	-	-
BH. Aso.	2	-	-	-	-	-	-	-	-	-	-	-
- [?]	11	-	-	-	-	-	-	-	-	-	-	1

[???]	09.10.1944 [spätestens]	Ravensbrück	**Dresden Z. I. Werk Goehle**	**200**	56824-57023	Siehe unten [Tabelle]	Siehe unten [Tabelle]

200	Russl.	Polen	Frankr.	Holland	Belgien	RD	-
Z.A.	93	56	3	1	1	-	-
Polit.	-	24	-	-	-	-	-
Sch.H.	-	-	-	-	-	1	-
-	4	-	-	-	-	-	17

Oktober 1944

07.10.1944	08.10.1944 [8.9.44 im NB] FNW: 09.10.	Auschwitz	**Hainichen**	**350**	52924- 53273	Jüdinnen	Ungarn 348 Rumänien 2
[???]	09.10.1944 Forderungs- nachweis 657 ‚10.10.1944' im Flo.NB	Auschwitz	**Wolkenburg**	**150**	58142- 58291	Z.A. Z.A. - Sch H. Sch.H. -	Polen 103 Russland 34 Russland 4 Jugoslawien 5 Italien 3 Staatenlos 1
07.10.1944	10.10.1944 Forderungs- nachweis 662	Auschwitz	**Hertine**	**600**	54636- 55234 61357	Jüdinnen	Ungarn
	12.10.1944 Zwangsarbeit seit 25.10.44 Forderungs- nachweis 647 [Quarantäne]	Auschwitz [Terezin] [Sered] [Mateszalka]	**Freiberg**	**501**	53923- 54171 54187- 54435 56801- 56803	Jüdinnen	Tschech. 186 Slowakei 158 RD 87 Holland 23 Ungarn 14 Polen 6 Serbien 1 USA 1 Staatenlos 25
25.10.1944	27.10.1944 [17.10.1944]	Ravensbrück	**Helmbrechts**	**200**	57024- 57223	Siehe unten [Tabelle]	Siehe unten [Tabelle]

200	**Lettl.**	**Russl.**	**Polen**	**Ukraine**	**RD**	**CZ**	**FRA**	**Dänem.**	**ITA**	**Estland**
-	73	11	-	1	1	-	-	-	-	1
Z.A.	1	25	30	20	1	1	2	3	1	-
Sch.H.	-	-	-	1	4	-	-	-	1	-
Z.A. Sch.	-	-	1	-	-	-	-	-	-	-
VH.BV.	-	-	1	-	2	5	-	-	-	-
VH.Aso.	-	-	-	-	3	-	-	-	-	-
VH.	-	-	-	-	-	1	-	-	-	-
a.W.Z.A.	-	-	-	-	3	-	-	-	-	-
Polit..Z.A.	-	3	-	-	-	-	-	-	-	-
Politische	-	-	-	-	-	-	1	-	-	-
BH. BV.		-	-	-	1	-	-	-	-	-
PS.	-	-	-	-	1	-	-	-	-	-
ZAMJ	-	-	-	-	1	-	-	-	-	-

17.10.1944		**Oederan**	Ravensbrück	**1** *doppelt	59319 [57230]	Jüdin	Ungarn
17.10.1944		**Freiberg**	Auschwitz	**2**	53671 53922	Jüdin Jüdin	Polen Polen
18.10.1944	19.10.1944	**Flossenbürg**	Ravensbrück 78821-78827	**7**	52917- 52923	Jüdinnen	Polen

Oktober 1944

12.10.1944	18.10.1944 Zwangsarbeit seit 22.10.44 Forderungs-nachweis 663	Auschwitz [Transportliste]	**Nürnberg**	**550** [593?]	55741-56290	Jüdinnen	Ungarn 545 Polen 1 Serbien 1 RD 1 Holland 1 Frankreich 1
Leerzeile					59937	**Leerzeile**	
	20.10.1944	Auschwitz	**Wolkenburg**	**1**	59938	-	Russland
	20.10.1944	Auschwitz	**Freiberg** [Ärztin]	**1**	59939	-	Russland
21.10.1944	24.10.1944 FNW Flo.664	Auschwitz	**Chemnitz**	**510**	56291-56800	Siehe unten [Tabelle]	Siehe unten [Tabelle]

510	Russl-	Polen	Italien	Jugosl.	Kroatien	Staatenl.
Polit.	47	66	145	9	3	-
Z.A.	147	71	-	1	2	1
Sch. H.	1	10	-	-	-	-
Aso.	-	4	-	-	-	-
VH. Aso.	-	1	-	-	-	-
Zig Polit.	-	1	-	-	-	-
-	-	1	-	-	-	-

[16.10.1944?]	22.10.1944 24.10.44 NB	Auschwitz	**Dresden Reick**	**200**	57741-57940	Siehe unten [Tabelle]	Siehe unten [Tabelle]

200	Polen	Russland	Jugosl.	Italien	RD
Z.A.	56	42	1	-	-
Sch.H.	40	53	3	2	1
VH.Aso.	1	-	-	-	-
-	1	-	-	-	-

	13.10.1944 Forderungs-nachweis 666 14.10.44 NB	Auschwitz	**Plauen** **Baumwollsp. [100]** **Industriew. [150]**	**250**	[60157-60356] + [60557 -60856]	Siehe unten [Tabelle]	Siehe unten [Tabelle]

Baumw.	Polen	Russland	Italien	Frankr.	Rumän.	Jugosl.
Politisch	111	4	23	3	1	1
Z.A.	5	46	2	-	-	-
Aso.	1	-	-	-	-	-
Sch.H.	-	1	-	-	-	-
-	2	-	-	-	-	-

Oktober 1944

	26.10.1944 FNW: 30.10.	Auschwitz	**Dresden Z. I. Werk Goehle**	**300**	58452- 58751	Siehe unten [Tabelle]	Siehe unten [Tabelle]

300	Russland	Polen	Jugoslawien	-
Z.A.	121	100	-	-
Politische	11	24	-	-
Sch.	19	13	1	-
Sch. PSV	-	1	-	-
VH BV.	-	1	-	-
-	-	-	-	9

	26.10.1944	Ravensbrück	**Neu Rohlau**	**2**	55235 55237	- -	- -
	Ausradierte Zeile				55239	**Ausradierte Zeile**	
	30.10.1944	Auschwitz [Terezin]	**Oederan** [gemischt registriert 12.09.1944]	**~200** [+0/1]	59153- 59453	Jüdinnen	Czech. 145 Holland 28 RD 25 Russland 1 Slowakei 1
	30.10.1944	Auschwitz	**Wilischthal**	**100**	58752- 58851	Jüdinnen	Ungarn 32 Italien 32 Polen 19 Belgien 17
	30.10.1944 [frühestens]	**Oederan**	**Wilischthal**	**1**	58852 54588	Jüdin [Ärztin]	Ungarn

November 1944							
	11.11.1944 Zwangsarbeit seit 13.11.44 Forderungs-nachweis 720	Ravensbrück	**Graslitz**	**150**	58302-58451	Siehe unten [Tabelle]	Siehe unten [Tabelle]

150	Polen	Frankr.	RD	Russl.	Belgien	Tschech.
Polit.	36	40	17	13	2	1
Sch. H.	-	3	11	-	-	-
Z.A.	9	-	-	2	-	-
Aso.	-	1	10	-	-	-
BV.	-	-	2	-	-	-
a.W. polit	-	-	1	-	-	-
a.W.	-	-	1	-	-	-
-	-	-	1	-	-	-

	09.11.1944 [16.11.1944]	**Helmbrechts**	Ravensbrück 83525-83528 [52538 starb b. Transport]	**4**	52495 52512 52519 52538	Z.A. Z.A. Z.A. Z.A.	Russland Polen Polen Polen
	15.11.1944	Ravensbrück	**Helmbrechts**	**4**	57224 57225 57226 57227	Z.A. Z.A. Sch.H. Z.A.	Jugosl. Polen RD Polen
Leerzeile					57228	**Leerzeile**	
Leerzeile					57229	**Leerzeile**	
	22.11.1944	Ravensbrück	**Neu Rohlau**	**10**	58292 58293 58294 58295 58296 58297 58298 58299 58300 58301	Sch. Z.A. Z.A. Z.A. a.W. polit. Z.A. Z.A. Z.A. Politische Z.A.	Frankreich Polen Russland Polen RD Polen Russland Russland Frankreich Russland
	22.11.1944	Auschwitz	**Wilischthal**	**201**	55740 58853-59052	Jüdinnen	Polen 115 Ungarn 40 Frankr. 11 Tschech. 11 Italien 7 Holland 7 RD 6 Belgien 3 Slowakei 1

November 1944

	23.11.1944	Auschwitz	**Neu Rohlau**	**15**	59940- 59954	- Z.A. Z.A. Jüdin	RD 9 Polen 2 Russl. 3 Protektorat 1
	24.11.1944	Ravensbrück	**Neu Rohlau** [?]	**1**	60155	Z.A.	Polen
21.11.1944 [22.11.44]	25.11.1944 [21.11.1944]	Auschwitz	**Zschopau**	**500**	60857- 61356	Jüdinnen	Siehe unten [Tabelle]

500	HUN	POL	FRA	Slov.	ITA	GRE	Holl.	Belg.	Jugo.	RD	CZ
Jüd.	294	137	22	11	8	7	7	5	4	3	2

	spätestens [29.11.1944]	**Dresden Universelle**	**Flossenbürg** [Zur Exekution]	**1**	57318	Sch.H.	RD
24.11.1944	26.11.1944 Zwangsarbeit seit 27.11.44 Forderungs-nachweis 775 ‚29.11.1944' im Flo.NB	Stutthof	**Dresden Bernsdorf**	**283** [500] mit M.	59654- 59936	Jüdinnen [& Kinder] [+ Jungs]	Polen 254+2 Czech. 6+2 Ungarn 7 RD 7 Litauen 5
„Leerzeile"			**Dresden Bernsdorf**	**1**	59937	Jüdin	Polen
	Zwangsarbeit seit 28.11.44 Forderungs-nachweis 731 ‚30.11.1944' im Flo.NB	Bergen Belsen	**Wolkenburg**	**100**	59053- 59152	Sch.H. Z.A. Sch.H.	Polen 65 Polen 32 Russland 3

Dezember 1944

	02.12.1944 Zwangsarbeit seit 04.12.44 FNW Flo.808	Bergen Belsen [Lodz]	**Mehltheuer**	**200**	59454-59653	Jüdinnen	Polen 198 Tschech. 2
02.12.1944 [???] Vgl. Grit Philipp, Kalendarium S. 312	[13.10.44] [???] Überstellung vom Oktober im Dezember verbucht [?]	**Wolkenburg**	Ravensbrück [RavNo.: 78076-78081]	**6**	50075 50083 50125 50126 50147 58245	Z-10493 Z-10577 Zig. Zig. Z-5710 -	RD RD Staatenlos Staatenlos RD Pol./Staatl.
06.12.1944		**Dresden Z. I. Werk Goehle**	Ravensbrück	**1**	56850	Z.A.	Russland
11.12.1944		**Graslitz**	Jugendschutzlager Uckermark [Ravensbrück]	**1**	58336	Sch. H.	RD
12.12.1944		**Holleischen**	**Zwodau**	**1**	52690	Aso.	RD
	Zwangsarbeit seit 11.12.44 Forderungs-nachweis 790 ‚14.12.1944' im Flo.NB	Ravensbrück	**Dresden Z. I. Werk Goehle**	**200**	60357-60556	Siehe unten [Tabelle]	Siehe unten [Tabelle]

200	Rus.	Pol.	RD	Fra.	Ukr.	Belg.	Lux.	Ung.	Ita.	CZ	Kroa	Ägyp
Z.A.	57	20	2	3	3	-	-	1	-	1	1	1
Sch.	4	31	32	4	-	3	3	2	-	1	-	-
Polit.	-	-	-	8	-	-	-	-	1	-	-	-
VH. Aso.	-	1	13	-	-	-	-	-	-	-	-	-
Aso.	-	-	3	-	-	-	-	-	-	-	-	-
VH.	-	-	1	-	-	-	-	-	-	-	-	-
Jüd.	-	1	-	-	-	-	-	-	-	-	-	-
--	-	-	2	-	-	-	-	-	1	-	-	-

	Zwangsarbeit seit 17.12.44 Forderungs-nachweis 807 ‚19.12.1944' im Flo.NB	Bergen Belsen	**Rochlitz**	**200**	59955-60154	Jüdinnen	Ungarn 147 Polen 52 RD 1
	18.12.1944	Ravensbrück	**Neu Rohlau** [?]	**1**	60156	Z.A.	Polen
23.12.1944		**Dresden Goehle** 1 **Universelle** 2	**Flossenbürg** [Zur Exekution]	**3**	56928 57261 57324	Z.A. Z.A. Z.A.	Russland Russland Russland

Januar 1945

05.01.1945		**Plauen Baum-wollspinnerei**	Ravensbrück [Schwanger ?]	**2**	60218 60351	Sch. Politisch	Russland Polen
05.01.1945		**[???]**	**[???] [Zwodau]**	**1**	51106	BV.	RD
05.01.1945		**Mittweida**	Ravensbrück	**1**	55320	Sch. H.	Polen
05.01.1945		**Neu Rohlau**	**Holleischen**	**1**	60155	Z.A.	Polen
05.01.1945		**Neu Rohlau**	**Holleischen** [?]	**1**	60156	Z.A.	Polen
06.01.1945		**Oederan**	**Hertine**	**27**	Aus- tausch	Jüdinnen	Polen 19 Tschech. 5 Holland 2 RD 1
06.01.1945		**Hertine**	**Oederan**	**27**	Aust.	Jüdinnen	Ungarn
08.01.1945		**Zwodau**	**Graslitz**	**1**	51358	Politische	Tschechien
	10.01.1945 [16.01.1945]	**Hertine**	Ravensbrück 97179-97180	**2**	54638 54728	Jüdin Jüdin	Ungarn Ungarn
11.01.1945		**Neu Rohlau**	**Nürnberg**	**1**	59953	- [Jüdin ?]	RD
11.01.1945		**Dresden Z.I. Goehle Werk**	Ravensbrück	**1**	56977	Z.A.	Polen
12.01.1945		**Wolkenburg**	Ravensbrück	**19**	50015 50017 50018 50039 50041 50049 50055 50071 50090 50093 50102 50104 50111 50122 50128 50145 58146 58189 58195	Z-9821 Z-9926 Z-9927 Z-10235 Z-10247 Z-10295 Z-10336 Z-10469 Z-10662 Z-10684 Z-10729 Z-10741 Zig. Zig. Zig. Zig. - - -	Belgien Frankreich Belgien RD RD RD RD RD RD Holland RD Holland RD Staatenlos Polen RD Russland Russland Russland
12.01.1945	13.01.1945 [16.01.1945]	**Zschopau**	Ravensbrück RavNo.: 97303	**1**	61028	Jüdin	Polen
13.01.1945		**Rochlitz**	Calw [Natzweiler]	**199**		Jüdinnen	Ungarn
	15.01.1945	Ravensbrück	**Venusberg – Gelenau**	**500**	61758- 62257	Jüdinnen	Ungarn
	15.01.1945 [20.01.1945]	**Mittweida**	Ravensbrück 97317	**1**	55325	Z.A.	Polen

Januar 1945

	16.01.1945 [31.01.1945]	**Dresden Z. I. Goehle Werk**	Ravensbrück	**1**	56996	Z.A.	Russland
	17.01.1945 [20.01.1945]	**Rochlitz**	Ravensbrück 97527	**1**	57990	Jew	Ungarn
	spätestens [17.01.1944]	**Holleischen**	**Flossenbürg** [Zur Exekution]	**1**	50505	Politische	Polen
15.01.1945	19.01.1945	Ravensbrück	**Helmbrechts**	**200**	61558-61757	Siehe unten [Tabelle]	Siehe unten [Tabelle]

200	Russl.	Polen	RD	Frankr.	Italien	Ungarn	Jugosl.
Sch.H.	98	47	11	5	2	2	1
Z.A.	23	5	-	-	-	-	-
VH.	1	-	-	-	-	-	-

15.01.1945	19.01.1945	Ravensbrück	**Dresden Universelle**	**200**	62458-62657	Siehe unten [Tabelle]	Siehe unten [Tabelle]

200	RD	Russl.	Polen	Lettl.	CZ	Belg.	Italien	Jugosl	Griech.	Rum.	Staatl.
Politisch	57	3	4	2	1	1	1	1	1	1	
a.W.polit.	4										
Z.A.		35	25	1							
Aso.	27					1					2
Zig.	2										7
Zig.Aso.	2										
Aso.VH.	5		1								
BV.	7		3								
BV.VH.	1										
SV.VH.	1										
Sch.H.			3		1						

	20.01.1945	Ravensbrück	**Zwodau**	**200**	62258-62457	Zig.	Ungarn
25.01.1945		„von Arrest nach“ [?]	**Graslitz**	**1**	51131	Aso.	RD
25.01.1945		**Neu Rohlau**	**Zwodau**	**1**	59946	Z.A.	RD
26.01.1945		**Mittweida**	**Wolkenburg**	**1**	55417	Sch. H.	Polen
26.01.1945		**Zwodau**	**Graslitz**	**3**	51350 51746 58309	Aso. Z-3897 Aso.	RD RD RD

Januar 1945							
28.01.1945		**Neu Rohlau**	**Dresden Z. I. Goehle Werk**	**2**	58292 58294	Sch. H. Z.A.	Frankreich Russland
28.01.1945		**Neu Rohlau**	**Dresden Universelle**	**2**	58297 58300	Z.A. Politische	Polen Frankreich
28.01.1945		**Neu Rohlau**	**Helmbrechts**	**2**	58296 58299	a.W. polit. Z.A.	RD Russland
28.01.1945		**Neu Rohlau**	**Holleischen**	**2**	58293 58298	Z.A. Z.A.	Polen Russland
28.01.1945		**Neu Rohlau**	**Zwodau**	**2**	58295 58301	Z.A. Z.A.	Polen Russland
31.01.1945		**Mittweida**	**Flossenbürg** [„Arrest“?]	**2**	55296 55448	Politische -	Polen -

Februar 1945

	01.02.1945	Bergen Belsen	**Rochlitz**	**200**	61358- 61557	Jüdinnen	Siehe unten [Tabelle]

200	Ungarn	Holland	Griechen	Polen	RD	Italien
Jüdinnen	172	15	8	2	2	1

05.02.1945		**Graslitz**	Ravensbrück	**4**	51695 51733 58325 58371	Z-2113 Z-3433 Z.A. Politische	Tschechien RD Russland Polen
05.02.1945		**[???]**	**Neu Rohlau**	**6**	59940 59941 59943 59948 59952 59954	- - Z.A. - Jüdin -	RD RD Polen RD Protektorat RD
06.02.1945		**Gundelsdorf**	Ravensbrück	**66**		Jüdinnen	Polen
06.02.1945		**Neu Rohlau**	**Gundelsdorf**	**1**	59947	-	RD
06.02.1945		**Neu Rohlau**	**Rochlitz**	**1**	59942	-	RD
06.02.1945		**Neu Rohlau**	**Dresden Reick**	**2**	59944 59948	Z.A. -	Russland RD
06.02.1945		**Neu Rohlau**	**Dresden Univers**	**1**	59945	Z.A.	Polen
06.02.1945		**Neu Rohlau**	**Zwodau**	**1**	59951	Z.A.	Russland
07.02.1945		**Flossenbürg** [„Arrest“?]	**Mittweida**	**2**	55296 55448	Politische -	Polen -
12.02.1945		**Chemnitz**	Ravensbrück [Schwangere]	**7**	56316 56342 56428 56549 56570 56653 56763	Politische Z.A. Politische Politische Z.A. Politische Politische	Italien Russland Polen Italien Polen Italien Italien
	12.02.1945 ‚25.02.1945' im Flo.NB	Bergen Belsen	**Dresden Reick** **Zeiss Ikon**	**200**	62658- 62857	Z.A. Jüdinnen Jüdinnen Jüdinnen Jüdinnen Jüdin	Russland 54 Ungarn 135 Frankreich 6 Italien 2 RD 2 Tschechien 1
	13.02.1945 [24.02.1945]	**Mittweida**	Ravensbrück [Schwangere & Säugling]	**2**	55499 55574	Sch.H. Sch.H.	Polen Polen

Februar 1945

	13.02.1945 ‚28.02.1945' im FloNB	Bergen Belsen	**Venusberg – Gelenau**	**500**	62858-63357	Jüdinnen	Siehe unten [Tabelle]

500	Ung	Pol	Grie	Fra	Hol	Ita	CZ	Slo	RD	Tür	Jug
Jüd.	180	141	105	19	18	14	7	7	6	2	1

16.02.1945		[???] „rücküberstellt"	[Zwodau] [Flossenbürg]	**4**	50954 50967 51003 51167	Aso. Aso. Aso. Aso.	RD RD RD RD
18.02.1945		**Zwodau**	Beendorf [Neuengamme]	**59**		Siehe unten [Tabelle]	Siehe unten [Tabelle]

59	Russland	RD	Jugosl.	Polen	Frankr.	Tschech.
Z.A.	18	-	-	6	-	3
Politisch	-	-	12	-	2	-
Aso.	-	11	-	-	-	-
Aso. Zig.	-	1	-	-	-	-
BV.	-	2	-	-	-	-
-	-	-	-	-	4	-

21.02.1945		**Dresden Zeiss Ikon Goehle-Werk**	**Chemnitz**	**5**	60367 60371 60384 60485 60540	Z.A. Z.A. Z.A Sch. Z.A.	Russland Russland Russland RD Russland
24.02.1945		[???]	**Neu Rohlau**	**1**	52096	Sch.H.	RD
	26.02.1945	Freiburg [Groß Rosen]	**Zwodau**	**119** [121]	63358-63476	Jüdinnen	Ungarn
27.02.1945		**Gundelsdorf**	**Zwodau**	**20**		Jüdinnen	Polen

März 1945

03.03.1945 [04.03.1945]		**Nürnberg** [Lager-schließung]	**Mehltheuer**	**144** [+x]		Jüdin 143 ohne 1	Ungarn 138 Polen 1 Serbien 1 RD 1+1 Holland 1 Frankreich 1
03.03.1945 [16.03.1945]		**Nürnberg** [Auflösung]	**Holleischen**	**146** [+x]		Jüdinnen	Ungarn
	[04.03.1945] [???]	**Graslitz**	**Zwodau**	**23**	Siehe unten	Siehe unten	Siehe unten

FloNo.	**HaftKat.**	**Nation**	**23**	**FloNo.**	**HaftKat.**	**Nation**
58372	Politisch	Frankr.		58403	Politisch	RD
58374	Politisch	Frankr.		58408	Politisch	Frankr.
58375	Politisch	Frankr.		58414	Politisch	Polen
58377	a.W. pol.	RD		58429	Politisch	Russland
58381	Politisch	Frankr.		58430	Politisch	RD
58382	Politisch	Frankr.		58437	Politisch	RD
58383	Politisch	Frankr.		58438	Politisch	Frankr.
58389	Politisch	Frankr.		58441	Politisch	Frankr.
58395	Politisch	Frankr.		58444	Politisch	RD
58398	a.W. pol.	RD		58446	Politisch	Frankr.
58401	-	RD		58451	Politisch	RD
58402	Politisch					

05.03.1945 [09.03.1945]		**Nürnberg** [Auflösung]	**Holleischen**	**259** [+x]		Jüdinnen	Ungarn
	06.03.1945	Grünberg [Groß Rosen]	**Zwodau**	**160**	64974- 65133	Jüdinnen	Ungarn 114 Polen 40 Tschechien 3 Holland 2 RD 1
05.03.1945 [Flossenbürg]	07.03.1945	Grünberg [Groß Rosen]	**Zwodau**	**6**	63477 63478 63479 63480 63481 63482	Jüdin Jüdin Jüdin Jüdin Jüdin Jüdin	Holland Polen Polen RD RD RD
Mitgeführte Leichen	04.03.1945 – 08.03.1945	Grünberg [Groß Rosen]	**Zwodau**	**18**	65134- 65150 65152	Jüdinnen	Polen? Ungarn?
Ausradierte Zeile					65151	**Ausradierte Zeile**	

März 1945							
	06.03.1945	Grünberg [+Pürschkau] [Groß Rosen]	**Helmbrechts**	**621**	63483- 64103	Jüdinnen	Polen 314 Ungarn 275 Tschechien 18 RD 8 Holland 3 Slowakei 2 Belgien 1
	06.03.1945 [24.03.1945]	**Hainichen**	**Venusberg** [Ärztin]	**1**	53348	Jüdin	Polen
08.03.1945		**Graslitz**	**Zwodau**	**2**	51048 51091	BV. Z.A.	RD Polen
	08./09.03.45	Neusalz [Groß Rosen]	**Flossenbürg**	**870**	64104- 64972 65153	Jüdinnen	Polen 699 Ungarn 149 Tschechien 14 Holland 4 RD 3 Jugoslawien 1
	08./09.03.45	Neusalz [Groß Rosen]	**Flossenbürg**	**1**	64973	Z.A. [Ärztin]	Polen
12.03.1945		**Oederan**	Bergen Belsen [Schwangere]	**3**	59218 59339 59405	Jüdin Jüdin Jüdin	Tschechien RD Tschechien
14.03.1945	15.03.1945	**Dresden Uni.** „rücküberstellt"	**Zwodau**	**1**	57489	Sch. H.	RD
[???]	??.03.1945	Ravensbrück	**Zwodau**	**900** [1800]	65160- 66059	Vgl. 01.04. und 02.04.	Vgl. 01.04. und 02.04.
17.03.1945		**Flossenbürg**	Bergen Belsen	**866**		Jüdinnen	
19.03.1945		**Flossenbürg** [Neusalz]	**Mehltheuer**	**1**	64973	Z.A. [Ärztin]	Polen
19.03.1945		[???] [Zwodau]	**Graslitz**	**6**	51106 51618 51636 52739 58359 58418	BV. Aso. Aso. Aso. Politische Politische	RD RD RD RD RD RD

März 1945

	21.03.1945	[???]	**Graslitz**	**20**	Siehe unten	Siehe unten	Siehe unten

FloNo.	HaftKat.	Nation	20	FloNo.	HaftKat.	Nation
50819	Politisch	Frankr.		51086	Aso.	RD
50899	Aso.	Tschech.		51126	Z.A.	Russland
50901	BV.	RD		51156	Z.A.	Russland
50923	Z.A.	Polen		51326	Z.A.	Russland
50942	BV.	RD		51488	-	Frankr.
50956	Z.A.	Polen		51552	Politisch	Frankr.
50969	Z.A.	Polen		51586	-	Frankr.
50986	Z.A.	Polen		52781	Aso.	RD
51035	Aso.	RD		52809	Aso.	RD
51064	Aso.	RD		58347	Politisch	Polen

23.03.1945		**Dresden Z. I. Werk Reick**	Bergen Belsen [Schwanger?]	**2**	57777 57829	Z.A. Sch.	Polen Polen
24.03.1945		**Plauen Baumwoll-spinnerei**	Bergen Belsen [Schwangere ?]	**3**	60191 60212 60222	Politisch Z.A. Politisch	Polen Russland Polen
28.03.1945		**Rochlitz** [Lager-schließung]	**Graslitz**	**402**	59955-60154 61358-61557 59942 58059	Jüdinnen - [Jüdin?] Z.A.	Ungarn 319 Polen 54 Holland 15 Griechen 8 RD 3 Italien 1 RD 1 Russland 1
29.03.1945		„rücküberstellt"	**[Graslitz]**	**2**	51617 52802	BV. Politische	RD RD
30.03.1945		Groß Rosen [Auschwitz] Vgl. 05.04.45	**Flossenbürg** Vgl. 05.04.45	**6**	65154 65155 65156 65157 65158 65159	Jüdin Jüdin Jüdin Jüdin Jüdin Jüdin	Slovakia Slowakei Protektorat Slowakei Slowakei Protektorat

April 1945

01.04.1945		„rücküberstellt“	**[???] [Graslitz]**	**1**	50894	Aso.	Polen
01.04.1945		„rücküberstellt“	**[Graslitz]**	**2**	50914 51068	Politische Aso.	Tschechien Tschechien
01.04.1945		**Zwodau**	**Graslitz**	**400**	65660-66059	Siehe unten	Siehe unten

400	Rus	Pol	RD	Hun	CZ	Ukr	Fra	Jug	Gre	Ita	Slo	Kro	Hol	Bel	Lit	US	Stl.	?
Z.A	135	116	-	1	3	10	2	1	1	1	-	2	-	1	1	-	-	1
Sch	-	-	20	-	-	-	-	2	-	4	-	1	1	-	-	-	-	-
pol.	-	-	-	-	3	-	3	3	-	-	-	-	-	-	-	-	-	-
Jüd.	-	13	2+1	22	6	-	1	-	3+1	-	4	-	1	-	-	1	-	-
Aso	-	1	8	-	2	-	-	-	-	-	-	-	-	-	-	-	1	-
Zig	-	-	1	-	-	-	-	-	-	-	-	-	-	-	-	-	-	-
Zig Aso	-	-	3	-	-	-	-	-	-	-	-	-	-	-	-	-	-	-
BV	-	-	5+1	-	2	-	-	-	-	-	-	-	-	-	-	-	-	-
VH BV	-	-	1	-	-	-	-	-	-	-	-	-	-	-	-	-	-	-
AW Sch	-	-	2	-	-	-	-	-	-	-	-	-	-	-	-	-	-	-
PV	-	-	1	-	-	-	-	-	-	-	-	-	-	-	-	-	-	-
-	1	-	1	-	-	-	-	-	-	-	-	-	-	-	-	-	-	1

02.04.1945		**Zwodau**	**Neu Rohlau**	**500**	65160-65659	Siehe unten	Siehe unten

500	Rus	Pol	Fra	RD VD	Ukr	CZ	Ita	Hun	Bel	Slo	Hol	Kro	Tür	Ro	Est	Fin	Chi	Stl.
Z.A	162	133	9	2	21	2	-	-	3	-	1	1	-	-	-	1	-	1
Sch.	7	8	25	15+5	-	6	6	-	5	-	-	-	-	-	1	-	-	-
pol.	1	1	22	-	-	4	7	-	2	-	-	-	1	-	-	-	1	-
Jüd.	1	4	-	-	-	-	-	10	-	5	-	-	-	1	-	-	-	-
Aso	-	-	-	11	-	1	-	-	-	-	-	-	-	-	-	-	-	-
BV	-	-	-	3	-	-	-	-	-	-	-	-	-	-	-	-	-	-
VH	-	-	-	2	-	-	-	-	-	-	-	-	-	-	-	-	-	-
VH Aso	-	-	-	1	-	-	-	-	-	-	-	-	-	-	-	-	-	-
Zig	-	-	-	-	-	1	-	-	-	-	-	-	-	-	-	-	-	-
Zig Aso	-	-	-	1	-	-	-	-	-	-	-	-	-	-	-	-	-	-
-	3	1	1	1	-	-	-	-	-	-	-	-	-	-	-	-	-	-

April 1945

03.04.1945		**Graslitz**	**Zwodau**	**8**	60048 60060 60106 60107 60111 61373 61486 61490	Jüdin Jüdin Jüdin Jüdin Jüdin Jüdin Jüdin Jüdin	Polen Polen Polen Polen Ungarn Holland Ungarn Griechenl.
03.04.1945	06.04.1945	[???] [Auschwitz]	**Zwodau**	**2**	57731 57732	Jüdin Jüdin	Poland Poland
05.04.1945	06.04.1945	[???] [Auschwitz]	**Zwodau**	**1**	57733	Sch. H.	RD
	05.04.1945	**Flossenbürg** Vgl. 30.03.45	**Hainichen** Vgl. 30.03.45	**6**	65154 65155 65156 65157 65158 65159	Jüdin Jüdin Jüdin Jüdin Jüdin Jüdin	Slowakei Slowakei Protektorat Slowakei Slowakei Protektorat
06.04.1945		**Helmbrechts**	Bergen-Belsen	**2**	57053 57175	Z.A. BH. BV.	Russland RD
06.04.1945 [spätestens] Vgl. M. Langhamerova	Transport nicht mehr registriert	Ravensbrück	**Leitmeritz**	**300**	ohne Num- mer	Jüdinnen Politische u.a. Zig.	Ungarn u.a. Frankreich, RD u.a. RD
10.04.1945	11.04.1945	**Holleischen**	**Flossenbürg** [zur Exekution]	**3**	50279 50414 50422	Politische Politische Politische	Frankreich Frankreich Frankreich
	13.04.1945	„Rück" [???]	**Plauen** **Baumwoll-** **spinnerei**	**4**	60178 60214 60241 60305	Z.A. Z.A. Z.A. Z.A.	Russland Russland Russland Russland
Ausradierte Zeile					57734	**Ausradierte Zeile**	
[???]	[???]	[???]	**[???]**	**1**	57735	-	-
Ausradierte Zeilen					57736 57737 57738	**Ausradierte Zeilen**	
[???]	[???]	[???]	**[???]**	**1**	57739	-	-
Ausradierte Zeile					57740	**Ausradierte Zeile**	

Undatierte Überstellung

[???]	[???]	**Plauen** **Industriew.**	**Graslitz**	**1**	60842	Politische	Polen

2.6.1 Gründe für Einzel- und Kleingruppenüberstellungen

Während es sich bei den großen Häftlingsbewegungen im Flossenbürger Lagerkomplex zunächst um Arbeitstransporte handelte, die ab Ende 1944 schon allmählich in Evakuierungstransporte anderer KZ übergingen, können während seines gesamten Bestehens auch immer wieder Einzel- oder Kleingruppenüberstellungen für den Verwaltungsbereich Flossenbürg nachgewiesen werden. Diese Transporte von Einzelpersonen hatten verschiedene Gründe. So wurden mindestens acht weibliche Häftlinge, meist aufgrund von Sabotagevorwürfen, zu ihrer Hinrichtung ins Stammlager Flossenbürg überstellt.[78] Andere Überstellungen von Einzelpersonen dienten vor allem dem Austausch medizinischen Häftlingspersonals unter einzelnen Außenlagern, in denen Häftlingsärztinnen oder Pflegerinnen wegen akuter Seuchen angefordert wurden. Im Lager Hertine führt auch das jugendliche Alter vieler Häftlinge zu einem Austausch mit Oederaner Häftlingen, da in Hertine die in Oederan hergestellten Geschosshülsen mit Munition gefüllt wurden, und diese Tätigkeit nur von Frauen über 18 Jahren ausgeführt werden durfte.[79] Die überwiegenden Anlässe für Rücküberstellungen in die Lager Ravensbrück und Bergen Belsen sind jedoch Häftlingsschwangerschaften.

2.6.1.1 Rücküberstellungen schwangerer Häftlinge

Zahlreiche Rücküberstellungen in die Lager Ravensbrück und Bergen Belsen dienten der Abschiebung schwangerer Häftlinge, die bei den Erstselektionen nach der KZ-Einweisung noch nicht aufgefallen waren, deren Umstand aber in den Arbeitslagern ab einem gewissen Punkt nicht mehr geheimzuhalten war. Nachdem diese Häftlinge nicht mehr arbeiten konnten oder eine Entbindung in naher Zukunft bevorstand, wurden sie von den Außenlagern, möglicherweise über Flossenbürg, meist in das Frauen-Konzentrationslager Ravensbrück, in einigen Fällen auch nach Bergen Belsen oder Auschwitz überstellt. Dort erwartete sie nichts Gutes. Die hygienischen Bedingungen in Bergen Belsen und der sogenannten Ravensbrücker Mutter-und-Kind-Baracke kosteten fast allen Neugeborenen und auch vielen der Mütter das Leben. Da verständlicherweise einige Schwangere eine solche Rücküberstellung fürchteten, kam es auch in den Außenlagern des KZ Flossenbürg zu einzelnen Abtreibungen oder Kindstötungen an Neugeborenen. Mindestens über einen solchen Fall wird für das Lager Zschopau berichtet. Dort soll auch eine Schwangere nach der Entbindung in Flossenbürg ins Arbeitslager zurückgekehrt sein. Der Fall war bislang nicht zu bestätigen.

---

[78] 50279, 50414, 50422, 50505, 56928, 57261, 57318, 57324

[79] Vgl. Der Ort des Terrors. Band 4. S. 144

Die Rücküberstellung Schwangerer erfolgte nicht immer rechtzeitig und so wurde beispielsweise mit dem Transport von Mittweida, der am 13. Februar in Ravensbrück eintrifft, neben einer im siebten Monat schwangeren Polin eine weitere Landsfrau mit ihrem Neugeborenen aus dem Lager entfernt.[80] Mindestens drei Schwangere, eine davon im achten Monat, wurden auch aus Oederan nach Bergen Belsen überstellt. Lediglich eine der werdenden Mütter überlebte[81]. Auch die Überstellung vom 17.10.1944 nach Ravensbrück könnte hier einer Schwangeren gegolten haben, ähnlich wie die Überstellung der zwei polnischen Jüdinnen vom 17.10.1944 von Freiberg nach Auschwitz. Beide Fälle sind jedoch noch nicht bestätigt.
Die besten Überlebenschancen hatten Schwangere dennoch im Außenlager Freiberg. Da die Frauen dieses Lagers größtenteils kurz nach ihrer Einlieferung in Auschwitz in Arbeitstransporte eingereiht wurden, kamen gleich ein Dutzend Schwangere nach Freiberg, darunter auch die polnische Oberkapo Maria [Marysia][82]. Wahrscheinlich aufgrund der Sympathien, die Kommandoführer Beck ihr gegenüber hegte, wurden zumindest die Schwangeren, deren Zustand erst nach dem 17.10.1944 bekannt wurde, vor einer Rücküberstellung verschont. Bereits in Freiberg muss es zu mindestens vier Entbindungen gekommen sein, weitere drei erfolgten auf der Evakuierung nach Mauthausen, wo mindestens zwei weitere Entbindungen belegt werden können. Eine Schwangere soll im Freiberger Krankenrevier verstorben sein, eine weitere erlitt eine Fehlgeburt. Mindestens vier der Säuglinge, drei Mädchen und ein Junge überlebten.[83] Die Fälle in Freiberg und Mittweida zeigen, dass Neugeborene in den Außenlagern Flossenbürgs nicht wie in Auschwitz oder Ravensbrück üblich in die Lagerregister übernommen wurden und keine persönlichen Häftlingsnummern erhielten. Die Fälle sind daher im wesentlichen durch Zeitzeugenberichte zu rekonstruieren.

2.7 Häftlingsstruktur und Entwicklung der Belegstärke

Da sich die temporäre Häftlingsstruktur Flossenbürgs und seiner Außenlager mit jedem Transport änderte, bietet sich die Durchlaufbelegung als statistische Bezugsgröße für die Häftlingsstruktur förmlich an. In der Durchlaufbelegung werden alle weiblichen Häftlinge berücksichtigt, die den Flossenbürger Lagerkomplex während seines Bestehens durchliefen und in den Zugangsbüchern registriert wurden. Die 300 Frauen des Lagers Leitmeritz, die nicht mehr in den Nummernbüchern aufscheinen

[80] CEGESOMA, Mikrofilm 14368
[81] Siehe Gedenkteil. Vgl. auch Grete Salus. Niemand, nichts – ein Jude. S.74
[82] Wahrscheinlich Maria Ferst, *12.11.1914 FloNo.: 53475 vgl. SVHF 50778
[83] Hana Lomová [Löwenbein], Eva Nathanová [Bergmann], Jana Hannová , Mark Olsky [Max Friedmann] Vgl. Cziborra. In: Zwischen Mutterkreuz und Gaskammer. Symposium 04.05.2006 in Linz

und deren Transportzusammensetzung nicht vollständig bekannt ist, bleiben zunächst ebenso unberücksichtigt, wie mögliche weitere [Evakuierungs-]Transporte in den Verwaltungsbereich Flossenbürg. Die Flossenbürger Durchlaufbelegung laut Nummernbücher ist daher auf 16.041 weibliche Häftlinge anzusetzen. Der vergebene Nummernbereich der 16.060 Zeilen und damit potentielle Identitäten umfasst wurde um sechs Leerzeilen, elf ausradierte Zeilen und zwei Doppelregistrierungen auf 16.041 Personen gemindert. Die Streichungen für das Lager Hertine und Zwodau wurden als Fehleinträge, die sieben registrierten Personen folglich nicht als Flossenbürger Häftlinge interpretiert. Nicht alle Datensätze in den Flossenbürger Nummernbüchern sind vollständig. 18 Zeilen dienen lediglich als Platzhalter für bislang unidentifizierte Evakuierungstote aus dem Groß Rosener Lager Grünberg. Insgesamt ergibt sich aber folgende Struktur und Entwicklung der weiblichen Flossenbürger Häftlingsbelegung.

T8: Häftlingsentwicklung laut Nummernbüchern

Zeitpunkt Zeitraum	**Häftlingsstand** am Monatsanfang	**Zugang** [Transport]	**Abgang** [Transport]	**Abgang** [Tod]	**Abgang** [Entlassung]	**Abgang** [Flucht]	**Zugang** [Flucht]	**Zuwachs** [Summe]
01.09.44	**2816** [84] [2824]							
September	**2816**	**+1610** [85]	**-15**	**-0**	**-2**	**-13**	**+0**	**+1580**
Oktober	**4396**	**+5036** [86]	**-10**	**-5**	**-9**	**-5**	**+1**	**+5008**
November	**9404**	**+1264**	**-4**	**-12**	**-5**	**-7**	**+2**	**+1238**
Dezember	**10642**	**+601**	**-7**	**-9**	**-30**	**-2**	**+2**	**+555**
Januar	**11197**	**+1100**	**-228**	**-20**	**-12**	**-1**	**+1**	**+840**
Februar	**12037**	**+1019**	**-138**	**-11**	**-15**	**-11**	**+0**	**+844**
März	**12881**	**+1664** +18	**-874**	**-130** -18	**-8**	**-15**	**+0**	**+637**
April	**13518**	**+903**	**-2**	**-68**	**-9**	**-6**	**+0** [87]	**+824**
	14342 [88] **+ 2** [89]							

[84] Das Nummernbuch nennt acht Personen, die vor diesem Zeitpunkt geflohen sind und dennoch per 1. September oder später Flossenbürger Häftlingsnummern zugeordnet bekamen. Sie wurden aus der Zahl herausgerechnet.

[85] Hier müssen eigentlich 299 Häftlinge abgezogen werden. 350 Hainicher Häftlinge und 50 Häftlinge der Lager in Plauen, die die Außenlager erst im Oktober erreichen, werden mit dem falschen Registraturdatum versehen. Außerdem fällt der erste Transport nach Oederan in den September, wird aber für den 30.10.1944 verbucht.

[86] Hier müssen diese 299 Häftlinge eigentlich aufaddiert werden.

[87] Die Wiederergreifung der geflohenen Jüdin des Lagers Wilischthal wird nicht mehr registriert.

[88] Es sind mindestens 300 nicht registrierte Häftlinge im Lager Leitmeritz aufzuschlagen. Es wären aber auch zahlreiche bis zu diesem Zeitpunkt nicht mehr registrierte Todesfälle abzuziehen.

[89] Die Häftlinge mit den Nummern 57735 und 57739 sind keinem Transport zugeordnet, müssten sich aber laut Nummernbuchlogik noch im Lagerkomplex Flossenbürg aufgehalten haben.

T9:	Aufschlüsselung der Häftlingskategorien													
Weibliche Häftlinge	Jüdisch, +Polit. Mischl, Mischl.	Politisch, +a.W. [+Z.A. pol.]	Z.A., +a.W. [+Z.A. Sch.H.]	Sch.H., +a.W, [+Sch. Aso.]	Aso., +VH Aso. [+BH Aso.]	[Zig. Aso.] [Z. Aso.] [Aso.] [Zig. pol..]	VH	BV +VH [+BV Aso., BV BH]	SV BV, SV VH	PSV, Sch. PSV, PS, PV	ZA MJ	a.W.	-	
	Jüdin	**Politisch**	**Z.A.**	**Sch.H.**	**Aso.**	**Zig.**	VH	**BV**	**SV**	**PSV**		[?]	-	**Tot**
Polen	2982 +2boys	622	1239[+1]	335	28+6	11	-	3+3	-	2	-	-	28	**5260 +2**
Ungarn	3972	-	2	4	-	200	-	-	-	-	-	-	-	**4178**
Russland	2	328[+4]	1620	253	-	1	1	-	-	-	-	-	29	**2238**
RD (inkl. 6 VD)	159 +5	104 +10	7 +3	244 +14 [+1]	477 +73 [+2]	242	14	107 +20 [+2]	2	2	1	1	62	**1552**
Frankreich	60	575	19	41	1	2	-	-	-	-	-	-	161	**859**
Tschechien (Protektorat)	410 +2boys	31	7	17	19	35	1	2+5	-	-	-	-	-	**527 +2**
Italien	64	226	6	26	-	-	-	-	-	-	-	-	4	**326**
Slowakei	194	-	-	-	-	-	-	-	-	-	-	-	-	**194**
Lettland	-	7	2	61	-	-	-	-	-	-	-	-	73	**143**
Griechenland	123+1	1	1	-	-	-	-	-	-	-	-	-	-	**126**
Holland	110	-	2	2	-	7	-	-	-	-	-	-	-	**121**
Jugoslawien	6	70	5	14	1	1	-	-	-	-	-	-	5	**102**
Ukraine	-	-	98	1	-	-	-	-	-	-	-	-	1	**100**
Serbien	2	10	2	51	-	-	-	-	-	-	-	-	1	**66**
Belgien	26	4	5	10	1	2	-	-	-	-	-	-	-	**48**
Slowenien	-	-	-	-	-	-	-	-	-	-	-	-	26	**26**
Kroatien	-	4	6	3	-	-	-	-	-	-	-	-	-	**13**
Litauen	5	-	1	1	-	-	-	-	-	-	-	-	1	**8**
Rumänien	4	2	-	-	-	-	-	-	-	-	-	-	-	**6**
Luxemburg	-	1	-	3	-	-	-	-	-	-	-	-	-	**4**
Dänemark	-	-	3	-	-	-	-	-	-	-	-	-	-	**3**
Türkei	2	1	-	-	-	-	-	-	-	-	-	-	-	**3**
Estland	-	-	-	1	-	-	-	-	-	-	-	-	1	**2**
USA	2	-	-	-	-	-	-	-	-	-	-	-	-	**2**
Finnland	-	-	1	-	-	-	-	-	-	-	-	-	-	**1**
Ägypten	-	-	1	-	-	-	-	-	-	-	-	-	-	**1**
Schweiz	-	-	-	-	-	-	-	-	-	-	-	-	1	**1**
China	-	1	-	-	-	-	-	-	-	-	-	-	-	**1**
Staatenlos	25	-	2	-	4	18	-	-	-	-	-	-	1	**50**
-	[18]	-	13	-	-	-	-	-	-	-	-	-	36 +9	**67 +9**
Total	**8176**	**2001**	**3046**	**1082**	**612**	**519**	**16**	**142**	**2**	**4**	**1**	**1**	**439**	**160**
In %	**51,0**	**12,5**	**19,0**	**6,7**	**3,8**	**3,2**	**0,1**	**0,9**	-	-	-	-	**2,7**	**100**

Obwohl in den Nummernbüchern mehr als 25 verschiedene Nationen für die Herkunft der weiblichen Flossenbürger Häftlinge nachgewiesen werden können, stellten lediglich eine Hand voll Nationen das Gros der Häftlingsbelegschaft. Allein die sechs zahlenmäßig am stärksten vertretenen Nationen vereinen über 90% der Gesamtbelegung. Die aus Polen Deportierten alleingenommen machten fast ein Drittel von ihr aus, die aus Ungarn Deportierten ein gutes Viertel. Die Russinen nahmen noch vor den reichsdeutschen Häftlingen Rang drei ein. Die Verteilung der anderen Nationalitäten, die Aufschlüsselung einzelner Häftlingskategorien, sowie die nationalen Verhältnisse zwischen jüdischer und nicht-jüdischer Belegung entnehmen Sie bitte den entsprechenden Tabellen.

T10: Tabelle der Häftlingsstruktur nach Nationen aufgeschlüsselt

Nation	Polen	Ungarn	Russland	RD	Frankreich	CZ	Italien	Slowakei	Lettland	Griechenl.
Total	**5262**	**4178**	**2238**	**1552**	**859**	**529**	**326**	**194**	**143**	**126**
Jüdisch	56,7%	95,1%	0,1%	10,6%	7,0%	77,9%	19,6%	100%	0,0%	98,4%
N-J	43,3%	4,9%	99,9%	89,4%	93,0%	22,1%	80,4%	0,0%	100%	1,6%
Fraktion	**32,8%**	**26,1%**	**14,0%**	**9,7%**	**5,4%**	**3,3%**	**2,0%**	**1,2%**	**0,9%**	**0,8%**

Nation	Holland	Jugoslawien	Ukraine	Serbien	Belgien	Slowenien	Kroatien	Litauen	Rumänien	Luxemb.
Total	**121**	**102**	**100**	**66**	**48**	**26**	**13**	**8**	**6**	**4**
Jüdisch	90,9%	5,9%	0,0%	3,0%	54,2%	0,0%	0,0%	62,5%	66,7%	0,0%
N-J	9,1%	94,1%	100%	97,0%	45,8%	100%	100%	37,5%	33,3%	100%
Fraktion	**0,8%**	**0,6%**	**0,6%**	**0,4%**	**0,3%**	**0,2%**	**0,1%**	>	>	>

Nation	Dänemark	Türkei	Estland	USA	Finnland	Ägypten	Schweiz	China	Staatenlos	-
Total	**3**	**3**	**2**	**2**	**1**	**1**	**1**	**1**	**50**	**76**
Jüdisch	0,0%	66,7%	0,0%	100%	0,0%	0,0%	0,0%	0,0%	50,0%	
N-J	100%	33,3%	100%	0,0%	100%	100%	100%	100%	50,0%	
Fraktion	>	>	>	>	>	>	>	>	**0,3%**	**0,5%**

2.7.1 Jüdinnen in Flossenbürg:

Der jüdische Anteil an den weiblichen Häftlingen, die Flossenbürg durchliefen, betrug ca. 51%. In den Flossenbürger Nummernbüchern sind 6300 Jüdinnen für 15 verschiedene Arbeitslager der Rüstungswirtschaft verzeichnet. Hinzu kommen etwa 1800 [1782+18] jüdische Häftlinge aus Groß Rosen, die nach Zwodau und Helmbrechts evakuiert wurden und 77 jüdische Häftlinge, die sich in dem Transport von Ravensbrück nach Zwodau befanden, dessen Häftlinge später nach Graslitz und Neu Rohlau überstellt wurden. Eine unbekannte Zahl weiterer jüdischer Häftlinge befand sich außerdem in dem 300 Frauen starken Evakuierungstransport von Ravensbrück nach Leitmeritz, der sich wohl aus diversen Häftlingskategorien zusammensetzte. Aus diesen Zahlenbestandteilen resultiert eine jüdische Häftlingsgesamtzahl von 8176+X. Innerhalb dieser Gruppe ergeben sich folgende nationale Verteilungen aufgeschlüsselt nach Überstellungsherkunft:

T11: Jüdinnen in Flossenbürg

Jüdisch	Hun	Pol	CZ	Slo	RD	Gre	Hol	Ita	Fra	Bel	Jug	Lit	Rom	Rus	Ser	Tur	USA	Stl.	-
Au.	2141	1261	351	172	123	7	66	47	34	25	4	-	2	1	2	-	1	25	-
Rav.	501	2	-	-	+4	-	-	-	-	-	-	-	1	-	-	-	-	-	-
BeBe.	634	393	10	7	11	113	33	17	25	-	1	-	-	-	-	2	-	-	-
Stut.	7	254+2	6+2	-	7	-	-	-	-	-	-	5	-	-	-	-	-	-	-
GrRos.	657	1055	37	6	15		10	-	-	1	1	-	-	-	-	-	-	-	18
Rav.77	32	17	6	9	3+1	3+1	1	-	1	-	-	-	1	1	-	-	1	-	-
8176	3972	2984	412	194	164	124	110	64	60	26	6	5	4	2	2	2	2	25	18
100%	48,6	36,5	5,0	2,4	2,0	1,5	1,3	0,8	0,7	0,3	0,1	0,1	>	>	>	>	>	0,3	0,2

Mit 3972 von 8176 Personen stellen die ungarischen Jüdinnen mit 48,6% die knappe Hälfte der Jüdinnen, die Flossenbürg durchliefen, und gleichzeitig etwa ein Viertel der gesamten Durchlaufbelegung. Die polnischen Jüdinnen machen immerhin 36,5% der jüdischen Gesamtbelegung aus. Die tschechischen Jüdinnen sind mit lediglich 5% die drittstärkste Häftlingsfraktion. Die verbliebenen 9,9% verteilen sich auf 14 weitere registrierte Nationen. Sechs Häftlinge, fünf Reichsdeutsche und eine Griechin werden in den Flossenbürger Nummernbüchern explizit als jüdische Mischlinge geführt. Mindestens 4260 [+2 [90]] jüdische Häftlinge wurden direkt von Auschwitz nach Flossenbürg überstellt. 1246 Jüdinnen deportierte man über Bergen Belsen in den Flossenbürger Lagerkomplex. 508 Jüdinnen kamen mit Arbeitstransporten aus Ravensbrück, 77 weitere gehörten dem Evakuierungstransport nach Zwodau an. Unter den Leitmeritzer Häftlingen aus Ravensbrück dürften weitere mindestens 60 Jüdinnen aus Ungarn, Polen, Frankreich und der Slowakei gewesen sein. An den Transport aus Stutthof werden 283 Häftlingsnummern aus der Frauenserie vergeben. Vier davon jedoch an Jungen, die mit ihren Müttern nach Dresden Striesen in das Kommando Bernsdorf & Co. kamen. Aufgrund der Nummernvergabe wurden sie trotz männlichen Geschlechts mit in die statistische Auswertung einbezogen. Wegen ihrer geringen Zahl bleibt die Verfälschung der Daten marginal.

[90] Die Häftlinge mit den Nummern 57731 und 57732 wurden wegen der entsprechenden Ortsangabe im Nummernbuch in der Tabelle zur Auschwitzer Zahl gerechnet, sind jedoch aufgrund der Datierung vermutlich aus Groß Rosen überstellt worden.

2.7.2 Sinti und Roma in Flossenbürg

Mindestens 519 weibliche Sinti und Roma sind in den Flossenbürger Nummernbüchern nachzuweisen. Größere Gruppen gab es in den Lagern Wolkenburg, Graslitz und Zwodau. Vereinzelt waren sie auch in Neu Rohlau, dem Lager Dresden Universelle, Chemnitz und Leitmeritz zu finden. Sie wurden nahezu alle von Ravensbrück nach Flossenbürg überstellt, bzw. evakuiert. Eine Ausnahme bildet lediglich Apolonia Swiatek, die als polnische, *politische Zigeunerin* direkt von Auchwitz nach Chemnitz gelangte. Mindestens 262 weibliche Flossenbürger Sinti und Roma waren vor ihrer Überstellung nach Ravensbrück ebenfalls in Auschwitz, und dort vor dessen Liquidierung im Zigeunerlager interniert. In Birkenau erhielten die späteren Wolkenburger Häftlinge neben einzelnen niedrigeren Nummern Auschwitzer Häftlingsmatrikel zwischen Z-9428 und Z-10817. Die Graslitzer und einige Zwodauer Sinti und Roma, die wohl einen Transport bildeten, bekamen hingegen im wesentlichen Nummern zwischen Z-371 und Z-4895 in den Unterarm oder auf die Hand tätowiert. Den ungarischen Sinti und Roma blieb zumindest diese Prozedur erspart. Sie wurden zu einem größeren Teil von der Sipo Budapest am 20.11.1944 in Dachau eingeliefert und am 01.12.1944 nach Ravensbrück weiterüberstellt. Von dort erreichten sie mit anderen ungarischen Sinti und Roma am 20.01.1945 das Lager Zwodau. Eine der Frauen verstarb dort. Das Schicksal der übrigen ist unbekannt. Neben den 519 ermittelten Sinti und Roma ist von einer kleinen Dunkelziffer unter den Flossenbürger Häftlingen auszugehen, weil Sinti und Roma nicht einheitlich registriert und in der Nazi-Ideologie manchmal ganz allgemein als „asozial" deklariert wurden. Neben der expliziten Verzeichnung unter der Häftlingskategorie „Zig.", „Zig. Aso." „Z. Aso." oder „Zigeuner", konnten unter den 519 ermittelten Personen bislang auch 13 Sinti und Roma bestätigt werden, die lediglich unter der Häftlingskategorie „Aso." im Flossenbürger Nummernbuch verzeichnet waren.[91] Vor allem unter den deutschen Häftlingen dieser Kategorie könnte es noch weitere versteckte Sinti und Roma gegeben haben.

T12: Tabelle der weiblichen Sinti und Roma

Sinti und Roma	RD	Ungarn	CZ	Polen	Holland	Frankreich	Belgien	Jugoslawien	Russland	Staatenlos
Total	242	200	35	11	7	2	2	1	1	18 [+1] [92]
Prozentual	46,6	38,5	6,7	2,1	1,3	0,4	0,4	0,2	0,2	3,5

[91] Vgl. Flossenbürger Nummernbuchzeilen 51691 bis 51696 und 51704 bis 51710

[92] Vermutlich auch 65786 „Stlos. Aso."

2.8 Editorische Hinweise zum Gedenkteil

Trotz aller Sorgfalt bei der Erstauflage hatten sich 2007 einige Fehler in die Ausgabe geschlichen. Diese wurden aber nun korrigiert. Auf gewisse Weise erfreulich ist auch, dass vier gemeldete Todesfälle zurückgenommen werden können bzw. müssen, da die genannten Personen überlebten. Aufgrund der propagierten Datentransparenz sollen diese Fälle hier kurz noch einmal erkärt werden.

Nicht am 1. Mai 1945 verstorben ist Madeleine Bobille, geborene Tullou. Sie verstarb erst am 03.03.2011 als Madeleine Faribault in ihrem Geburtsort Rennes. Die Todesmeldung war 2007 aus dem Ravensbrücker Gedenkbuch übernommen worden und hat sich so nicht bestätigt. Ähnlich liegt der Fall Gréta Rosenzweigová, geborene Holländerová. Sie ist nicht wie im Theresienstädter Gedenkbuch angegeben am 29.06.1945 in Theresienstadt verstorben, sondern an dem Tag verstarb ihr Ehemann, für den sie ein Gedenkblatt einreichte. Ebenfalls nicht 1945 ums Leben gekommen ist Chana Tarnowska aus dem Außenlager Dresden Bernsdorf, die im Flossenbürger Nummernbuch fälschlicherweise am 14. März 1945 aus der Lagerstärke abgemeldet wurde. Ihr Todeseintrag bezog sich eigentlich auf Mira Taflewicz. Der Schreiber hatte sich vermutlich in der Zeile vertan und den Fehleintrag nicht berichtigt. Von Chana Tarnowska exisitert eine Nachkriegsvernehmung.[93] Auch Erna Sostheim hat das Außenlager Oederan überlebt. Hier wurden zwei Personen bei der Recherche miteinander verwechselt. Beide Verwandte selben Namens, beide 1894 geboren wurden mit demselben Transport von Düsseldorf nach Lodz deportiert. Der spätere Oederaner Häftling wurde in Theresienstadt befreit. Todeserklärung und Gedenkblatt seitens der Familie beziehen sich auf ihre Namensvetterin. Auch von Erna Sostheim sind Nachkriegszeugnisse überliefert. Korrigiert werden mussten auch einzelne Copy & Paste – Fehler. Bei Diana Pihas handelt es sich natürlich um eine italienische Jüdin mit der Flossenbürger Häftlingsnummer 63150, bei Mania Bratt um eine Polin und bei Gilberte Cornillon um eine politische Französin. Der Geburtsort von Sara De Vries ist das holländische Zierikzee (statt Zürichsee).

Das Abkürzungsverzeichnis zu den einzelnen Quellen finden Sie im Anschluss an den Gedenkteil. Von einigen möglichen Todesfällen wurde vage in Zeitzeugnissen berichtet. Die möglichen Todesfälle der Salomea Zimet (FloNo.: 63274), Tola Zimet (FloNo.: 63275), Franja Kurz (FloNo.: 52869), Henryka (Hania) Reifer (FloNo.: 52846), Liesbeth Trapp (FloNo.: 52673), Sulika Mevorah (FloNo.: 63120), Rachela Mevorah (FloNo.: 63119), Johanna Mandel (FloNo.: 62059), Sara Elkan (FloNo.: 53702), Edit Schwarz (FloNo.: 62163) u.a. wurden aber wegen der Verlässlichkeitsproblematik noch nicht mit in den Gedenkteil übernommen. Auch Anna Bornstein (FloNo.: 63517) wurde noch nicht den Toten in Volary definitiv zugeordnet.

---

[93] Vgl. BArch B 162 / 16166 S.10 – VP 09.11.1967

Adler, Malvine 18.11.1924 Wohnort: Alsopaslod Deportation: Grünberg [GrRos]: GrRosNo.: **Helmbrechts**: 06.03.1945 FloNo.: 63487 HaftKat.: Jüdin Nation: Ungarn **Todestag**: 1945 Ort: Friedhof: Volary [5.] Quelle: Volary, FloNB YV Item ID: 6693301	**Adler, Sala** 15.07.1925 Wohnort: Deportation: Auschwitz: AuNo.: **Zschopau**: 25.11.1944 FloNo.: 60863 HaftKat.: Jüdin Nation: Polen **Todestag**: 1945 Ort: Zschopau Abmeldung: 20.03.1945 Quelle: FloNB	**Adler, Zsuzsanna** 15.11.1922 Budapest Wohnort: Budapest VII. Thököly ut 5 [Bezeredy: Poszonyi ut 39] Deportation: Budapest: Ravensbrück: RavNo.: **Venusberg**: 15.01.1945 FloNo.: 61760 HaftKat.: Jüdin Nation: Ungarn **Todestag**: 1945 Ort: [nicht Ravensbrück] Quelle: PoT YV, FloNB YV Item ID: 1122249
Agtsteribbe, Elizabet 12.04.1912 Amsterdam Wohnort: Deportation: Westerbork: bis 03.03.1944 Auschwitz: 05.03.1944 AuNo.: [75816 – 75891] Bergen Belsen: BeBeNo.: **Venusberg**: 28.02.1945 FloNo.: 62864 HaftKat.: Jüdin Nation: Niederlande Mauthausen: **Todestag**: spät.10.05.1945 Ort: Mauthausen Quelle: OGS, FloNB	**Alhadeff, Renata Reina** 20.01.1921 Rhodos Wohnort: Rhodos Deportation: 23.07.1944 Athen: 03.08.1944 Auschwitz: 16.08.1944 AuNo.: [A-24215 – A-24468] Bergen Belsen: BeBeNo.: **Venusberg**: 28.02.1945 FloNo.: 62866 HaftKat.: Jüdin Nation: Italien **Todestag**: 1945 Ort: Venusberg Abmeldung: 07.04.1945 Quelle: FloNB, PiFa	**Anders, Anna** 28.10.1885 Burgerbruck Wohnort: Deportation: Ravensbrück: RavNo.: **Holleischen**: [01.09.1944] FloNo.: 52691 HaftKat.: BV. Nation: Deutsches Reich **Graslitz**: **Todestag**: Ort: Graslitz Abmeldung: 20.02.1945 Quelle : FloNB

<table>
<tr>
<td>André, Renée
01.11.1922 Dampierre

Wohnort:
Deportation:

Breslau Lauban:
Ravensbrück: 26.10.1944
RavNo.: 79917
Graslitz: 11.11.1944
FloNo.: 58304
HaftKat.: Sch.H.
Nation: Frankreich
Befreiung:
Todestag: 28.09.1945
Ort: Sion [Schweiz]

Quelle : LDF, FloNB</td>
<td>Anger, Anna
13.01.1920 Skalice [Skalica]

Wohnort:
Deportation:
Auschwitz:
AuNo.: Z-4867
Ravensbrück:
RavNo.:
Graslitz: [01.09.1944]
FloNo.: 51778
HaftKat.: Zig. Aso.
Nation: Tschechoslowakei

Todestag:
Ort: Graslitz
Abmeldung: 02.12.1944
Quelle: FloNB, MBG</td>
<td>Antal, Ilona
18.06.1905 Budapest
MaNa.: Berman [Foto]
Wohnort: Budapest,
Sziget-u 5-7 II.em 4
Deportation:
Budapest:
Ravensbrück:
RavNo.:
Venusberg: 15.01.1945
FloNo.: 61768
HaftKat.: Jüdin
Nation: Ungarn
Todestag: 1945
Ort: unbekannt

Quelle: PoT YV, FloNB
YV Item ID: 5677121</td>
</tr>
<tr>
<td>Anton, Johanna
04.11.1913 Kol[l]berg

Wohnort:
Deportation:
Auschwitz: 24.02.1944
AuNo: Z-9999
Ravensbrück:
RavNo.: 48781
Wolkenburg: 21.08.1944
FloNo.: 50020
HaftKat.: Zig.
Nation: Deutsches Reich

Todestag: 13.10.1944
Ort: Wolkenburg
Abmeldung: 17.10.1944
Quelle : FloNB, MBG, Aas</td>
<td>Appel, Szeren
17.07.1921
[21.07.21 Sopronkeresztur?]
Wohnort: Sopron [?]
Deportation:

Grünberg [GrRos]:
GrRosNo.:
Zwodau: 06.03.1945
FloNo.: 64976
HaftKat.: Jüdin
Nation: Ungarn

Todestag: 1945
Ort: Zwodau
Abmeldung: 19.03.1945
Quelle : FloNB, Vgl.
YV Item ID : 6999013</td>
<td>Arnaud, Jeanne
25.05.1903 Saleux

Wohnort :
Deportation :

Compiègne: bis 31.01.1944
Ravensbrück: 03.02.1944
RavNo.: 27038
Zwodau: [01.09.1944]
FloNo.: 51186
HaftKat.: Politische
Nation: Frankreich
Befreiung: Zwodau
Todestag: kurz nach Heimkehr
Ort: Frankreich

Quelle: LDF, FloNB</td>
</tr>
</table>

Aronowicz, Gisela *Gitla* 03.06.1923 [AltDa.:13.06.1914 Lodz] Wohnort: Lodz Deportation: Ghetto Lodz: Grünberg [GrRos]: GrRosNo.: **Helmbrechts**: 06.03.1945 FloNo.: 63493 HaftKat.: Jüdin Nation: Polen **Todestag**: 1945 Ort: Friedhof: Volary [72.] Quelle: Volary, FloNB Vgl. YV Item ID: 6694279	**Askenazy, Rosi** 12.11.1924 Wohnort: Deportation: Grünberg [GrRos]: GrRosNo.: **Zwodau**: 06.03.1945 FloNo.: 64977 HaftKat.: Jüdin Nation: Ungarn **Todestag**: 1945 Ort: Zwodau Abmeldung: 16.03.1945 Quelle : FloNB	**Ast, Rifka** 25.12.1927 [AltDa.: 05.12.1924] Wohnort: Bedzin Browarna 17 [?] Deportation: Grünberg [GrRos]: GrRosNo.: **Zwodau**: 06.03.1945 FloNo.: 64979 HaftKat.: Jüdin Nation: Polen **Todestag**: 1945 Ort: Zwodau Abmeldung: 16.03.1945 Quelle : FloNB Vgl.YV Item ID : 7067996
Ausländer, Eva 19.04.1930 [28] Wohnort: Deportation: Grünberg [GrRos]: GrRosNo.: **Helmbrechts**: 06.03.1945 FloNo.: 63494 HaftKat.: Jüdin Nation: Ungarn [Polen] **Todestag**: 1945 Ort: Friedhof: Volary Quelle: Volary, FloNB Vgl. YV Item ID: 3576166	**Avzaradel, Allegra** 21.04.1924 Rhodos [AltDa.: 14.04.1921] Wohnort: Rhodos Deportation: 23.07.1944 Athen: 03.08.1944 Auschwitz: 16.08.1944 AuNo.: [A-24215 – A-24468] Bergen Belsen: BeBeNo.: **Venusberg**: 28.02.1945 FloNo.: 62869 HaftKat.: Jüdin Nation: Italien **Todestag**: 1945 Ort: Quelle : FloNB, PoT YV Item ID: 1826469 u.a.	**Avzaradel, Rosetta** *Rosa* 22.04.1922 Rhodos Wohnort: Rhodos Deportation: 23.07.1944 Athen: 03.08.1944 Auschwitz: 16.08.1944 AuNo.: [A-24215 – A-24468] Dachau: 26./27.10.1944 DaNo.: 119944 Bergen Belsen: 17.12.1944 BeBeNo.: **Venusberg**: 28.02.1945 FloNo.: 62871 HaftKat.: Jüdin Nation: Italien Mauthausen: **Todestag**: April/May 1945 Ort: Mauthausen Quelle : PiFa, FloNB

Bahn, Edith 01.02.1906 Budapest MaNa.: Adler Wohnort: Budapest Deportation: Budapest: Ravensbrück: RavNo.: **Venusberg**: 15.01.1945 FloNo.: 61773 HaftKat.: Jüdin Nation: Ungarn **Todestag**: 1945 Ort: unbekannt Quelle: HUNHDC, FloNB YV Item ID: 5805460 u.a.	**Bajan, Ilona** 21.06.1911 Pozsony Wohnort: Deportation : Budapest : Dachau : 24.11.1944 DaNo.: 132411 Bergen Belsen: 17.12.1944 BeBeNo.: **Venusberg**: 28.02.1945 FloNo.: 62872 HaftKat.: Jüdin Nation: Ungarn **Todestag**: 1945 Ort: Venusberg Abmeldung: 26.03.1945 Quelle: FloNB	**Balint, Stefania** 20.08.1898 Vaujhely MaNa.: Braun Wohnort: Budapest Deportation: Budapest: Ravensbrück: RavNo.: **Venusberg**: 15.01.1945 FloNo.: 61808 HaftKat.: Jüdin Nation: Ungarn **Todestag**: 1945 Ort: Mauthausen Quelle: FloNB, PoT YV Item ID: 1471894
Bauer, Paula 02.10.1922 Linz a. D. Wohnort: Deportation: Ravensbrück: RavNo.: **Zwodau**: [01.09.1944] FloNo.: 51065 HaftKat.: Aso. Nation: Deutsches Reich **Todestag**: Ort: Abmeldung: 22.03.1945 Quelle: FloNB	**Baum, Iren** 07.12.1912 Wohnort: Deportation: Auschwitz: AuNo.: **Hertine**: 10.10.1944 FloNo.: 54654 HaftKat.: Jüdin Nation: Ungarn **Todestag**: 1944 Ort: Hertine Abmeldung: 21.11.1944 Quelle: FloNB	**Baumgarten, Zsuszana** 01.08.1921 [AltNa.: Baumgartner] Wohnort: Deportation: Ravensbrück: RavNo.: Freiburg [GrRos]: 12.01.45 GrRosNo.: 94084 **Zwodau**: 26.02.1945 FloNo.: 63362 HaftKat.: Jüdin Nation: Ungarn **Todestag**: 1945 Ort: Friedhof: Volary [53.] Quelle: Volary, FloNB Vgl. YV Item ID: 6694038

Bazowska, Janina 24.05.1916 Staszow Wohnort: Deportation: Warschau Pawiak: Ravensbrück: 21.09.1941 RavNo.: 7840 **Neu Rohlau**: [01.09.1944] FloNo.: 51954 HaftKat.: Z.A. Nation: Polen **Erschossen**: April 1945 Ort: Neu Rohlau Quelle: RGB, FloNB	**Bechoropoulo, Tica** 08.01.1924 [AltNa.: Vechoroupoulou] Wohnort: Deportation: Ioannina [?] Auschwitz: AuNo.: Bergen Belsen: BeBeNo.: **Venusberg**: 28.02.1945 FloNo.: 62877 HaftKat.: Jüdin Nation: Griechenland Befreiung: Mauthausen **Todestag:** 1945 Ort: Quelle: FloNB, AMM Y/39 PoT YV Item ID: 570340	**Becht, Schoontje** 13.10.1898 Amsterdam MaNa.: Beugeltas Wohnort: Deportation: Drancy: bis 18.07.1943 [57] Auschwitz: 20.07.1943 AuNo.: [50204 – 50394] Bergen Belsen: BeBeNo.: **Venusberg**: 28.02.1945 FloNo.: 63352 HaftKat.: Jüdin Nation: Niederlande [Frankr.] Befreiung: Mauthausen **Todestag:** 20.06.1945 Ort: Insel Reichenau Friedhof: Quelle: OGS, FloNB
Bednarska, Petronella 02.04.1898 Wisiniowa Wohnort: Deportation: Ravensbrück: RavNo.: **Helmbrechts** [01.09.1944] FloNo.: 52538 HaftKat.: Z.A. Nation: Polen **Todestag**: 1944 Ort: Auf Transp. nach Ravensbr. Abmeldung: 16.11.1944 Quelle: FloNB	**Beinhorn, Jolan** 06.04.1929 Keteregen Wohnort: Deportation: Uzhorod Auschwitz: AuNo.: **Hainichen:** 11.10.1944 FloNo.: 52937 HaftKat.: Jüdin Nation: Ungarn Befreiung: Theresienstadt **Todestag**: 01.06.1945 Ort: Theresienstadt Quelle: TDB, FloNB	**Beladium, Paulete** 1928 Wohnort: Deportation: Bergen Belsen: BeBeNo.: **Venusberg**: 28.02.1945 FloNo.: 63309 HaftKat.: Jüdin Nation: Griechenland **Todestag**: 1945 Ort: Venusberg Abmeldung: 18.03.1945 Quelle: FloNB

<table>
<tr>
<td>Belleli, Ketti 'Käthe'
12.12.1924

Wohnort: Korfu
Deportation: Kerkyra

Auschwitz: 30.06.1944
AuNo.: A-8381 [?]
Bergen Belsen:
BeBeNo.:
Venusberg: 28.02.1945
FloNo.: 62883
HaftKat.: Jüdin
Nation: Griechenland

Todestag: 1945
Ort: Venusberg
Abmeldung: 26.03.1945
Quelle: FloNB, APMO</td>
<td>Beneth, Klari
28.03.1919

Wohnort:
Deportation:

Grünberg [GrRos]:
GrRosNo.:
Helmbrechts: 06.03.1945
FloNo.: 63503
HaftKat.: Jüdin
Nation: Ungarn

Todestag: 1945
Ort: Helmbrechts
Abmeldung: 03.04.1945
Quelle: FloNB</td>
<td>Benun, Maria
20.12.1927 Rhodos
[AltDa.: 20.12.26][#ledig]
Wohnort: Rhodos
Deportation: 23.07.1944
Athen: 03.08.1944
Auschwitz: 16.08.1944
AuNo.: [A-24215 – A-24468]
Bergen Belsen:
BeBeNo.:
Venusberg: 28.02.1945
FloNo.: 62887
HaftKat.: Jüdin
Nation: Italien

Todestag: 1945
Ort:

Quelle : FloNB, PoT
YV Item ID: 348108</td>
</tr>
<tr>
<td>Berdach, Lenke
06.08.1918 Budapest
MaNa.: Haz
Wohnort: Budapest
Deportation: Budapest

Bergen Belsen:
BeBeNo.:
Dresden Reick: 25.02.1945
FloNo.: 62666
HaftKat.: Jüdin
Nation: Ungarn
Todestag: 1945
Ort: Dresden
Abmeldung: 08.04.1945
Quelle : FloNB
YV Item ID : 5805156</td>
<td>Beregi, Magdalena
30.09.1914 Budapest
MaNa.: Friedmann
Wohnort: Budapest
Deportation:

Bergen Belsen: 03.12.1944
BeBeNo.:
Dresden Reick: 25.02.1945
FloNo.: 62667
HaftKat.: Jüdin
Nation: Ungarn
Todestag: 20.03.1945
Ort: Dresden
Bestattung: 23.03.1945
Abmeldung: 03.04.1945
Quelle: FloNB, Tolkewitz
YV Item ID: 586611, 5841099</td>
<td>Berkowitsch, Eta
21.01.1924

Wohnort:
Deportation:

Grünberg [GrRos]:
GrRosNo.:
Helmbrechts: 06.03.1945
FloNo.: 63512
HaftKat.: Jüdin
Nation: Ungarn
Todestag: 1945
Ort: Helmbrechts
Abmeldung: 26.03.1945
Quelle: FloNB</td>
</tr>
</table>

Blaustein, Ibolya 02.01.1925 Kisvarda Wohnort: Deportation: Budapest: Ravensbrück: RavNo.: **Venusberg**: 15.01.1945 FloNo.: 61795 HaftKat.: Jüdin Nation: Ungarn **Todestag**: 17.04.1945 Ort: Evakuierung n. Mauthausen Quelle: ZStL, FloNB	**Blaustein, Marta** 26.03.1915 Budapest MaNa.: Szivos Wohnort: Budapest Deportation: Ravensbrück: RavNo.: Freiburg: GrRosNo.: 94134 **Zwodau**: 25.02.1945 FloNo.: 63366 HaftKat.: Jüdin Nation: Ungarn **Todestag**: 19.05.1945 Ort: Laun [Louny / Louni] nach der Befreiung Quelle: FloNB YV Item ID: 5783421	**Blitz, Judith** 15.10.1918 Oswiecim [AltDa.:18.10.1918] Wohnort: Krakau Deportation: Plaszow Auschwitz: AuNo.: Bergen Belsen: BeBeNo.: **Venusberg**: 28.02.1945 FloNo.: 62895 HaftKat.: Jüdin Nation: Polen **Todestag**: 1945 Ort: [Todesmarsch von Bergen-Belsen] Quelle: FloNB, PoT YV YV Item ID: 1065116
Blum, Enrichetta 27.12.1911 Istanbul [Kushta] Wohnort: Milano [Mailand] Deportation: Bozen Bolzano: 20.09. – 24.10.1944 Auschwitz: 28.10.1944 AuNo.: Bergen Belsen: BeBeNo.: **Venusberg**: 28.02.1945 FloNo.: 62897 HaftKat.: Jüdin Nation: Italien **Todestag**: 1945 Ort: Quelle: PoT YV, PiFa, FloNB Vgl.YV Item ID: 1339177	**Blum, Margit** 16.06.1925 Kisújszállás Wohnort: Deportation: Budapest: Ravensbrück: RavNo.: **Venusberg**: 15.01.1945 FloNo.: 61802 HaftKat.: Jüdin Nation: Ungarn **Todestag**: 1945 Ort: Venusberg Abmeldung: 29.03.1945 Quelle: FloNB	**Blumenfeld, Zsuzsanna** 04.03.1921 Gablonz Wohnort: Deportation: Budapest: Ravensbrück: RavNo.: **Venusberg**: 15.01.1945 FloNo.: 61803 HaftKat.: Jüdin Nation: Ungarn **Todestag**: 1945 Ort: Venusberg Abmeldung: 20.02.1945 Quelle: FloNB

Bidaut, Celina 05.03.1890 Praslin MaNa.: Couch Wohnort: Deportation: Paris: Saarbrücken: 18.07.1944 [Neue Bremm] Ravensbrück: 29.07.1944 RavNo.: 47324 **Zwodau**: **Graslitz**: 01.04.1945 FloNo.: 65673 HaftKat.: Politische Nation: Frankreich Befreiung: **Tod**: 28.05.1945 [15.05.]? Ort: Quelle: LDF, FloNB	**Bilinska, Viktoria** 05.04.1925 Wohnort: Deportation: Ravensbrück: RavNo.: Dresden: 09.10.1944 [**Dresden Universelle**] FloNo.: 57261 HaftKat.: Z.A. Nation: Russland **Flossenbürg**: **Exekution**: Ort: Flossenbürg Abmeldung: 03.01.1945 Quelle: FloNB	**Bodard, Andrée** 16.05.1925 Franchesse Wohnort: Deportation: Breslau Lauban: Ravensbrück: 27.10.1944 RavNo.: 80043 **Graslitz**: 11.11.1944 FloNo.: 58321 HaftKat.: Politisch Nation: Frankreich **Todestag**: Ort: [Graslitz] Abmeldung: 06.01.1945 Quelle: FloNB
Böhm, Margarete 02.03.1914 Wohnort: Deportation: Bergen Belsen: BeBeNo.: **Venusberg**: 28.02.1945 FloNo.: 62905 HaftKat.: Jüdin Nation: Ungarn **Todestag**: 1945 Ort: Venusberg Abmeldung: 23.03.1945 Quelle: FloNB	**Bognar, Erzsebet** 17.08.1902 Wohnort: Deportation: Bergen Belsen: BeBeNo.: **Venusberg**: 28.02.1945 FloNo.: 62898 HaftKat.: Jüdin Nation: Ungarn **Todestag**: 1945 Ort: Venusberg Abmeldung: 27.03.1945 Quelle: FloNB	**Bonne, Yvette** 11.12.1924 Pau Wohnort: Deportation: Paris: bis 01.07.1944 Saarbrücken: 03.07.1944 [Neue Bremm] Ravensbrück: 07.07.1944 RavNo.: 44673 **Holleischen**: [01.09.1944] FloNo.: 50852 HaftKat.: Politisch Nation: Frankreich **Todestag**: Ort: Quelle: LDF, FloNB

Borenfreund, Ida 15.11.1926 Wohnort: Deportation: Neusalz [GrRos]: GrRosNo.: **Flossenbürg**: 08.03.1945 FloNo.: 64159 HaftKat.: Jüdin Nation: Deutsches Reich Bergen Belsen: [17.03.45] BeBeNo.: **Todestag**: 19.06.1945 Ort: Bergen Belsen Quelle: BBMB, FloNB	**Boulanger, Liza** 31.08.1897 Paris Wohnort: Deportation: Compiègne: bis 31.01.1944 Ravensbrück: 03.02.1944 RavNo.: 27345 **Zwodau**: [01.09.1944] **Graslitz**: FloNo.: 51837 HaftKat.: Politisch Nation: Frankreich **Todestag**: 1944 Ort: Zwodau Abmeldung: 21.12.1944 Quelle : FloNB, LDF	**Brat, Henia** 05.04.1926 Wohnort: Deportation: Neusalz [GrRos]: GrRosNo.: **Flossenbürg**: 08.03.1945 FloNo.: 64165 HaftKat.: Jüdin Nation: Polen Bergen Belsen: [17.03.45] BeBeNo.: Befreiung: Bergen Belsen **Todestag**: 28.04.1945 Ort: Bergen-Belsen Quelle: BBMB, FloNB
Bratt, Mania [Maja] 28.08.1926 Wohnort: Deportation: Grünberg [GrRos]: GrRosNo.: **Helmbrechts**: 06.03.1945 FloNo.: 63519 HaftKat.: Jüdin Nation: Polen **Todestag**: 1945 Ort: Friedhof: Volary [74.] Quelle: Volary, FloNB Vgl. YV Item ID: 1909480	**Brauer, Berta** 08.05.1899 Tost MaNa: Aschner Wohnort: Mannheim Deportation: Hamburg-Kiel Theresienstadt: 19.07.1942 Auschwitz: 06.10.1944 [En] AuNo.: keine Tätowierung **Freiberg**: 12.10.1944 FloNo.: 53968 HaftKat.: Jüdin Nation: Deutsches Reich Mauthausen: 29.04.1945 **Todestag**: 1945 Ort: Mauthausen Quelle: PoT YV, FloNB YV Item ID: 5639892	**Braun, Elvira** 05.08.1903 [1911] Wohnort: Deportation: Bergen Belsen: BeBeNo.: **Dresden Reick**: 25.02.1945 FloNo.: 62675 HaftKat.: Jüdin Nation: Ungarn **Todestag**: 20.03.1945 Ort: Dresden Bestattung: 22.03.1945 Abmeldung: 03.04.1945 Quelle: FloNB, Tolkewitz

Braun, Erzsebet 15.10.1905 Pestszenterszebet MaNa.: Erlich Wohnort: Pesterszebet Deportation: Budapest: Ravensbrück: RavNo.: **Venusberg**: 15.01.1945 FloNo.: 61811 HaftKat.: Jüdin Nation: Ungarn **Todestag**: 1945 Ort: Quelle: PoT YV, FloNB YV Item ID: 1386706	**Braun, Hildegard** 17.01.1919 Wohnort: Deportation: Bergen Belsen: BeBeNo.: **Dresden Reick**: 25.02.1945 FloNo.: 62676 HaftKat.: Jüdin Nation: Ungarn **Todestag**: 22.03.1945 Ort: Dresden Bestattung: 22.03.1945 Abmeldung: 03.04.1945 Quelle: FloNB, Tolkewitz	**Braun, Klara** 29.10.1925 Kóka Wohnort: Budapest Deportation: Budapest: Ravensbrück: RavNo.: **Venusberg**: 15.01.1945 FloNo.: 61810 HaftKat.: Jüdin Nation: Ungarn **Todestag**: 1945 Ort: Quelle: PoT YV, FloNB YV Item ID: 1938571
Breier, Margit 11.10.1900 Aszod MaNa.: Bleier Wohnort: Aszod Deportation: Auschwitz: AuNo.: Bergen Belsen: BeBeNo.: **Dresden Reick**: 25.02.1945 FloNo.: 62677 HaftKat.: Jüdin Nation: Ungarn **Todestag**: 1945 Ort: Todeserklärung: 15.06.44 Quelle:FloNB,YV Item ID: 5821582, 6516882, 6520184	**Bril, Eugenie Nicolette** 26.06.1926 Rotterdam Wohnort: Deportation: Westerbork: bis 04.09.1944 Theresienstadt: 06.09.1944 Auschwitz: 06.10.1944 [En] AuNo.: keine Tätowierung **Freiberg**: 12.10.1944 FloNo.: 53958 HaftKat.: Jüdin Nation: Niederlande Befreiung: Mauthausen **Todestag**: 11.06.1945 Ort: Mainau Friedhof: Rotterdam Quelle: OGS, FloNB	**Broder, Estera Hadasa** 20.03.1900 Krakau MaNa.: Schindler Wohnort: Krakau Deportation: September 44 Krakau-Plaszow: **Flossenbürg**: bis 18.10.44 FloNo.: 52917 HaftKat.: Jüdin Nation: Polen Ravensbrück: 19.10.1944 RavNo.: 78821 **Todestag**: 26.11.1944 Ort: Ravensbrück Quelle: FloNB, Köhler, YV Item ID: 10330510

<table>
<tr>
<td>Bronner, Nelli
28.11.1925 Sosnowice

Wohnort: Sosnowitz
Deportation:

Groß Rosen:
GrRosNo.:
Flossenbürg: 08.03.1945
FloNo.: 64174
HaftKat.: Jüdin
Nation: Polen
Bergen Belsen: [17.03.45]
BeBeNo.:
Todestag: 1945 [?]
Ort: Bergen Belsen [?]

Quelle: BBMB, FloNB</td>
<td>Bruck, Agnes
11.03.1906

Wohnort: Kisber
Deportation:

Bergen Belsen:
BeBeNo.:
Dresden Reick: 25.02.1945
FloNo.: 62678
HaftKat.: Jüdin
Nation: Ungarn

Todestag: 1945
Ort: nicht Bergen-Belsen!

Quelle : FloNB, YV PoT
YV Item ID : 350626</td>
<td>Brummer, Irsa
24.10.1920

Wohnort:
Deportation:

Grünberg [GrRos]:
GrRosNo.:
Helmbrechts: 06.03.1945
FloNo.: 63525
HaftKat.: Jüdin
Nation: Ungarn

Todestag: 1945
Ort: Helmbrechts
Abmeldung: 26.03.1945
Quelle: FloNB</td>
</tr>
<tr>
<td>Brunner, Sisla
10.04.1918
[AltNa.: Brumer ?]
Wohnort:
Deportation:

Grünberg [GrRos]:
GrRosNo.:
Zwodau: 06.03.1945
FloNo.: 64989
HaftKat.: Jüdin
Nation: Polen
Todestag: 1945
Ort: Zwodau
Abmeldung: 16.03.1945
Quelle: FloNB</td>
<td>Bruschinski, Ursula
29.05.1927 Konraden
[AltNa.: Brezinski]
Wohnort:
Deportation:

Auschwitz: 16.04.1944
AuNo.: Z-10436
Ravensbrück:
RavNo.:
Wolkenburg: 21.08.1944
FloNo.: 50067
HaftKat: Zig.
Nation: Deutsches Reich
Todestag: 24.03.1945
Ort: Wolkenburg

Quelle: Aas, FloNB, MBG</td>
<td>Budai, Magdolna
07.03.1920 Budapest [03.07.]

Wohnort:
Deportation:

Budapest:
Ravensbrück:
RavNo.:
Venusberg: 15.01.1945
FloNo.: 61819
HaftKat.: Jüdin
Nation: Ungarn
Todestag: 1945
Ort:

Quelle: PoT YV, FloNB
YV Item ID: 1899349</td>
</tr>
</table>

<table>
<tr>
<td>Cala, Ester
15.01.1917 Lodz

Wohnort: Lodz
Adresse: Basar Gasse 7
Deportation:
Ghetto Lodz:

Bergen Belsen:
BeBeNo.:
Mehltheuer: 02.12.1944
FloNo.: 59478
HaftKat.: Jüdin
Nation: Polen
Befreiung: Mehltheuer
Todestag: 1945
Ort: Feldafing/München
Quelle: PoT YV, FloNB,
YV Item ID: 506554</td>
<td>Capelluto, Violetta
01.04.1926 Rhodos

Wohnort: Rhodos
Deportation: 23.07.1944
Athen: 03.08.1944
Auschwitz: 16.08.1944
AuNo.: [A-24215 – A-24468]
Dachau: 26./27.10.1944
DaNo.: 119951
Bergen Belsen: 17.12.1944
BeBeNo.:
Venusberg: 28.02.1945
FloNo.: 62909
HaftKat.: Jüdin
Nation: Italien
Befreiung: Mauthausen
Todestag: nach Befreiung
Ort: Mauthausen
Quelle: PiFa, FloNB</td>
<td>Chajmowicz, Dwojra
29.10.1897 Lodz
MaNa.: Kiwok
Wohnort: Lodz
Sulzfelder Str. 19F31
Deportation:
Ghetto Lodz:

Auschwitz:
AuNo.: keine Tätowierung
Freiberg: 02.09.1944
FloNo.: 53460
HaftKat.: Jüdin
Nation: Polen
Befreiung: Mauthausen
Todestag: 13.05.1945
Ort: Mauthausen
Quelle: PoT YV, FloNB
YV Item ID: 3610895</td>
</tr>
<tr>
<td>Chilarzewska, Krystyna
20.12.1925 Ciechanów

Wohnort:
Deportation:

Ravensbrück:
RavNo.:
Holleischen: [01.09.1944]
FloNo.: 50505
HaftKat.: Politisch
Nation: Polen
Flossenbürg:
Exekution:
Ort:
Abmeldung: 17.01.1945
Quelle : FloNB, RGB</td>
<td>Ciner, Marta
26.10.1905 Gyor

Wohnort:
Deportation:

Bergen Belsen:
BeBeNo.:
Venusberg: 28.02.1945
FloNo.: 62913
HaftKat.: Jüdin
Nation: Ungarn
Todestag:
Ort:

Quelle: FloNB
YV Item ID : 6557736</td>
<td>Cohen, Betsie
22.08.1910 Amsterdam
MaNa.: Cauveren
Wohnort:
Deportation:
Westerbork: bis 23.03.1944
Auschwitz: 25.03.1944
AuNo.: [76076 – 76131]
Bergen Belsen:
BeBeNo.:
Venusberg: 28.02.1945
FloNo.: 62916
HaftKat.: Jüdin
Nation : Niederlande
Todestag: spät.10.05.1945
Ort: Mitteleuropa

Quelle: OGS, FloNB</td>
</tr>
</table>

Cornillon, Gilberte 23.07.1920 Auxy Wohnort: Deportation: Paris: Saarbrücken: 18.07.1944 [Neue Bremm] Ravensbrück: 29.07.1944 RavNo.: 47335 **Zwodau**: **Neu Rohlau**: 02.04.1945 FloNo.: 65230 HaftKat.: Politische Nation: Frankreich **Todestag**: 1945 Ort : Quelle : LDF, FloNB	**Couegnas, Georgette** 15.02.1923 Puy Judeau Wohnort: Deportation: Ravensbrück: RavNo.: **Zwodau**: **Neu Rohlau**: 02.04.1945 FloNo.: 65232 HaftKat.: Z.A. Nation: Frankreich **Todestag**: 1945 Ort : Quelle : LDF, FloNB	**Cytryn, Chana Rywka** 20.07.1923 Lodz [1924] Wohnort: Lodz Mühl Gasse 27F16 Deportation: Ghetto Lodz: Auschwitz: AuNo.: **Oederan**: 09.10.1944 FloNo.: 54607 HaftKat.: Jüdin Nation: Polen **Todestag**: 05.02.1945 Ort: Oederan Bestattung: 07.02.1945 Abmeldung: 16.02.1945 Quelle : FloNB, Lodz
Czeizler, Magdolna *Magda* 28.09.1928 Borsod [AltNa.: Zeisler] [# ledig] Wohnort: Miskolc, Vörösmarty Ucca 60 Deportation: Miskolc Ghetto Auschwitz Juni/Juli1944? AuNo.: Grünberg [GrRos]: GrRosNo.: **Zwodau**: 06.03.1945 FloNo.: 65132 HaftKat.: Jüdin Nation: Ungarn **Todestag**: 1945 Ort: unbekannt Quelle: FloNB, PoT YV Item ID: 986761 u.a.	**Czpakowska, Wiktoria** 08.12.1893 Okrglik MaNa. : Kucharska Wohnort : Deportation : Ravensbrück : RavNo. : **Zwodau** : **Neu Rohlau** : 02.04.1945 FloNo. : 65241 HaftKat.: Z.A. Nation: Polen **Todestag**: 1945 Ort: Neu Rohlau Abmeldung: 12.04.1945 Quelle: FloNB	**Dafner, Zofia** [Zelda] 12.12.1923 Slawkow Wohnort: Slawkow Deportation: Grünberg [GrRos]: GrRosNo.: **Helmbrechts**: 06.03.1945 FloNo.: 63534 HaftKat.: Jüdin Nation: Polen **Todestag**: 1945 Ort: Volary Friedhof: Volary [77.] Quelle: PoT YV, Volary, FloNB YV Item ID: 980004, 6694637

Daskal, Margit 09.07.1929 Wohnort: Deportation: Grünberg [GrRos]: GrRosNo.: **Zwodau**: 06.03.1945 FloNo.: 64990 HaftKat.: Jüdin Nation: Ungarn **Todestag**: 1945 Ort: Zwodau Abmeldung: 28.03.1945 Quelle: FloNB	**David, Sarolta** [~1925] Bikcsad Wohnort: Deportation: Auschwitz: AuNo.: **Zschopau**: 25.11.1944 FloNo.: 60932 HaftKat.: Jüdin Nation: Ungarn **Todestag**: 1945 Ort: Zschopau Abmeldung: 05.04.1945 Quelle: FloNB, Cziborra	**Dawidowits, Margit** 26.06.1926 Wohnort: Kabala Csarda Sziget Deportation: Grünberg [GrRos]: GrRosNo.: **Zwodau**: 06.03.1945 FloNo.: 64991 HaftKat.: Jüdin Nation: Ungarn **Todestag**: 1945 Ort: Friedhof: Volary [80.] Quelle: Volary, FloNB YV Item ID: 6694670
Dawidowits, Rosa 12.10.1917 Wohnort: Deportation: Grünberg [GrRos]: GrRosNo.: **Helmbrechts**: 06.03.1945 FloNo.: 63542 HaftKat.: Jüdin Nation: Ungarn **Todestag**: 1945 Ort: Helmbrechts Abmeldung: 03.04.1945 Quelle: FloNB Vgl. YV Item ID: 6601234	**Dawidowits, Sari** 15.11.1925 Wohnort: Deportation: Grünberg [GrRos]: GrRosNo.: **Zwodau**: 06.03.1945 FloNo.: 64992 HaftKat.: Jüdin Nation: Ungarn **Todestag**: 1945 Ort: Zwodau Abmeldung: 02.04.1945 Quelle: FloNB	**De Groot, Antje Margaretha** 24.10.1917 Rotterdam Wohnort: Deportation: Auschwitz: 07.04.1944 AuNo.: [76534 – 76600] Bergen Belsen: BeBeNo.: **Venusberg**: 28.02.1945 FloNo.: 62995 HaftKat.: Jüdin Nation: Niederlande **Todestag**: 1945 Ort: Venusberg Abmeldung: 23.03.1945 Quelle: FloNB, OGS

De Leve, Dina *Dineke* 16.10.1919 Groningen MaNa.: Cohen Wohnort: Rotterdam Deportation: Westerbork: bis 31.07.1944 Theresienstadt: 02.08.1944 Auschwitz: 03.10.1944 [Em] AuNo.: keine Tätowierung **Freiberg**: 12.10.1944 FloNo.: 54378 HaftKat.: Jüdin Nation: Niederlande Mauthausen: 29.04.1945 **Todestag**: 29.04.45 Ort: Mauthausen [nicht 20.03.] [beim ersten Appell nach Ankunft] Quelle: OGS, PoT YV, Scheuer 112 YV Item ID : 1869280	**De Vries, Sara** 08.01.1891 Zierikzee MaNa.: van Kloeten Wohnort: Haarlem Adresse: Zaanenlaan Deportation: Westerbork: bis 03.09.1944 Auschwitz: 05.09.1944 AuNo.: [A-25060 – A-25271] Bergen Belsen: BeBeNo.: **Venusberg**: 28.02.1945 FloNo.: 63253 HaftKat.: Jüdin Nation: Niederlande **Todestag**: 1945 Ort: nicht Auschwitz! Quelle: OGS, FloNB, PoT YV Item ID: 5679489	**Degroeve, Clémence Rivale** 29.04.1903 Molenbeck MaNa.: Vanderstraeten Wohnort: Deportation: Ravensbrück: RavNo.: **Zwodau**: **Neu Rohlau**: 02.04.1945 FloNo.: 65246 HaftKat.: Sch.H. Nation: Belgien **Todestag**: 25.04.1945 Ort: Beim Todesmarsch Quelle: RGB, FloNB
Dekany, Ilona 08.11.1901 Wohnort: Budapest Deportation: Budapest: Dachau: 24.11.1944 DaNo.: 132152 Bergen Belsen: 17.12.1944 BeBeNo.: **Dresden Reick**: 25.02.1945 FloNo.: 62682 HaftKat.: Jüdin Nation: Ungarn **Todestag**: 1945 Ort: Dresden Abmeldung: 05.03.1945 Quelle : FloNB, PoT ? Vgl. YV Item ID: 365058	**Derblich, Johanna** [Jana] 10.08.1902 MaNa.: Tuszing Wohnort: Deportation: Prag-Lodz: 21.10.1941 Adresse: Sulzfelder 32F10 Neusalz [GrRos]: GrRosNo.: **Flossenbürg**: 08.03.1945 FloNo.: 64199 HaftKat.: Jüdin Nation: Tschechoslowakei Bergen Belsen: [17.03.45] BeBeNo.: Befreiung: Bergen Belsen **Todestag**: 20.06.1945 Ort: Bergen Belsen Quelle: BBMB, FloNB	**Deutsch, Judith** 10.02.1927 Wohnort: Deportation: Auschwitz: AuNo.: **Zschopau**: 25.11.1944 FloNo.: 60939 HaftKat.: Jüdin Nation: Ungarn Theresienstadt: ~21.04.1945 **Todestag**: 02.05.1945 Ort: Theresienstadt Quelle : TDB, FloNB

<table>
<tr>
<td>**Döpping, Melitta**
29.07.1917 Erfurt
MaNa.: Trautvetter
Wohnort:
Deportation:

Ravensbrück: 01.09.1943
RavNo.: 22483
Zwodau: [01.09.1944]
FloNo.: 51078
HaftKat.: Aso
Nation: Deutsches Reich

Todestag:
Ort: Zwodau
Abmeldung: 13.04.1945
Quelle: FloNB, RGB</td>
<td>**Dubra, Jelena**
06.02.1925 Rodiki

Wohnort:
Deportation:

Lublin Majdanek:
Ravensbrück: 14.03.1944
RavNo.: 31089
Zwodau:
Neu Rohlau: 02.04.1945
FloNo.: 65256
HaftKat.: Z.A.
Nation: Russland

Todestag: 1945
Ort: Neu Rohlau
Abmeldung: 14.04.1945
Quelle: FloNB</td>
<td>**Dubreuil, Genevièvc**
29.01.1924 Petit-Palais

Wohnort:
Deportation:
Bordeaux: bis 09.08.1944
Dachau: 28.08.1944
DaNo.: 93848
Ravensbrück: 02.09.1944
RavNo.: 62441
Neu Rohlau: 21.11.1944
FloNo.: 58292
HaftKat.: Sch.H.
Nation: Frankreich
Dresden Goehle: 28.01.45
Todestag: 1945
Ort:

Quelle: LDF, FloNB</td>
</tr>
<tr>
<td>**Dumalsky, Ilse**
16.01.1920 Berlin

Wohnort:
Deportation:

Ravensbrück: 15.09.1944
RavNo.: 69411
Dresden: 09.10.1944
[**Dresden Universelle**]
FloNo.: 57318
HaftKat.: Sch.
Nation: Deutsches Reich
Flossenbürg:
Exekution: 1944
Ort: Flossenbürg
Abmeldung: 29.11.1944
Quelle: FloNB</td>
<td>**Durand, Marie Louise**
15.05.1925 Germains les M.

Wohnort:
Deportation:

Ravensbrück: 15.08.1944
RavNo.: 57508
[Königsberg]
Leitmeritz: [‚06.04.1945’]
FloNo.: nicht registriert
PriCat.: Sch.
Nation: Frankreich

Todestag: 12.03.1945
Ort: Leitmeritz

Quelle: RGB182</td>
<td>**Dziemieczyk, M.**
30.03.1924 Strubnica

Wohnort:
Deportation:

Ravensbrück:
RavNo.:
Holleischen: [01.09.1944]
FloNo.: 50844
HaftKat.: Politische
Nation: Russland
Befreiung: Holleischen
Todestag: 1945
Ort: Holleischen

Quelle: FloNB, Jiri Fiser</td>
</tr>
</table>

Ebbe, Dora *Dorle* 07.11.1928 Wiesbaden Wohnort: Bendzin Deportation: Ravensbrück: RavNo.: Grünberg [GrRos]: GrRosNo.: **Helmbrechts**: 06.03.1945 FloNo.: 63548 HaftKat.: Jüdin Nation: Deutsches Reich Befreiung: Volary **Todestag**: 16.11.1945 Ort: Volary [Tuberkulose] Friedhof: Volary Quelle: PoT YV, FloNB YV Item ID: 1888741	**Eckel, Klara** 07.02.1920 Zolanjhely Wohnort: Deportation: Budapest: Ravensbrück: RavNo.: **Venusberg**: 15.01.1945 FloNo.: 61841 HaftKat.: Jüdin Nation: Ungarn Befreiung: Mauthausen **Todestag**: 08.06.1945 Ort: Mauthausen [Typhus] Quelle: FloNB YV Item ID : 6560690	**Ecker, Olga** 15.09.1924 Satoraljaujhely [AltDa.:15.01.1924][1926] Wohnort: Deportation: Satoraljaujhely Neusalz [GrRos]: GrRosNo.: **Flossenbürg**: 08.03.1945 FloNo.: 64213 HaftKat.: Jüdin Nation: Ungarn Bergen Belsen: [17.03.45] BeBeNo.: Befreiung: Bergen Belsen Schweden: 24.07.1945 **Todestag**: 18.08.1945 Ort: Norrköping Quelle: FloNB, USHMM PoT YV Item ID: 1039632 Item ID: 7309361
Eckert, Hilda 01.05.1920 Wohnort: Rzeszow Deportation: Bergen Belsen: BeBeNo.: **Venusberg**: 28.02.1945 FloNo.: 63331 HaftKat.: Jüdin Nation: Polen Mauthausen: **Todestag**: 1945 Ort: Mauthausen Quelle: FloNB, PoT YV Item ID: 1380556	**Eckstein, Zsuzsanna** 07.09.1928 Budapest Wohnort: Budapest Deportation: Budapest Ravensbrück: RavNo.: Freiburg [GrRos]: 12.01.45 GrRosNo.: 94063 **Zwodau**: 26.02.1945 FloNo.: 63378 HaftKat.: Jüdin Nation: Ungarn **Todestag**: 1945 Ort: Friedhof: Volary [1.] Quelle: Volary, FloNB YV Item ID: 6542084	**Edermann, Livia** 16.02.1916 Wohnort: Deportation: Ravensbrück: RavNo.: Freiburg [GrRos]: 12.01.45 GrRosNo.: 94108 **Zwodau**: 26.02.1945 FloNo.: 63380 HaftKat.: Jüdin Nation: Ungarn **Todestag**: 1945 Ort: Zwodau Abmeldung: 13.04.1945 Quelle: FloNB, ITS

Ehrenfried, Gitla Lea 10.03.1924 [1923 Olkusz] [AltNa.: Gucia, Gita] Wohnort: Cselady Deportation: Oberschlesien Grünberg [GrRos]: GrRosNo.: **Helmbrechts**: 06.03.1945 FloNo.: 63553 HaftKat.: Jüdin Nation: Polen Befreiung: Volary **Todestag**: 1945 Ort: Friedhof: Volary [73.] Quelle: PoT YV, FloNB YV Item ID: 3965365, 6694398	**Ehrenthal, Piroska** 18.03.1905 Sala [1914] MaNa.: Abrahamson Wohnort: Bratislava Deportation: Bratislava Sered: Auschwitz: AuNo.: keine Tätowierung **Freiberg**: 12.10.1944 FloNo.: 53991 HaftKat.: Jüdin Nation: Slowakei **Todestag**: 1945 Ort: Mauthausen Quelle: FloNB, PoT YV Item ID: 1334222	**Ehrlich, Mascha** 12.05.1898 Dzialosyze MaNa.: Kolatach Wohnort: Lodz Deportation: Ghetto Lodz Auschwitz: AuNo.: keine Tättowierung Stutthof: 03.09.1944 StuNo.: 82096 Dresden: 29.11.1944 **[Dresden Bernsdorf]** FloNo.: 59689 HaftKat.: Jüdin Nation: Polen **Todestag**: Ort: Dresden Bestattung: 15.01.1945 Abmeldung: 26.01.1945 Quelle: FloNB, Tolkewitz PoT YV Item ID: 1083684
Eichler, Edit 05.03.1920 Wohnort: Deportation: Bergen Belsen: 17.12.1944 BeBeNo.: **Dresden Reick**: 25.02.1945 FloNo.: 62689 HaftKat.: Jüdin Nation: Ungarn **Todestag**: 30.03.1945 Ort: Dresden Bestattung: 31.03.1945 Abmeldung: ohne Quelle: FloNB, Tolkewitz	**Eisenberger, Olga** 03.03.1914 Kisverseny Wohnort: Deportation: Ravensbrück: RavNo.: **Venusberg**: 15.01.1945 FloNo.: 61842 HaftKat.: Jüdin Nation: Ungarn Mauthausen: **Todestag**: 1945 Ort: Mauthausen Quelle : FloNB YV Item ID: 7306906	**Eisler, Aranka** 26.12.1910 Wohnort: Deportation: Grünberg [GrRos]: GrRosNo.: **Helmbrechts**: 06.03.1945 FloNo.: 63558 HaftKat.: Jüdin Nation: Ungarn **Todestag**: 1945 Ort: Helmbrechts Abmeldung: 20.03.1945 Quelle: FloNB

<table>
<tr>
<td>Elbaum, Rosa
18.07.1924 Csieser

Wohnort:
Deportation:

Auschwitz:
AuNo.:
Nürnberg: 18.10.1944
FloNo.: 55813
HaftKat.: Jüdin
Nation: Ungarn
Holleischen:
Todestag: spät. 20.03.1945
Ort: Holleischen
Abmeldung: 24.03.1945
Quelle: FloNB, Jiri Fiser</td>
<td>Elissewa, Tamara
28.03.1922 Sima

Wohnort:
Deportation:

Ravensbrück: 27.08.1944
RavNo.: 73004
Dresden: 09.10.1944
[Dresden Universelle]
FloNo.: 57324
HaftKat.: Z.A.
Nation: Russland
Flossenbürg:
Exekution:
Ort: Flossenbürg
Abmeldung: 03.01.1945
Quelle: FloNB</td>
<td>Ellenbogen, Paula
25.04.1922

Wohnort:
Deportation:

Grünberg [GrRos]:
GrRosNo.:
Helmbrechts: 06.03.1945
FloNo.: 63560
HaftKat.: Jüdin
Nation: Ungarn

Todestag: 1945
Ort: Helmbrechts
Abmeldung: 14.03.1945
Quelle: FloNB</td>
</tr>
<tr>
<td>Elovic, Gisela
23.07.1910 Bardejov [1919]

Wohnort:
Deportation:

Sered:
Auschwitz:
AuNo.: keine Tätowierung
Freiberg: 12.10.1944
FloNo.: 53985
HaftKat.: Jüdin
Nation: Slowakei
Befreiung: Mauthausen
Todestag: 22.10.1945
Ort: Katsdorf
Bestattung: 22.10.1945
Quelle: FloNB, Katsdorf</td>
<td>Elovic, Regina
09.09.1914 Bardejov

Wohnort:
Deportation:

Sered:
Auschwitz:
AuNo.: keine Tätowierung
Freiberg: 12.10.1944
FloNo.: 53984
HaftKat.: Jüdin
Nation: Slowakei

Todestag: spät. 24.11.1944
Ort: Freiberg
Abmeldung: 26.11.1944
Quelle: FloNB, Düsing</td>
<td>Emden, Marie
22.09.1917 Amsterdam
MaNa.: van Neter
Wohnort:
Deportation:
Westerbork: bis 04.09.1944
Theresienstadt: 06.09.1944
Auschwitz: 03.10.1944 [Em]
AuNo.:
Groß Rosen:
GrRosNo.:
Helmbrechts: 06.03.1945
FloNo.: 63561
HaftKat.: Jüdin
Nation: Niederlande
Todestag: [spät. 31.05.45]
Ort: Mitteleuropa

Quelle: OGS, FloNB</td>
</tr>
</table>

Engel, Estera 18.05.1917 Belchatow Wohnort: Lodz Deportation: Ghetto Lodz Auschwitz: AuNo.: Stutthof: 03.09.1944 StuNo.: 83735 Dresden: 29.11.1944 **[Dresden Bernsdorf]** FloNo.: 59693 HaftKat.: Jüdin Nation: Polen **Todestag**: 25.12.1944 Ort: Dresden Bestattung: [30.06.1950] Abmeldung: 03.01.1945 Quelle: FloNB, Tolkewitz	**Engel, Rosi** 31.08.1920 Wohnort: Deportation: Grünberg [GrRos]: GrRosNo.: **Zwodau** : 06.03.1945 FloNo.: 64999 HaftKat.: Jüdin Nation: Ungarn **Todestag**: 1945 Ort: Zwodau Abmeldung: 28.03.1945 Quelle: FloNB	**Erdfrucht, Rosa** [Ruchla] 02.01.1917 Klimontow Wohnort: Deportation: Auschwitz: AuNo.: **Zschopau**: 25.11.1944 FloNo.: 60952 HaftKat.: Jüdin Nation: Polen Befreiung: Theresienstadt **Todestag**: 13.08.1945 Ort: Theresienstadt Quelle : TDB, FloNB
Erdös, Livia 03.07.1923 Budapest [07.03] Wohnort: Deportation: Budapest: Dachau: 24.11.1944 DaNo.: 132139 Bergen Belsen: 17.12.1944 BeBeNo.: **Venusberg**: 28.02.1945 FloNo.: 62951 HaftKat.: Jüdin Nation: Ungarn **Todestag**: 1945 Ort: Venusberg Abmeldung: 26.03.1945 Quelle: FloNB YV Item ID: 5840840	**Ernst, Hedwig** 02.04.1926 Wohnort: Deportation: Ravensbrück: RavNo.: Freiburg [GrRos]: 12.01.45 GrRosNo.: 94113 **Zwodau**: 26.02.1945 FloNo.: 63381 HaftKat.: Jüdin Nation: Ungarn **Todestag**: 1945 Ort: Zwodau Abmeldung: 06.04.1945 Quelle: FloNB, ITS	**Eschemann, Rosa** 30.08.1901 Hittersee MaNa.: Ledwig Wohnort: Deportation: Ravensbrück: 25.08.1944 RavNo.: 60446 **Zwodau**: [01.09.1944] FloNo.: 52680 HaftKat.: Aso. Nation: Deutsches Reich **Todestag**: Ort: Zwodau Abmeldung: 16.01.1945 Quelle: FloNB

Eymard, Simone 30.10.1904 Montélimar MaNa.: Soubyrand Wohnort: Deportation: Paris: bis 18.04.1944 Ravensbrück: 22.04.1944 RavNo.: 35152 **Holleischen**: [01.09.1944] FloNo.: 50701 HaftKat.: Politische Nation: Frankreich **Todestag**: Ort: Quelle : LDF, FloNB	**Fabianowicz, Ester** 25.04.1895 [10.10.] Plotkineraga Wohnort: Paris Deportation: Drancy: bis 30.06.1944 [76] Auschwitz: 04.07.1944 AuNo.: [A-8508 – A-8730] Bergen Belsen: BeBeNo.: **Venusberg**: 28.02.1945 FloNo.: 62952 HaftKat.: Jüdin Nation: Russland [Frankr.] **Todestag**: 1945 Ort: Venusberg Abmeldung: 26.03.1945 Quelle: FloNB, PoT YV Item ID: 1021187	**Falkenheim, Clara** 10.10.1903 Alexandrow MaNa.: Leiserowitz Wohnort: Köln Deportation: Auschwitz: AuNo.: Bergen Belsen: BeBeNo.: **Dresden Reick**: 25.02.1945 FloNo.: 62690 HaftKat.: Jüdin Nation: Frankreich **Todestag**: 1945 Ort: Quelle: FloNB, Zucker YV Item ID: 3798095
Falkenheim, Jeanette 03.03.1927 Frankfurt a.M. [AltDa.: 30.03.1927] Wohnort: Köln Deportation: Lyon: bis 11.08.1944 Auschwitz: 22.08.1944 AuNo.: Bergen Belsen: BeBeNo.: **Dresden Reick**: 25.02.1945 FloNo.: 62691 HaftKat.: Jüdin Nation: Frankreich **Todestag**: 1945 Ort: Quelle: FloNB, Zucker YV Item ID: 1136693	**Farago, Emma** 02.07.1913 Szolnok MaNa.: Gera Wohnort: Budapest Deportation: Bergen Belsen: BeBeNo.: **Venusberg**: 28.02.1945 FloNo.: 63299 HaftKat.: Jüdin Nation: Ungarn **Todestag**: 1945 Ort: Venusberg Abmeldung: 29.03.1945 Quelle: FloNB, HUNHDC YV Item ID: 5803957	**Fauchart, Henriette** 04.04.1907 Roubaix Wohnort: Deportation: Paris: Saarbrücken: 06.07.1944 [Neue Bremm] Ravensbrück: RavNo.: **Zwodau**: **Neu Rohlau**: 02.04.1945 FloNo.: 65271 HaftKat.: Politische Nation: Frankreich **Todestag**: 18.04.1945 Ort: Saaz [Zatec] Quelle: LDF, FloNB

Fedasiuk, Wlaska [?] 13.05.1912 Rakowczyk Wohnort : Deportation: Auschwitz: AuNo.: **Mittweida**: 09.10.1944 FloNo.: 55310 HaftKat.: Z.A. Nation: Polen **Todestag**: 1945 Ort: Mittweida Abmeldung: 13.04.1945 Quelle: FloNB	**Federgrün, Roza** 29.03.1897 [‚1910'] Krakau MaNa.: Bober Wohnort: Krakau Deportation: Bergen Belsen: BeBeNo.: **Venusberg**: 28.02.1945 FloNo.: 62954 HaftKat.: Jüdin Nation: Polen **Todestag**: 1945 Ort: Venusberg Abmeldung: 31.03.1945 Quelle: FloNB YV Item ID: 10577253	**Federmann, Sonja** 06.07.1918 Wohnort: Lodz Deportation: Grünberg [GrRos]: GrRosNo.: **Helmbrechts**: 06.03.1945 FloNo.: 63574 HaftKat.: Jüdin Nation: Polen **Todestag**: 1945 Ort: Friedhof: Volary Quelle: Volary, FloNB, YV Item ID: 6692987
Feher, Eva 17.08.1921 Gyor Wohnort: Gyor Adresse: Andrassy ut 96 Deportation: Grünberg [GrRos]: GrRosNo.: **Helmbrechts**: 06.03.1945 FloNo.:63575 HaftKat.: Jüdin Nation: Ungarn **Todestag**: 1945 Ort: Helmbrechts Abmeldung: 04.04.1945 Quelle: FloNB, PoT YV Item ID: 5376862	**Feher, Lili** 19.11.1906 Wohnort: Deportation: Bergen Belsen: BeBeNo.: **Dresden Reick**: 25.02.1945 FloNo.: 62694 HaftKat.: Jüdin Nation: Ungarn **Todestag**: 1945 Ort: Dresden Abmeldung: 21.03.1945 Quelle: FloNB	**Feifkopf, Regina** 06.10.1921 oder 22.10.1925 Wohnort: Deportation: Grünberg [GrRos]: GrRosNo.: **Helmbrechts oder Zwodau** FloNo.: [63569 oder 65005] HaftKat.: Jüdin Nation: Ungarn oder Polen **Todestag**: 1945 Ort: Friedhof: Volary Quelle: Volary, FloNB

<table>
<tr>
<td>Feig, Helene
15.02.1919

Wohnort:
Deportation:

Grünberg [GrRos]:
GrRosNo.:
Helmbrechts: 06.03.1945
FloNo.: 63577
HaftKat.: Jüdin
Nation: Ungarn

Todestag: 1945
Ort: Helmbrechts
Abmeldung: 04.04.1945
Quelle: FloNB</td>
<td>Feld, Rosa
27.08.1921

Wohnort: Kalisz
Deportation:

Ghetto Lodz:
Auschwitz:
AuNo.: keine Tätowierung
Freiberg: 12.10.1944
FloNo.: 53704
HaftKat.: Jüdin
Nation: Polen
Befreiung: Mauthausen

Todestag: 08.10.1945
Ort: Katsdorf
Bestattung: 10.10.1945
Quelle: FloNB, Katsdorf</td>
<td>Felszeghi, Ibolia
04.03.1926

Wohnort:
Deportation:

Auschwitz:
AuNo.:
Hertine: 10.10.1944
FloNo.: 54654
HaftKat.: Jüdin
Nation: Ungarn
Ravensbrück: 16.01.1945
RavNo.: 97179
Vergast: 06.04.1945
Ort: Ravensbrück

Quelle : RGB, FloNB</td>
</tr>
<tr>
<td>Fenyves, Eva
04.12.1920 Nagysaros

Wohnort: Budapest
Deportation: Budapest
Csengery 64, Budapest VI
Dachau: 24.11.1944
DaNo.: 131659
Bergen Belsen: 17.12.1944
BeBeNo.:
Venusberg: 28.02.1945
FloNo.: 63294
HaftKat.: Jüdin
Nation: Ungarn

Todestag: 1945
Ort: Mauthausen

Quelle: FloNB
YV Item ID: 9325212</td>
<td>Feuerstein, Helene
10.08.1920

Wohnort:
Deportation:

Grünberg [GrRos]:
GrRosNo.:
Helmbrechts: 06.03.1945
FloNo.: 63596
HaftKat.: Jüdin
Nation: Ungarn

Todestag: 1945
Ort: Helmbrechts
Abmeldung: 08.04.1945
Quelle: FloNB</td>
<td>Fiedler, Regina Relly
30.10.1900 Czernowitz

Wohnort: Berlin
Deportation:
Berlin:
Auschwitz: 06.09.1944
AuNo.: [A-25341- A-25355]
Bergen Belsen:
BeBeNo.:
Venusberg: 28.02.1945
FloNo.: 62959
HaftKat.: Jüdin
Nation: Deutsches Reich

Todestag: 20.03.1945
Ort: Venusberg
Abmeldung: 31.03.1945
Quelle: PoT YV, FloNB
YV Item ID: 1531489</td>
</tr>
</table>

Fischer, Germaine Andree 10.02.1897 Paris [AltDa.: 07.02.1898] MaNa.: Eisennemann Wohnort: Deportation: Drancy: bis 30.05.1944 [75] Auschwitz: 02.06.1944 AuNo.: [A-7065 – A-7198] Bergen Belsen: BeBeNo.: **Venusberg**: 28.02.1945 FloNo.: 62961 HaftKat.: Jüdin Nation: Frankreich **Todestag**: 1945 Place: Quelle: FloNB, Ministère de la défense: acte de disparition EC78036	**Fischer, Irma** 26.07.1905 Vamosmikula Wohnort: Budapest Deportation: Budapest: Dachau: 24.11.1944 DaNo.: 132405 Bergen Belsen: 17.12.1944 BeBeNo.: **Venusberg**: 28.02.1945 FloNo.: 62963 HaftKat.: Jüdin Nation: Ungarn **Todestag**: 1945 Ort: Quelle: FloNB, YV PoT YV Item ID: 3566285	**Fischer, Lolla** 04.04.1909 [Cadca?] [MaNa.: Blasenstein?] Wohnort: Deportation: [Cadca?]: Auschwitz: AuNo.: Bergen Belsen: BeBeNo.: **Venusberg**: 28.02.1945 FloNo.: 62964 HaftKat.: Jüdin Nation: Slowakei **Todestag**: 1945 Ort: Venusberg Abmeldung: 07.04.1945 Quelle: FloNB, PoT YV YV Item ID: 944898
Fischer, Sala 13.03.1925 Wohnort: Deportation: Grünberg [GrRos]: GrRosNo.: **Zwodau**: 06.03.1945 FloNo.: 65006 HaftKat.: Jüdin Nation: Polen **Todestag**: 1945 Ort: Zwodau Abmeldung: 28.03.1945 Quelle: FloNB	**Fischhofová, Ruzena Edita** 26.12.1928 Wohnort: Deportation: Prag [Cv] Theresienstadt: 06.03.1943 Auschwitz: 30.10.1944 [Ev] AuNo.: Bergen Belsen: BeBeNo.: **Venusberg**: 28.02.1945 FloNo.: 62965 HaftKat.: Jüdin Nation: Tschechoslowakei **Todestag**: 1945 Ort: Quelle: TDB, FloNB	**Fischof, Piroska** *Piros* 29.07.1921 Budapest Wohnort: Pestszenterzsebet Deportation: Ravensbrück: RavNo.: **Venusberg**: 15.01.1945 FloNo.: 61865 HaftKat.: Jüdin Nation: Ungarn **Todestag**: 1945 [nicht 15.08.44] Ort: unbekannt Quelle: HUNHDC, FloNB YV Item ID: 5803725, 6593714

Fischof, Veronika *Vera* 23.03.1924 Budapest Wohnort: Pestszenterzsebet Deportation: Ravensbrück: RavNo.: **Venusberg**: 15.01.1945 FloNo.: 61864 HaftKat.: Jüdin Nation: Ungarn **Todestag**: 1945 Ort: unbekannt Quelle: HUNHDC, FloNB YV Item ID: 5803725	**Fiszlinska, Bina** 02.03.1922 Wohnort: Deportation: Neusalz [GrRos]: GrRosNo.: **Flossenbürg**: 08.03.1945 FloNo.: 64271 HaftKat.: Jüdin Nation: Polen Bergen Belsen: [17.03.45] BeBeNo.: Befreiung: Bergen Belsen **Todestag**: [15.05.1945 ?] Ort: Bergen Belsen Quelle: BBMB, FloNB	**Fiszlinska, Chana** 08.12.1916 Wohnort: Deportation: Neusalz [GrRos]: GrRosNo.: **Flossenbürg**: 08.03.1945 FloNo.: 64272 HaftKat.: Jüdin Nation: Polen Bergen Belsen: [17.03.45] BeBeNo.: Befreiung: Bergen Belsen **Todestag**: [16.05.1945 ?] Ort: Bergen Belsen Quelle: BBMB, FloNB
Förster, Feigla 02.02.1919 Wohnort: Deportation: Grünberg [GrRos]: GrRosNo.: **Helmbrechts**: 06.03.1945 FloNo.:63607 HaftKat.: Jüdin Nation: Polen **Todestag**: 1945 Ort: Helmbrechts Abmeldung: 14.03.1945 Quelle: FloNB Vgl. YV Item ID: 1223519	**Fogel, Helene** 21.05.1924 Wohnort: Deportation: Grünberg [GrRos]: GrRosNo.: **Helmbrechts**: 06.03.1945 FloNo.: 63613 HaftKat.: Jüdin Nation: Ungarn **Todestag**: 1945 Ort: Helmbrechts Abmeldung: 04.04.1945 Quelle: FloNB	**Frank, Rosalia** *Roszi* 10.10.1921 Satu Mare [AltDa.: 12.05.1921] Wohnort: Deportation: Auschwitz: AuNo.: Pürschkau [GrRos]: Grünberg [GrRos]: GrRosNo.: **Helmbrechts**: 06.03.1945 FloNo.: 63616 HaftKat.: Jüdin Nation: Ungarn [Polen] Befreiung: Volary [Foto] **Todestag**: 1945 Ort: Volary [34.] Quelle: Volary, FloNB YV Item ID: 1931975

Frankenfeld, Ruth 09.09.1916 [Alt: Frankenfeldova Edita] Wohnort: Prag Deportation: Prag-Terezin: 06.03.1943 Auschwitz: 06.10.1944 [En] AuNo.: Grünberg [GrRos]: GrRosNo.: **Helmbrechts**: 06.03.1945 FloNo.: 63617 HaftKat.: Jüdin Nation: Ungarn / Tschechin **Todestag**: 1945 Ort: Helmbrechts Abmeldung: 03.04.1945 Quelle : FloNB, TDB	**Franz, Traute** 24.02.1917 Stolp MaNa.: Anton Wohnort: Deportation: Auschwitz: 24.02.1944 AuNo.: **Z-10001** Ravensbrück: RavNo.: 48782 **Wolkenburg**: 21.08.1944 FloNo.: 50021 HaftKat.: Zig. Nation: Deutsches Reich [Ravensbrück: 13.10.44 ?] **Todestag**: 13.10.1944 Ort: Wolkenburg Abmeldung: 17.10.1944 Quelle: FloNB, MBG, Aas	**Freundová, Truda** 12.05.1923 Olomouc MaNa.: Kohn Wohnort: Olomouc Deportation: Olomouc [Aao] Theresienstadt: 08.07.1942 Auschwitz: 25.10.1944 [Et] AuNo.: keine Tätowierung **Oederan**: 30.10.1944 FloNo.: 59218 HaftKat.: Jüdin Nation: Tschechoslowakei Bergen Belsen: 12.03.1945 BeBeNo.: **Todestag**: 1945 Ort: Bergen Belsen Quelle: PoT YV, TDB, FloNB YV Item ID: 576706
Fried, Edith 01.09.1923 Wohnort: Deportation: Grünberg [GrRos]: GrRosNo.: **Zwodau**: 06.03.1945 FloNo.: 65009 HaftKat.: Jüdin Nation: Ungarn **Todestag**: 1945 Ort: Zwodau Abmeldung: 13.04.1945 Quelle: FloNB	**Fried, Ilona** 07.03.1924 Wohnort: Deportation: Grünberg [GrRos]: GrRosNo.: **Helmbrechts**: 06.03.1945 FloNo.:63614 HaftKat.: Jüdin Nation: Ungarn **Todestag**: 1945 Ort: Helmbrechts Abmeldung: 08.04.1945 Quelle: FloNB	**Friedrich, Lilly** 07.04.1894 Osijek MaNa.: Stötter Wohnort: Wien Deportation: Gestapo Wien Auschwitz: Juni 1944 AuNo.: Bergen Belsen: BeBeNo.: **Venusberg**: 28.02.1945 FloNo.: 63353 HaftKat.: Jüdin Nation: Deutsches Reich Mauthausen: 29.04.1945 **Todestag**: Mai 1945 Ort: Mauthausen [zuletzt gesehen vgl. Todeserklärung] Quelle: DOEW, FloNB

<table>
<tr>
<td>**Fuchs, Krasel** / Karola
25.03.1906 [28.10.]
MaNa.: Horovitz
Wohnort: Lodz, Franz Str. 68F6A, Mühl Gasse 38F11
Deportation: Ghetto Lodz
Auschwitz:
AuNo.:
Stutthof: 03.09.1944
StuNo.: 82111
Dresden: 29.11.1944
[Dresden Bernsdorf]
FloNo.: 59707
HaftKat.: Jüdin
Nation: Polen
Todestag: 1945
Ort: [nicht Stutthof] Evak.

Quelle : FloNB, ZIH 301/3762</td>
<td>**Gamabus, Agnes**
17.05.1923 Budapest

Wohnort:
Deportation:

Budapest:
Ravensbrück:
RavNo.:
Venusberg: 15.01.1945
FloNo.: 61884
HaftKat.: Jüdin
Nation: Ungarn

Todestag: 1945
Ort: Venusberg
Abmeldung: 26.02.1945
Quelle: FloNB</td>
<td>**Gawlikowska, Wanda M.**
29.09.1916 Warthenau
MaNa.: Nowacka
Wohnort:
Deportation:

Auschwitz:
AuNo.:
Mittweida: 09.10.1944
FloNo.: 55325
HaftKat.: Z.A.
Nation: Polen
Ravensbrück: 15.01.1945
RavNo.: 97317
Todestag: 16.02.1945
Ort: Ravensbrück

Quelle: RGB, FloNB</td>
</tr>
<tr>
<td>**Gelb, Else**
21.11.1923

Wohnort:
Deportation:

Grünberg [GrRos]:
GrRosNo.:
Helmbrechts: 06.03.1945
FloNo.: 63635
HaftKat.: Jüdin
Nation: Ungarn

Todestag: 1945
Ort:
Friedhof: Volary [28.]
Quelle: FloNB, Volary
Vgl.YV Item ID: 781530 u.a.</td>
<td>**Gelb, Lili** [Lilly]
08.07.1912

Wohnort:
Deportation:

Grünberg [GrRos]:
GrRosNo.:
Zwodau: 06.03.1945
FloNo.: 65012
HaftKat.: Jüdin
Nation: Ungarn

Todestag: 1945
Ort:
Friedhof: Volary [41.]
Quelle: FloNB, Volary
Vgl. PoT YV Item ID: 1494960</td>
<td>**Gerhard, Vera**
11.02.1929 [02.10.]

Wohnort: Bielitz
Deportation:

Grünberg [GrRos]:
GrRosNo.:
Helmbrechts: 06.03.1945
FloNo.: 63641
HaftKat.: Jüdin
Nation: Polen
Befreiung: Volary
Todestag: 08.05.1945
Ort: Volary
Friedhof: Volary [27.]
Quelle: Volary, FloNB
YV Item ID: 6693443</td>
</tr>
</table>

Gesterede, Olga 10.02.1914 Wohnort: Deportation: Ravensbrück: RavNo.: Freiburg [GrRos]: 12.01.45 GrRosNo.: 94060 **Zwodau**: 26.02.1945 FloNo.: 63394 HaftKat.: Jüdin Nation: Ungarn **Todestag**: 1945 Ort: Zwodau Abmeldung: 06.04.1945 Quelle: FloNB	**Getz, Helene** 04.01.1920 Breslau Wohnort: Katowice Deportation: Kattowitz Neusalz [GrRos]: GrRosNo.: **Flossenbürg**: 08.03.1945 FloNo.: 64311 HaftKat.: Jüdin Nation: Polen Bergen Belsen: [17.03.45] BeBeNo.: **Todestag**: 1945 Ort: Quelle: PoT YV, FloNB YV Item ID: 3603851	**Getz, Ruth** 17.05.1913 Breslau Wohnort: Katowice Deportation: Kattowitz Neusalz [GrRos]: GrRosNo.: **Flossenbürg**: 08.03.1945 FloNo.: 64312 HaftKat.: Jüdin Nation: Polen Bergen Belsen: [17.03.45] BeBeNo.: **Todestag**: 1945 Ort: Quelle: PoT YV, FloNB YV Item ID: 3600607
Glasberg, Peska 30.11.1911 Wohnort: Deportation: Auschwitz: AuNo.: **Zschopau**: 25.11.1944 FloNo.: 61006 HaftKat.: Jüdin Nation: Polen **Todestag**: Ort: Zschopau Abmeldung: 18.01.1945 Quelle: FloNB	**Glück, Alice** 16.02.1921 Wohnort: Deportation: Bergen Belsen: BeBeNo.: **Dresden Reick**: 25.02.1945 FloNo.: 62703 HaftKat.: Jüdin Nation: Ungarn **Todestag**: 1945 Ort: Dresden Abmeldung: 08.04.1945 Quelle: FloNB Vgl. YV Item ID: 5021379	**Glück, Ilona** 10.11.1911 Wohnort: Deportation: Bergen Belsen: BeBeNo.: **Dresden Reick**: 25.02.1945 FloNo.: 62706 HaftKat.: Jüdin Nation: Ungarn **Todestag**: 1945 Ort: Dresden Abmeldung: 08.04.1945 Quelle: FloNB

Gobbe, Pola / Paula 20.10.1921 Wielun MaNa.: Dylewski Wohnort: Charleroi Deportation: 06.07.1944 Mechelen: XXVI Auschwitz: 02.08.1944 AuNo.: [A-24041 - A-24178] Dachau: 27.10.1944 DaNo.: 120541 Bergen Belsen: 17.12.1944 BeBeNo.: **Venusberg**: 28.02.1945 FloNo.: 63295 HaftKat.: Jüdin Nation: Polen [Belgien] **Todestag**: 1945 Ort: Quelle: Red Cross, FloNB	**Goldberg, Fryda** 29.11.1924 Chrzanow Wohnort: Chrzanow Deportation: Neusalz [GrRos]: GrRosNo.: **Flossenbürg**: 08.03.1945 FloNo.: 64323 HaftKat.: Jüdin Nation: Poland Bergen Belsen: [17.03.45] BeBeNo.: Befreiung: Bergen Belsen **Todestag**: 15.05.1945 Ort: Bergen Belsen Quelle: PoT YV, BBMB, FloNB YV Item ID: 1315306	**Goldberger, Hajnal** 07.10.1921 Wohnort: Deportation: Grünberg [GrRos]: GrRosNo.: **Helmbrechts**: 06.03.1945 FloNo.: 63650 HaftKat.: Jüdin Nation: Ungarn **Todestag**: 1945 Ort: Helmbrechts Abmeldung: 26.03.1945 Quelle: FloNB
Goldberger, Klara 05.04.1913 Budapest MaNa.: Gerö [AltDa.: 08.04.1913] Wohnort: Budapest Deportation: Budapest: Ravensbrück: RavNo.: **Venusberg**: 15.01.1945 FloNo.: 61901 HaftKat.: Jüdin Nation: Ungarn Befreiung: Mauthausen **Todestag**: 17.05.1945 Ort: Mauthausen [nicht 31.05.1944] Quelle: FloNB, HUNHDC YV Item ID: 6632512, 5839328	**Goldstein, Iren** 08.12.1924 Wohnort: Deportation: Bergen Belsen: BeBeNo.: **Venusberg**: 28.02.1945 FloNo.: 62989 HaftKat.: Jüdin Nation: Ungarn **Todestag**: 1945 Ort: Venusberg Abmeldung: 20.03.1945 Quelle: FloNB	**Goldstein, Teréz Dina** 11.01.1908 Jerusalem MaNa.: Kohn Wohnort: Budapest Deportation: Budapest: Ravensbrück: RavNo.: **Venusberg**: 15.01.1945 FloNo.: 61904 HaftKat.: Jüdin Nation: Ungarn Mauthausen: **Todestag**: 18.04.1945 [?] Ort: Mauthausen/Evaku. Quelle: PoT YV, FloNB YV Item ID: 1768888, 5783916

Gondar, Margit 10.12.1914 Wohnort: Deportation: Grünberg [GrRos]: GrRosNo.: **Zwodau**: 06.03.1945 FloNo.: 65015 HaftKat.: Jüdin Nation: Ungarn **Todestag**: 1945 Ort: Zwodau Abmeldung: 16.03.1945 Quelle: FloNB	**Gotthelf, Hella** / Chaja 05.05.1924 Lodz [AltDa: 05.01.1927 ?] Wohnort: Lodz Brunnen Str. 20F35 [?] Deportation: Ghetto Lodz: Auschwitz: AuNo.: **Oederan**: 09.10.1944 FloNo.: 54616 HaftKat.: Jüdin Nation: Polen Befreiung: Theresienstadt **Todestag**: 16.08.1945 Ort: Theresienstadt Quelle: TDB, FloNB Vgl. YV Item ID: 4518932	**Gottlieb, Erzsebet** 18.07.1910 Wohnort: Deportation: Bergen Belsen: BeBeNo.: **Venusberg**: 28.02.1945 FloNo.: 62992 HaftKat.: Jüdin Nation: Ungarn **Todestag**: 1945 Ort: Venusberg Abmeldung: 26.03.1945 Quelle: FloNB Vgl. YV Item ID: 6407170
Gremboni, Hilda 22.08.1898 Wien MaNa.: Wohrisek Wohnort: Triest Deportation: Venezia: Arrest 08/1944 Triest [San Sabba]: Auschwitz: AuNo.: Bergen Belsen: BeBeNo.: **Venusberg**: 28.02.1945 FloNo.: 62994 HaftKat.: Jüdin Nation: Österreich [Italien] **Todestag**: 1945 Ort: Venusberg Abmeldung: 23.03.1945 Quelle: FloNB, PiFa	**Gronner, Marie** 27.11.1913 Wohnort: Deportation: Grünberg [GrRos]: GrRosNo.: **Zwodau**: 06.03.1945 FloNo.: 65019 HaftKat.: Jüdin Nation: Polen **Todestag**: 1945 Ort: Zwodau Abmeldung: 06.04.1945 Quelle: FloNB	**Gross, Margit** 01.11.1923 Jászfenyszaru Wohnort: Budapest Deportation: Budapest: [Sondertransp. 123] Ravensbrück: 22.11.1944 RavNo.: 85934 **Venusberg**: 15.01.1945 FloNo.: 61915 PriCat.: Jüdin Nation: Ungarn Befreiung: Mauthausen **Todestag**: 20.05.1945 Ort: Mauthausen Quelle: FloNB, AMM Y/39 PoT YV Item ID: 1451009

Gross, Rywka 29.03.1920 Trzebinia Wohnort : Trzebinia Deportation: Neusalz [GrRos]: GrRosNo.: **Flossenbürg**: 08.03.1945 FloNo.: 64352 HaftKat.: Jüdin Nation: Polen Bergen Belsen: [17.03.45] BeBeNo.: **Todestag**: 25.04.1945 Ort: Bergen Belsen [17.04.1945] Quelle : PoT YV, BBMB, FloNB YV Item ID: 1918522	**Grossmannová, Lily** 07.03.1920 MaNa.: Siegler Wohnort: Deportation: Praha [M] Theresienstadt: 14.12.1941 Auschwitz: 06.10.1944 [En] AuNo.: Grünberg [GrRos]: GrRosNo.: **Zwodau**: 06.03.1945 FloNo.: 65028 HaftKat.: Jüdin Nation: Tschechoslowakei **Todestag**: 1945 Ort : Quelle : PoT YV, TDB YV Item ID: 974396	**Grosz, Livia** [Lili] 14.04.1915 Wohnort: Deportation: Bergen Belsen: BeBeNo.: **Dresden Reick**: 25.02.1945 FloNo.: 62713 HaftKat.: Jüdin Nation: Ungarn **Todestag**: 17.10.1945 Ort: Bad Gottleuba Quelle : FloNB, Gottleuba
Grün, Gitla 04.03.1918 Wohnort: Deportation: Grünberg [GrRos]: GrRosNo.: **Helmbrechts**: 06.03.1945 FloNo.: 63664 HaftKat.: Jüdin Nation: Polen **Todestag**: 1945 Ort: Helmbrechts Abmeldung: 29.03.1945 Quelle: FloNB	**Grünbaum, Ilona** 24.02.1904 Wohnort: Deportation: Budapest: Ravensbrück: RavNo.: **Venusberg**: 15.01.1945 FloNo.: 61920 HaftKat.: Jüdin Nation: Ungarn Befreiung: Mauthausen **Todestag**: 05.06.1945 Ort: Gusen Bestattung: KZ Friedhof Gusen Quelle: FloNB, AMM Y/39, B/12/90, Y/50/11/810/13	**Grünberg, Berta** 07.11.1898 Krakau MaNa.: Müller Wohnort: Krakau Deportation: Krakau-Plaszow: Auschwitz: AuNo.: Bergen Belsen: BeBeNo.: **Venusberg**: 28.02.1945 FloNo.: 63339 HaftKat.: Jüdin Nation: Polen **Todestag**: 23.04.1945 Ort: Bei der Evakuierung Bestattung: Ort unbekannt Quelle: PoT YV, FloNB YV Item ID: 1661046

Grünspach Eva 07.06.1911 Berlin MaNa.: Jaffe Wohnort: Amsterdam Deportation: Westerbork: bis 04.09.1944 Theresienstadt: 06.09.1944 Auschwitz: 03.10.1944 [Em] AuNo.: keine Tätowierung **Freiberg**: 12.10.1944 FloNo.: 54053 HaftKat.: Jüdin Nation: Niederlande Befreiung: Mauthausen **Todestag**: 03.07.1945 Ort: St. Gallen Bestattung: St. Gallen Quelle : OGS, FloNB, PoT YV Item ID: 1981607	**Grünstein, Magda** 09.08.1926 Gyöngyös Wohnort: Deportation: Auschwitz: AuNo.: **Zschopau**: 25.11.1944 FloNo.: 61034 HaftKat.: Jüdin Nation: Ungarn Befreiung: Theresienstadt **Todestag**: 09.07.1945 Ort: Theresienstadt [Typhus] Quelle: TDB, FloNB, PoT YV Item ID: 8122058	**Grünstein, Rozsi** 02.11.1911 Demecser Wohnort: Mandok Deportation: Bergen Belsen: BeBeNo.: **Dresden Reick**: 25.02.1945 FloNo.: 62714 HaftKat.: Jüdin Nation: Ungarn **Todestag**: 23.08.1945 Ort: Bad Gottleuba [nicht Bergen Belsen] Quelle : FloNB, Gottleuba PoT YV Item ID: 1805402
Grünwald, Lidia 01.06.1918 Budapest MaNa.: Mieselbacher Wohnort: Budapest Deportation: Budapest Ravensbrück: RavNo.: **Venusberg**: 15.01.1945 FloNo.: 61922 HaftKat.: Jüdin Nation: Ungarn **Todestag**: 1945 Ort: unbekannt Quelle: HUNHDC, FloNB YV Item ID: 5805036	**Grünwald, Sari** 09.04.1919 Wohnort: Deportation: Bergen Belsen: BeBeNo.: **Venusberg**: 28.02.1945 FloNo.: 63000 HaftKat.: Jüdin Nation: Ungarn Befreiung: Mauthausen **Todestag**: 05.06.1945 Ort: Mauthausen Quelle : FloNB, AMM Y/39	**Gruse, Martha** 04.07.1895 Trebow MaNa: Schulz Wohnort: Deportation: Ravensbrück: 25.08.1944 RavNo.: 60425 **Holleischen**: [01.09.1944] FloNo.: 52682 HaftKat.: Aso. Nation: Deutsches Reich **Zwodau**: **Todestag**: Ort: Zwodau Abmeldung: 08.01.1945 Quelle: FloNB, RGB

Guerif, Raymonde 02.06.1904 Paris [03.06.] MaNa.: Desgouttes Wohnort: Deportation : Compiègne: bis 31.01.1944 Ravensbrück: 03.02.1944 RavNo.: 27167 **Zwodau**:[01.09.1944] FloNo.: 51803 HaftKat.: Politische Nation: Frankreich **Todestag**: 27.04.1945 Ort: Zwodau Quelle: LDF, FloNB, RGB	**Guliy, Anna** 22.10.1922 Kuty Wohnort: Deportation: Auschwitz: AuNo.: **Dresden Goehle**: 26.10.44 FloNo.: 58515 HaftKat.: Z.A. Nation: Polen **Todestag**: 1944 Ort: Dresden Abmeldung: 28.11.1944 Quelle: FloNB	**Guttmann, Gita** [Ita] 15.11.1925 Radom [AltDate: 15.10.1920] Wohnort: Deportation: Auschwitz: AuNo.: **Zschopau**: 25.11.1944 FloNo.: 61050 HaftKat.: Jüdin Nation: Polen Befreiung: Theresienstadt **Todestag**: 31.05.1945 Ort: Theresienstadt Quelle: TDB, FloNB
Guttmann, Iren *Reni* 23.07.1929 [1930] Berlin Wohnort: Amsterdam Deportation: Westerbork: Theresienstadt: 27.01.1944 Auschwitz: 06.10.1944 [En] AuNo.: keine Tätowierung **Freiberg**: 12.10.1944 FloNo.: 54070 HaftKat.: Jüdin Nation: Staatenlos Befreiung: Mauthausen **Todestag**: 21.05.1945 Ort: Mauthausen Quelle: OGS, FloNB, TDB YV Item ID: 5335739	**Gyulai, Magda** 30.08.1912 Budapest MaNa.: Abraham Wohnort: Budapest Deportation: Bergen Belsen: BeBeNo.: **Venusberg**: 28.02.1945 FloNo.: 63004 HaftKat.: Jüdin Nation: Ungarn **Todestag**: 1945 Ort : Mauthausen [?] Quelle : FloNB. PoT YV YV Item ID: 1894785	**Hajmann – Aspis, Ita** 08.02.1927 [18.02.] Lodz MaNa.: Aspis [adoptiert] Wohnort: Lodz Mühl Gasse 36F22 Deportation: Ghetto Lodz: Auschwitz: AuNo.: keine Tätowierung Stutthof: 03.09.1944 StuNo.: 83807 Dresden: 29.11.1944 **[Dresden Bernsdorf]** FloNo.: 59723 HaftKat.: Jüdin Nation: Polen **Todestag**: Ort: Dresden Abmeldung: 26.03.1945 Quelle : FloNB

<table>
<tr>
<td>Hamburger, Judith
24.09.1900 Amsterdam
MaNa.: Benjamins
Wohnort:
Deportation:

Westerbork: bis 18.01.1944
Theresienstadt: 20.01.1944
Auschwitz: 06.10.1944 [En]
AuNo.: keine Tätowierung
Freiberg: 12.10.1944
FloNo.: 54078
HaftKat.: Jüdin
Nation: Niederlande
Befreiung: Mauthausen
Todestag: 03.06.1945
Ort: Ravensburg
Friedhof: Loenen/Apeldoorn
Quelle: OGS, FloNB, TDB</td>
<td>Hammer, Bela
25.11.1927

Wohnort:
Deportation:

Neusalz [GrRos]:
GrRosNo.:
Flossenbürg: 08.03.1945
FloNo.: 64972
HaftKat.: Jüdin
Nation: Polen
Bergen Belsen: [17.03.45]
BeBeNo.:
Befreiung: Bergen Belsen
Todestag: 30.04.1945
Ort: Bergen Belsen

Quelle: BBMB, FloNB</td>
<td>Harmel, Milica
18.05.1920 Cerknica
[Foto]
Wohnort:
Deportation:

Ravensbrück:
RavNo.:
Neurohlau: [01.09.1944]
FloNo.: 52293
HaftKat.: ohne
Nation: Slowenien

Erschossen: 26.04.1945
Ort: Michalovy Hory

Quelle: Jiri Sankot, FloNB</td>
</tr>
<tr>
<td>Havas, Jolan
16.06.1893 Budapest
MaNa.: Stoeckelmacher
Wohnort: Budapest
Deportation: Budapest
Ravensbrück: 12/1944
RavNo.:
Venusberg: 15.01.1945
FloNo.: 61941
HaftKat.: Jüdin
Nation: Ungarn

Todestag: 1945
Ort: Venusberg
Abmeldung: 18.03.1945
Quelle: FloNB
YV Item ID: 5806361</td>
<td>Hay, Anna
29.11.1923 Baja
MaNa.: Foldes
Wohnort: Sombor
Deportation: Budapest
Budapest:
Dachau: 24.11.1944
DaNo.: 131847
Bergen Belsen:
BeBeNo.:
Dresden Reick: 25.02.1945
FloNo.: 62720
HaftKat.: Jüdin
Nation: Ungarn
Todestag: März 1945
Ort: Dresden
Bestattung: 28.03.1945
Abmeldung: 31.03.1945
Quelle: FloNB, Tolkewitz
PoT YV Item ID: 3605648</td>
<td>Hecht, Katalin
03.10.1919

Wohnort:
Deportation:

Bergen Belsen:
BeBeNo.:
Venusberg: 28.02.1945
FloNo.: 63009
HaftKat.: Jüdin
Nation: Ungarn
Todestag: 1945
Ort: Venusberg

Abmeldung: 31.03.1945
Quelle: FloNB</td>
</tr>
</table>

Heinfeld, Renée 04.09.1916 Wohnort: Deportation: Grünberg [GrRos]: GrRosNo.: **Zwodau**: 06.03.1945 FloNo.: 65029 HaftKat.: Jüdin Nation: Ungarn **Todestag**: 1945 Ort: Zwodau Abmeldung: 19.03.1945 Quelle: FloNB	**Helfgott, Eva** 29.04.1927 Budapest Wohnort: Ujpest Deportation: Budapest Auschwitz: 1944 AuNo.: Bergen Belsen: BeBeNo.: **Venusberg**: 28.02.1945 FloNo.: 63010 HaftKat.: Jüdin Nation: Ungarn **Todestag**: 1945 Ort: Venusberg Abmeldung: 23.03.1945 Quelle: FloNB, HUNHDC PoT YV Item ID: 1157919	**Heltai, Jolan** 18.10.1905 Wohnort: Deportation: Bergen Belsen: BeBeNo.: **Dresden Reick**: 25.02.1945 FloNo.: 62722 HaftKat.: Jüdin Nation: Ungarn **Todestag**: 1945 Ort: Dresden Abmeldung: 05.03.1945 Quelle: FloNB
Hermann, Kati 21.07.1920 Wohnort: Deportation: Grünberg [GrRos]: GrRosNo.: **Zwodau**: 06.03.1945 FloNo.: 65030 HaftKat.: Jüdin Nation: Ungarn **Todestag**: 1945 Ort: Zwodau Abmeldung: 06.04.1945 Quelle: FloNB	**Herschkovits, Rosa** 25.10.1926 Aknaslatina Wohnort: Deportation: Nyretyhas Auschwitz: AuNo.: **Hertine**: 10.10.1944 FloNo.: 54819 HaftKat.: Jüdin Nation: Ungarn Befreiung: Theresienstadt **Todestag**: 13.06.1945 Ort: Theresienstadt Quelle: TDB, FloNB	**Herskowitsch, Edith** 23.07.1927 Budapest Wohnort: Deportation: Budapest: [Sondertransp. 123] Ravensbrück: 22.11.1944 RavNo.: 86152 **Venusberg**: 15.01.1945 FloNo.: 61950 HaftKat.: Jüdin Nation: Ungarn **Todestag**: 1945 Ort: Venusberg Abmeldung: 26.02.1945 Quelle: FloNB

Herz, Kornelia 26.09.1916 Szatmár Wohnort: Deportation: Auschwitz: AuNo.: **Hainichen**: 11.10.1944 FloNo.: 53019 HaftKat.: Jüdin Nation: Ungarn **Todestag**: November1944 Ort: Hainichen Abmeldung: 28.11.1944 Quelle: FloNB	**Herz, Lenke** 17.06.1922 Wohnort: Deportation: Grünberg [GrRos]: GrRosNo.: **Zwodau**: 06.03.1945 FloNo.: 65034 HaftKat.: Jüdin Nation: Ungarn **Todestag**: 1945 Ort: Zwodau Abmeldung: 16.03.1945 Quelle: FloNB	**Herzog, Fela** 21.10.1920 Krakau Wohnort: Krakau Deportation: Krakau-Plaszow: Auschwitz: AuNo.: Bergen Belsen: BeBeNo.: **Venusberg**: 28.02.1945 FloNo.: 63008 HaftKat.: Jüdin Nation: Polen **Todestag**: 1945 Ort: [nicht Bergen Belsen] Quelle: FloNB, PoT YV YV Item ID: 1065116 u.a.
Hess, Pauline 24.10.1905 Bruchsal MaNa.: Gohl Wohnort: Deportation: Ravensbrück: 05.11.1942 RavNo.: 14872 **Zwodau** : [01.09.1944] FloNo.: 50966 HaftKat.: BV. Nation: Deutsches Reich **Todestag**: Ort: Abmeldung: 03.04.1945 Quelle: FloNB, RGB	**Hirsch, Helen** 20.08.1919 Wohnort : Deportation : Auschwitz : AuNo. : **Hertine** : 10.10.1944 FloNo. : 54835 HaftKat.: Jüdin Nation.: Ungarn **Todestag**: Ort: Hertine Abmeldung: 21.01.1945 Quelle: FloNB	**Hirschenhauser, Erna** 02.04.1927 Wien Wohnort: Wien Hoerlgasse 7/12, Grünentorgasse 26 Deportation: Wien-Riga: 06.02.1942 Stutthof: 09.08.1944 StuNo.: 61030 Dresden: 29.11.1944 **[Dresden Bernsdorf]** FloNo.: 59725 HaftKat.: Jüdin Nation: Deutsches Reich **Todestag**: Ort: Quelle: YV PoT, FloNB YV Item ID: 8463352

<table>
<tr>
<td>Hofferová, Hertha
03.01.1915 Ludice
MaNa.: Löwy
Wohnort: Prag
Deportation: Prag [M]
Theresienstadt: 14.12.1941
Auschwitz: 06.10.1944 [En]
AuNo.:

Grünberg [GrRos]:
GrRosNo.:
Helmbrechts: 06.03.1945
FloNo.: 63713
HaftKat.: Jüdin
Nation: Tschechoslowakei
Todestag: 1945
Ort : Marianske Lazne

Quelle : PoT YV, TDB, FloNB
YV Item ID: 900596</td>
<td>Hoffmann, Sari
06.03.1929

Wohnort:
Deportation:

Grünberg [GrRos]:
GrRosNo.:
Helmbrechts: 06.03.1945
FloNo.: 63714
HaftKat.: Jüdin
Nation: Ungarn
Todestag: 1945
Ort: Helmbrechts
Abmeldung: 26.03.1945
Quelle: FloNB</td>
<td>Hofmann, Margit
05.02.1910

Wohnort:
Deportation:

Grünberg [GrRos]:
GrRosNo.:
Zwodau: 06.03.1945
FloNo.: 65036
HaftKat.: Jüdin
Nation: Ungarn
Todestag: 1945
Ort: Zwodau
Abmeldung: 13.04.1945
Quelle: FloNB</td>
</tr>
<tr>
<td>Holthausen, Martha
09.04.1913 Kassel
MaNa.: Horn
Wohnort:
Deportation:

Ravensbrück: 10.05.1944
RavNo.: 38198
Zwodau: [01.09.1944]
FloNo.: 51455
HaftKat.: Aso.
Nation: Deutsches Reich

Todestag:
Ort: Zwodau
Abmeldung: 29.01.1945
Quelle: FloNB, RGB</td>
<td>Holub, Zsuzsanna
1926

Wohnort:
Deportation:

Ravensbrück:
RavNo.:
Zwodau: 20.01.1945
FloNo.: 62321
HaftKat.: Zig.
Nation: Ungarn

Todestag: 1945
Ort: Zwodau
Abmeldung: 13.04.1945
Quelle: FloNB</td>
<td>Huber, Betty
14.03.1920 Nürnberg

Wohnort:
Deportation:

Ravensbrück: 18.09.1944
RavNo.: 72006
Leitmeritz: [‚06.04.1945’]
FloNo.: nicht registriert
PriCat.: ohne
Nation: Deutsches Reich

Todestag: 27.04.1945
Ort: Leitmeritz
Quelle: M.Langhamerova, TDB</td>
</tr>
</table>

Iceksohn, Berta 17.02.1908 [1901] Lodz Wohnort: Lodz Korn Gasse 5F20 Deportation: Ghetto Lodz: Auschwitz: 1944 AuNo.: **Hainichen**: 08.09.1944 FloNo.: 53319 HaftKat.: Jüdin Nation: Polen Befreiung: Theresienstadt **Todestag**: 01.07.1945 Ort: Theresienstadt Quelle: TDB, FloNB	**Ickowicz, Berta** 19.09.1916 Wohnort: Deportation: Grünberg [GrRos]: GrRosNo.: **Helmbrechts**: 06.03.1945 FloNo.: 63718 HaftKat.: Jüdin Nation: Ungarn **Todestag**: März 1945 Ort: Helmbrechts Abmeldung: 31.03.1945 Quelle: FloNB	**Idelovici, Babetta** *Betty* 24.08.1886 Svetla nad Sazavou MaNa.: Orenstein Wohnort: Wien Deportation: Wien bis 28.10.1941 Ghetto Lodz: Auschwitz: AuNo.: keine Tätowierung Stutthof: 03.09.1944 StuNo.: 82226 Dresden: 29.11.1944 **[Dresden Bernsdorf]** FloNo.: 59728 HaftKat.: Jüdin Nation: Deutsches Reich **Todestag**: Ort: Dresden Abmeldung: 15.03.1945 Quelle: FloNB, PoT YV, DOEW YV Item ID: 1860826
Idelovici, Marie 10.01.1892 Svetla nad Sazavou MaNa.: Ohrenstein Wohnort: Wien Deportation: Wien bis 28.10.1941 Ghetto Lodz: Auschwitz: AuNo.: keine Tätowierung Stutthof: 03.09.1944 StuNo.: 82227 Dresden: 29.11.1944 **[Dresden Bernsdorf]** FloNo.: 59729 HaftKat.: Jüdin Nation: Deutsches Reich **Todestag**: Ort: [Dresden] Quelle: PoT YV, FloNB, DOEW YV Item ID: 1837965	**Jacoel, Marica** 15.08.1917 Trikala Wohnort: Athen Deportation: Auschwitz: AuNo.: Dachau: 26./27.10.1944 DaNo.: 119889 Bergen Belsen: 17.12.1944 BeBeNo.: **Venusberg**: 28.02.1945 FloNo.: 63016 HaftKat.: Jüdin Nation: Griechenland **Todestag**: 1945 Ort: Quelle: PoT YV, FloNB YV Item ID: 3964599	**Jakobsohn, Jadzia** 14.05.1921 / 1926 Pilica [# ledig] [AltNa.:Jacobzon] Wohnort: Sosnowiec Deportation: Sosnowitz Neusalz [GrRos]: GrRosNo.: **Flossenbürg**: 08.03.1945 FloNo.: 64419 HaftKat.: Jüdin Nation: Polen Bergen Belsen: [17.03.45] BeBeNo.: Befreiung: Bergen Belsen **Todestag**: 1945 [Typhus] Ort: Bergen Belsen Quelle: FloNB PoT YV Item ID: 931145

<table>
<tr>
<td>Jakobsohn, Regina
01.01.1914 Pilica
[# ledig] [AltNa.:Jakobson]
Wohnort: Sosnowiec
Deportation: Sosnowitz
Neusalz [GrRos]:
GrRosNo.:
Flossenbürg: 08.03.1945
FloNo.: 64420
HaftKat.: Jüdin
Nation: Polen
Bergen Belsen: [17.03.45]
BeBeNo.:
Befreiung: Bergen Belsen
Todestag: 21.04.1945
Ort: Bergen Belsen [Tifus]

Quelle: FloNB, PoT YV
Item ID: 339643, 812520</td>
<td>Jakubowicz, Etelka Etu
20.03.1921 [25.08.1914?]
[AltNa.: Jakobowitz]
Wohnort: [Roson]
Deportation:

Grünberg [GrRos]:
GrRosNo.:
Helmbrechts: 06.03.1945
FloNo.: 63731
HaftKat.: Jüdin
Nation: Ungarn
Todestag: 1945
Ort:
Friedhof: Volary
Quelle: Volary, FloNB
YV Item ID: 6693301</td>
<td>Janicka, Anna
29.06.1904 Idzikowia

Wohnort:
Deportation:

Ravensbrück:
RavNo.:
Zwodau:
Neu Rohlau: 02.04.1945
FloNo.: 65326
HaftKat.: Z.A.
Nation: Polen
Todestag: 1945
Ort: Neu Rohlau
Abmeldung: 12.04.1945
Quelle: FloNB</td>
</tr>
<tr>
<td>Jatkowska, Sara
20.12.1904 Lodz [30.12.]
MaNa.: Korewa
Wohnort: Lubraniec, Lodz
Matrosen Gasse 52F1, 60F5,
Herta Str. 25 Deportation:
Ghetto Lodz:
Auschwitz:
AuNo.:
Bergen Belsen:
BeBeNo.:
Mehltheuer: 02.12.1944
FloNo.: 59543
HaftKat.: Jüdin
Nation: Polen
Todestag: 23.02.1945
Ort: Mehltheuer
Bestattung: Leubnitz
Abmeldung: 05.03.1945
Quelle: FloNB, Lodz</td>
<td>Jeanty, Marie Louise
12.01.1902 La Chatre
MaNa.: Brunet
Wohnort :
Deportation:

Compiègne: bis 31.01.1944
Ravensbrück: 03.02.1944
RavNo.: 27493
Zwodau:
Neu Rohlau: 02.04.1945
FloNo.: 65335
HaftKat.: Politische
Nation: Frankreich
Todestag: Mai 1945
Ort: Saaz [Zatec]

Quelle : LDF, FloNB</td>
<td>Josipenko, Anna [Jesypenko]
15.11.1914 Nadworna
MaNa.: Grycka
Wohnort:
Deportation:

Ravensbrück: 05.03.1944
RavNo.: 30114
Holleischen: [01.09.1944]
FloNo.: 50482
HaftKat.: Politisch
Nation: Polen
Todestag: spät. 18.01.1945
Ort: Holleischen

Abmeldung: 23.01.1945
Quelle: FloNB, RGB, Fiser</td>
</tr>
</table>

<table>
<tr>
<td>Jut, Henriette
16.06.1921 Amsterdam
MaNa.: De Zwarte
Wohnort:
Deportation:
Westerbork:
Theresienstadt: 02.08.1944
Auschwitz: 03.10.1944 [Em]
AuNo.:
Grünberg [GrRos]:
GrRosNo. :
Zwodau: 06.03.1945
FloNo.: 65043
HaftKat.: Jüdin
Nation: Niederlande

Todestag: 1945
Ort: Zwodau
Abmeldung: 13.04.1945
Quelle : FloNB, Aas 135</td>
<td>Kachen, Malvine
07.03.1918

Wohnort:
Deportation:

Grünberg [GrRos]:
GrRosNo.:
Helmbrechts: 06.03.1945
FloNo.: 63737
HaftKat.: Jüdin
Nation: Ungarn

Todestag: 1945
Ort: Helmbrechts
Abmeldung: 03.04.1945
Quelle: FloNB</td>
<td>Kahn, Charlotte Hanna
26.02.1922 Mukacevo

Wohnort:
Deportation:

Auschwitz:
AuNo.:
Zschopau: 25.11.1944
FloNo.: 61089
HaftKat.: Jüdin
Nation: Ungarn
Befreiung: Theresienstadt
Todestag: 24.05.1945
Ort: Theresienstadt

Quelle: TDB, FloNB</td>
</tr>
<tr>
<td>Kain, Klara
28.06.1915

Wohnort:
Deportation:

Grünberg [GrRos]:
GrRosNo.:
Zwodau: 06.03.1945
FloNo.: 65044
HaftKat.: Jüdin
Nation: Ungarn

Todestag: 1945
Ort: Zwodau
Abmeldung: 06.04.1945
Quelle: FloNB</td>
<td>Kalisch, Jacheta Jadzia
10.05.1925 Wodzislav
[# ledig] [1923]
Wohnort: Sosnowiec
Deportation: Sosnowitz
Neusalz [GrRos]:
GrRosNo.:
Flossenbürg: 08.03.1945
FloNo.: 64431
HaftKat.: Jüdin
Nation: Polen
Bergen Belsen: [17.03.45]
BeBeNo.:
Befreiung: Bergen Belsen
Todestag: 09.05.1945
Ort: Bergen Belsen

Quelle: BBMB, FloNB
PoT YV Item ID: 3638055</td>
<td>Kallos, Kato
21.06.1920

Wohnort:
Deportation:

Bergen Belsen:
BeBeNo.:
Dresden Reick: 25.02.1945
FloNo.: 62729
HaftKat.: Jüdin
Nation: Ungarn

Todestag: 1945
Ort: Dresden
Abmeldung: 31.03.1945
Quelle: FloNB</td>
</tr>
</table>

Kalman, Hedi 17.08.1926 Wohnort: Deportation: Grünberg [GrRos]: GrRosNo.: **Helmbrechts**: 06.03.1945 FloNo.: 63739 HaftKat.: Jüdin Nation: Ungarn **Todestag**: 1945 Ort: Helmbrechts Abmeldung: 29.03.1945 Quelle: FloNB	**Kalmar, Erzsebet** 14.03.1913 Wohnort: Deportation: Bergen Belsen: BeBeNo.: **Dresden Reick**: 25.02.1945 FloNo.: 62730 HaftKat.: Jüdin Nation: Ungarn **Todestag**: 1945 Ort: Dresden Abmeldung: 21.03.1945 Quelle: FloNB	**Kalmar, Olga** 24.06.1910 Budapest Wohnort: Deportation: Bergen Belsen: BeBeNo.: **Dresden Reick**: 25.02.1945 FloNo.: 62731 HaftKat.: Jüdin Nation: Ungarn **Todestag**: 25.03.1945 Ort: Dresden Bestattung: 26.03.1945 Abmeldung: 31.03.1945 Quelle: FloNB, Tolkewitz
Kamenney, Renée 27.08.1921 Paris [AltNa.: Kammeney] Wohnort: Deportation: Drancy: bis 30.06.1944 [76] Auschwitz: 04.07.1944 AuNo.: **A-8613** **Wilischthal**: 22.11.1944 FloNo.: 58872 HaftKat.: Jüdin Nation: Frankreich **Todestag**: 06.12.1944 Ort: Wilischthal Friedhof: Zschopau Abmeldung: 15.12.1944 Quelle: FloNB, Cziborra	**Kamil, Erika** 01.05.1924 Wohnort: Deportation: Grünberg [GrRos]: GrRosNo.: **Zwodau**: 06.03.1945 FloNo.: 65045 HaftKat.: Jüdin Nation: Ungarn **Todestag**: 1945 Ort: Zwodau Abmeldung: 13.04.1945 Quelle: FloNB	**Karpat, Eva** 15.01.1922 Wohnort: Deportation: Bergen Belsen: BeBeNo.: **Dresden Reick**: 25.02.1945 FloNo.: 62732 HaftKat.: Jüdin Nation: Ungarn **Todestag**: 26.03.1945 Ort: Dresden Bestattung: 26.03.1945 Abmeldung: 31.03.1945 Quelle: FloNB, Tolkewitz

Kaspirowitsch, Esther 15.07.1913 Dotjanice Wohnort: Deportation: Pabianice Ghetto Lodz: Auschwitz: AuNo.: **Hainichen**: 08.09.1944 FloNo.: 53393 HaftKat.: Jüdin Nation: Polen Theresienstadt: 21.04.1945 **Todestag**: 03.05.1945 Ort: Theresienstadt Quelle : TDB, FloNB	**Kasz, Freda** / Frajdla 20.09.1923 Wohnort: Lodz Hamburger 29F1, Schiller 9 Deportation: Ghetto Lodz: Auschwitz: AuNo.: keine Tätowierung Stutthof: 03.09.1944 StuNo.: 83835 Dresden: 29.11.1944 **[Dresden Bernsdorf]** FloNo.: 59743 HaftKat.: Jüdin Nation: Polen **Todestag**: 1945 Ort: Quelle: PoT YV, FloNB YV Item ID: 715063	**Katz, Berta** 08.03.1922 Felsöviso Wohnort: Deportation: Auschwitz: AuNo.: **Nürnberg**: 18.10.1944 FloNo.: 56034 HaftKat.: Jüdin Nation.: Ungarn **Todestag**: spät. 09.01.45 Ort: Nürnberg [Tuberkulose] Abmeldung: 16.01.1945 Quelle : FloNB, Rózsa184
Kaufmann, Ilona 01.06.1896 Lengyeltoti MaNa.: Friedmann Wohnort: Budapest Deportation: Budapest: Ravensbrück: RavNo.: **Venusberg**: 15.01.1945 FloNo.: 61990 HaftKat.: Jüdin Nation: Ungarn Befreiung: Mauthausen **Todestag**: 22.05.1945 Ort: Mauthausen Quelle: PoT YV, ZStL, FloNB YV Item ID: 3938603	**Kaufmann, Szaindla** 12.05.1914 Wieliczka 1911 Wohnort: Chrzanow Deportation: Chrzanow Neusalz [GrRos]: GrRosNo.: **Flossenbürg**: 08.03.1945 FloNo.: 64441 HaftKat.: Jüdin Nation: Polen Bergen Belsen: [17.03.45] BeBeNo.: **Todestag**: 1945 Ort: Bergen Belsen Quelle: BBMB, FloNB PoT YV Item ID: 441391	**Keil, Else** 08.03.1908 Glauchau MaNa.: Fritsch Wohnort: Deportation: Ravensbrück: 30.08.1944 RavNo.: 61554 **Zwodau**: [01.09.1944] FloNo.: 52728 HaftKat.: BV. Nation: Deutsches Reich **Todestag**: Ort: Zwodau Abmeldung: 16.01.1945 Quelle: FloNB, RGB

Keledionek, Olga 1921 Wohnort: Deportation: Bergen Belsen: BeBeNo.: **Dresden Reick**: 25.02.1945 FloNo.: 62736 HaftKat.: Z.A. Nation: Russland **Todestag**: 20.03.1945 Ort: Dresden Bestattung: 22.03.1945 Abmeldung: 03.04.1945 Quelle: FloNB, Tolkewitz	**Kerenyi, Lili** 25.12.1916 Verebes [Verebely] Wohnort: Nitra, Budapest Deportation: Budapest: Ravensbrück: RavNo.: **Venusberg**: 15.01.1945 FloNo.: 61993 HaftKat.: Jüdin Nation: Ungarn **Todestag**: 1945 Ort: Venusberg Abmeldung: 23.03.1945 Quelle : FloNB, PoT YV YV Item ID: 576563, 3653264	**Kesner, Alida** 04.06.1920 MaNa.: Reens Wohnort: Deportation: Herzogenbusch: 09.04.1943 Westerbork: 12.09.1943 Auschwitz: 16.09.1943 AuNo.: [62367 – 62560] Bergen Belsen: BeBeNo.: **Venusberg**: 28.02.1945 FloNo.: 63037 HaftKat.: Jüdin Nation: Niederlande Befreiung: Mauthausen Basel: 23.05.1945 **Todestag**: 1945 Ort: [nicht Auschwitz!] Quelle: OGS, Red Cross, FloNB PoT YV Item ID:10677975
Kessler, Elisabeth 11.07.1921 Kalkar MaNa.: Wilmsen Wohnort: Deportation: Ravensbrück: 30.08.1944 RavNo.: 61547 **Zwodau**: [01.09.1944] FloNo.: 52727 HaftKat.: Aso. Nation: Deutsches Reich **Todestag**: 1944 Ort: Zwodau Abmeldung: 02.10.1944 Quelle: FloNB, RGB	**Kijl, Lea** 09.05.1908 Amsterdam Wohnort: Deportation: Westerbork: bis 03.09.1944 Auschwitz: 05.09.1944 AuNo.: [A-25060 – A-25271] Bergen Belsen: BeBeNo.: **Venusberg**: 28.02.1945 FloNo.: 63064 HaftKat.: Jüdin Nation: Niederlande Mauthausen: **Todestag**: spät. 10.05.1945 Ort: Mauthausen Quelle: OGS, FloNB	**Klauber, Terez** / Teresia 11.04.1912 Kaposvar MaNa.: Ladanyi Wohnort: Budapest VIII. Jozsef Krt 22/24 Deportation: Budapest Bergen Belsen: BeBeNo.: **Venusberg**: 28.02.1945 FloNo.: 63040 HaftKat.: Jüdin Nation: Ungarn **Todestag**: [22.-24.05.45] Ort: Mauthausen Quelle: YV PoT, FloNB YV Item ID: 1251524

Klein, Eva 25.01.1925 Wohnort: Deportation: Bergen Belsen: BeBeNo.: **Venusberg**: 28.02.1945 FloNo.: 63042 HaftKat.: Jüdin Nation: Deutsches Reich **Todestag**: 1945 Ort: Venusberg Abmeldung: 31.03.1945 Quelle: FloNB Vgl. YV Item ID: 1061151	**Klein, Helen** 20.08.1927 Alsozinever Wohnort: Deportation: Auschwitz: AuNo.: **Nürnberg**: 18.10.1944 FloNo.: 56044 HaftKat.: Jüdin Nation: Ungarn **Todestag**: Ort: Nürnberg Abmeldung: 03.03.1945 Quelle: FloNB	**Klein, Irma** 19.04.1908 Wohnort: Deportation: Bergen Belsen: BeBeNo.: **Venusberg**: 28.02.1945 FloNo.: 63043 HaftKat.: Jüdin Nation: Ungarn **Todestag**: 1945 Ort: Venusberg Abmeldung: 23.03.1945 Quelle: FloNB
Klein, Rosa 24.12.1914 Rawa-Mazowiecka Wohnort: Deportation: Ghetto Lodz: Auschwitz: AuNo.: keine Tätowierung **Freiberg**: 02.09.1944 FloNo.: 53547 HaftKat.: Jüdin Nation: Polen **Todestag**: spät. 19.03.1945 Ort: Freiberg Abmeldung: 26.03.1945 Quelle: FloNB, Düsing	**Kleinbaum, Mala** *Malka* 22.11.1929 Lodz [AltDa.: 28.11.1930] Wohnort: Lodz, Hanseaten 34F8A, Insel Str. 35 [?] Deportation: Ghetto Lodz: Auschwitz: AuNo.: **Hainichen**: 08.09.1944 FloNo.: 53332 HaftKat.: Jüdin Nation: Polen Befreiung: Theresienstadt **Todestag**: 28.06.1945 Ort: Theresienstadt Quelle: TDB, FloNB PoT YV Item ID: 9349366 Vgl. YV Item ID: 3625244	**Kleinberg, Dora** 21.05.1915 Wohnort: Deportation: Grünberg [GrRos]: GrRosNo.: **Helmbrechts**: 06.03.1945 FloNo.: 63765 HaftKat.: Jüdin Nation: Polen **Todestag**: 1945 Ort: Helmbrechts Abmeldung: 04.04.1945 Quelle: FloNB

Kleiner, Cesia [Gesia]
15.03.1923 Lazy

Wohnort: Lazy, Zawiercie
Deportation:

Neusalz [GrRos]:
GrRosNo.:
Flossenbürg: 08.03.1945
FloNo.: 64455
HaftKat.: Jüdin
Nation: Polen
Bergen Belsen: [17.03.45]
BeBeNo.:
Befreiung: Bergen Belsen
Todestag: 09.06.1945
Ort: Bergen Belsen
[TBC und Typhus]
Quelle: BBMB, FloNB
PoT YV Item ID: 2000947, 611579

Kleinmann, Anna
28.05.1910

Wohnort:
Deportation:

Grünberg [GrRos]:
GrRosNo.:
Helmbrechts: 06.03.1945
FloNo.: 63766
HaftKat.: Jüdin
Nation: Polen

Todestag: 1945
Ort: Helmbrechts
Abmeldung: 08.04.1945
Source: FloNB

Kleinmann, Edith
01.04.1912 Bludovice
[AltDa.:1910]
Wohnort: Bludovice
Deportation: Bludow
[Moravska Ostrava]
Grünberg [GrRos]:
GrRosNo.:
Helmbrechts: 06.03.1945
FloNo.: 63767
HaftKat.: Jüdin
Nation: Polen / Tschechin

Todestag: 1945
Ort:
Friedhof: Volary
Quelle: Volary, FloNB
PoT YV Item ID: 694290

Kleinmann, Frymeta
18.10.1914 Chrzanow

Wohnort: Chrzanow
Deportation:

Neusalz [GrRos]:
GrRosNo.:
Flossenbürg: 08.03.1945
FloNo.: 64460
HaftKat.: Jüdin
Nation: Polen
Bergen Belsen: [17.03.45]
BeBeNo.:
Befreiung: Bergen Belsen
Todestag: 15.05.1945
Ort: Bergen Belsen
Quelle: BBMB, FloNB
PoT YV Item ID: 403485

Kleinmann, Zita
20.05.1917 Bludovice
[1913]
Wohnort: Bludovice
Deportation: Bludow
[Moravska Ostrava]
Grünberg [GrRos]:
GrRosNo.:
Helmbrechts: 06.03.1945
FloNo.: 63769
HaftKat.: Jüdin
Nation: Polen / Tschechin

Todestag: 1945
Ort:
Friedhof: Volary
Quelle: Volary, FloNB
YV Item ID: 1399117

Kleinzähler, Ilse
08.07.1926

Wohnort: Bielsko Biala
Deportation:
Bielsko Biala: 29.06.1942
Grünberg [GrRos]:
GrRosNo.:
Helmbrechts: 06.03.1945
FloNo.: 63770
HaftKat.: Jüdin
Nation: Polen

Todestag: 1945
Ort:
Friedhof: Volary
Quelle: Volary, FloNB
YV Item ID: 9846624

<table>
<tr>
<td>Koch, Magda
10.03.1900 Ujpest

Wohnort: Budapest
Deportation: Budapest

Dachau: 24.11.1944
DaNo.: 132151
Bergen Belsen: 17.12.1944
BeBeNo.:
Venusberg: 28.02.1945
FloNo.: 63048
HaftKat.: Jüdin
Nation: Ungarn
Todestag: 1945
Ort:

Quelle: FloNB</td>
<td>Kövary, Ibolya [Ibi Blima]
18.01.1914 Szatmarnemeti
[MaNa.: Weisz] [?]
Wohnort: Szatmarnemeti
Deportation:

Grünberg [GrRos]:
GrRosNo.:
Helmbrechts: 06.03.1945
FloNo.:63771
HaftKat.: Jüdin
Nation: Ungarn
Todestag: 1945
Ort: Helmbrechts
Abmeldung: 14.03.1945
Quelle: FloNB
PoT YV Item ID: 664177</td>
<td>Kon, Adela
20.08.1910

Wohnort:
Deportation: Ghetto Lodz
Auschwitz:
AuNo.: keine Tätowierung
Stutthof: 03.09.1944
StuNo.: 82316
Dresden: 29.11.1944
[Dresden Bernsdorf]
FloNo.: 59752
HaftKat.: Jüdin
Nation: Polen
Todestag: 14.02.1945
Ort: Dresden [Bombardier.]
Bestattung: 26.02.1945
Abmeldung: 06.03.1945
Quelle: FloNB, Tolkewitz</td>
</tr>
<tr>
<td>Korentajer, Jacheta
26.10.1897 [98] Lodz

Wohnort: Lodz Hamburger 78F4, Kilinski 143
Deportation: Ghetto Lodz
Auschwitz:
AuNo.: keine Tätowierung
Stutthof: 03.09.1944
StuNo.: 82291
Dresden: 29.11.1944
[Dresden Bernsdorf]
FloNo.: 59755
HaftKat.: Jüdin
Nation: Polen
Todestag: 1944
Ort: Dresden
Abmeldung: 06.12.1944
Quelle : FloNB, PoT YV
YV Item ID: 715816</td>
<td>Koretzová, Alice
03.10.1898

Wohnort: Prag
Prag-Lodz: 21.10.1941 [B]
Ghetto: Holz Str.19F13
Auschwitz:
AuNo.: keine Tätowierung
Stutthof: 03.09.1944
StuNo.: 82319
Dresden: 29.11.1944
[Dresden Bernsdorf]
FloNo.: 59756
HaftKat.: Jüdin
Nation: Tschechoslowakei
Todestag: 21.01.1945
Ort: Dresden
Bestattung: 24.01.1945
Abmeldung: 02.02.1945
Quelle: FloNB, TDB, Tolkewitz</td>
<td>Koretzová, Emma
20.02.1923

Wohnort: Prag
Deportation:
Prag-Lodz: 21.10.1941 [B]
Ghetto: Holz 19F13, Franz 13
Auschwitz:
AuNo.: keine Tätowierung
Stutthof: 03.09.1944
StuNo.: 82318
Dresden: 29.11.1944
[Dresden Bernsdorf]
FloNo.: 59757
HaftKat.: Jüdin
Nation: Tschechoslowakei
Todestag: 14.02.1945
Place: Dresden [Bombard.]
Abmeldung: 06.03.1945
Quelle: FloNB, TDB</td>
</tr>
</table>

Kornová, **Paula** 19.04.1902 Wien MaNa.: Fertig Wohnort: Deportation: Prag [Cv] Theresienstadt: 06.03.1943 Auschwitz: 06.10.1944 [En] AuNo.: Grünberg [GrRos]: GrRosNo.: **Helmbrechts**: 06.03.1945 FloNo.:63775 HaftKat.: Jüdin Nation: Deutsches Reich **Todestag**: 1945 Ort: Helmbrechts Abmeldung: 08.04.1945 Quelle: FloNB, PoT YV, TDB YV Item ID: 450739	**Kornhauser, Ilse** 16.06.1922 [Andrychów] Wohnort: Andrychów Deportation: Grünberg [GrRos]: GrRosNo.: **Helmbrechts**: 06.03.1945 FloNo.: 63777 HaftKat.: Jüdin Nation: Polen **Todestag**: 1945 Ort: Friedhof: Volary Quelle: Volary, FloNB PoT YV Item ID: 736905	**Kovacs, Rozsa** [Imrene] 02.05.1904 Budapest MaNa.: Semsei Wohnort: Budapest Deportation: Bergen Belsen: BeBeNo.: **Venusberg**: 28.02.1945 FloNo.: 63056 HaftKat.: Jüdin Nation: Ungarn **Todestag**: 27.04.1945 Ort: [‚Venusberg'] Quelle: FloNB YV Item ID: 6759387
Kozma, Janka Johanna 23.03.1907 Budapest MaNa.: Goldstein Wohnort: Budapest Deportation: Bergen Belsen: BeBeNo.: **Venusberg**: 28.02.1945 FloNo.: 63058 HaftKat.: Jüdin Nation: Ungarn **Todestag**: 1945 Ort: Quelle : FloNB YV Item ID : 5802689	**Kramer, Berta** 07.11.1914 Wohnort: Deportation: Grünberg [GrRos]: GrRosNo.: **Zwodau**: 06.03.1945 FloNo.: 65059 HaftKat.: Jüdin Nation: Ungarn **Todestag**: 1945 Ort: Zwodau Abmeldung: 16.03.1945 Quelle: FloNB	**Kraus, Melanie** 10.03.1910 Wohnort: Deportation: Grünberg [GrRos]: GrRosNo.: **Zwodau**: 06.03.1945 FloNo.: 65061 HaftKat.: Jüdin Nation: Ungarn **Todestag**: 1945 Ort: Zwodau Abmeldung: 19.03.1945 Quelle: FloNB

<table>
<tr>
<td>Kreuz, Erna
05.06.1928 Mainz

Wohnort :
Deportation:

Auschwitz : 24.03.1944
AuNo.: Z-10058
Ravensbrück:
RavNo.: 48787
Wolkenburg: 21.08.1944
FloNr.: 50026
HaftKat.: Zig.
Nation: Deutsches Reich

Todestag: 03.04.1945
Ort: Wolkenburg

Quelle: Aas, FloNB, MBG</td>
<td>Krengel, Celine
19.07.1891 Guzar
alias Marie Levet
MaNa.: Livia Weisinger
Wohnort: Paris
Deportation: Paris
Drancy: bis 30.06.1944 [76]
Auschwitz: 04.07.1944
AuNo.: [A-8508 – A-8730]
Bergen Belsen:
BeBeNo.:
Dresden Reick: 25.02.1945
FloNo.: 62758
HaftKat.: Jüdin
Nation: Frankreich

Todestag: 25.03.1945
Ort: Dresden
Bestattung: 26.03.1945
Abmeldung: 31.03.1945
Quelle: FloNB, Zucker, Tolk.</td>
<td>Kühnreich, Ella
03.05.1926 Oswiecim

Wohnort: Chrzanow
Deportation: Chrzanow

Neusalz [GrRos]:
GrRosNo.:
Flossenbürg: 08.03.1945
FloNo.: 64493
HaftKat.: Jüdin
Nation: Polen
Bergen Belsen: [17.03.45]
BeBeNo.:
Todestag: 1945
Ort: Bergen Belsen

Quelle: BBMB, FloNB
PoT YV Item ID: 658270</td>
</tr>
<tr>
<td>Künstlinger, Olga
27.12.1908 Ujpest

Wohnort: Ujpest
Deportation: Budapest

Bergen Belsen:
BeBeNo.:
Venusberg: 28.02.1945
FloNo.: 63063
HaftKat.: Jüdin
Nation: Ungarn
Todestag: 1945
Ort: Venusberg
[nicht Bergen Belsen!]
Abmeldung: 29.03.1945
Quelle: FloNB, PoT
YV Item ID: 693912</td>
<td>Kufler, Margit
14.06.1917 Györ-Szemer

Wohnort:
Deportation:
Sered:
Auschwitz:
AuNo.: keine Tätowierung
Freiberg: 12.10.1944
FloNo.: 54131
HaftKat.: Jüdin
Nation: Slowakei
Todestag: spät. 09.11.1944
Ort: Freiberg
Bestattung: 09.11.1944
Abmeldung: 12.11.1944
Quelle: FloNB, Düsing</td>
<td>Kuhan, Rosa
05.06.1920 Alsovise

Wohnort:
Deportation:

Auschwitz:
AuNo.:
Nürnberg: 18.10.1944
FloNo.: 56000
HaftKat.: Jüdin
Nation.: Ungarn
Todestag: 1945
Ort: Nürnberg

Abmeldung: 03.03.1945
Quelle: FloNB</td>
</tr>
</table>

Kunz, Susanne *Suse* 16.02.1926 Wien [#ledig] Wohnort: Wien Deportation: Dulag Sosnowitz: Bolkenhain: Landeshut: Grünberg [GrRos]: GrRosNo.: **Helmbrechts**: 06.03.1945 FloNo.: 63787 HaftKat.: Jüdin Nation: Tschechoslowakei **Todestag**: 06.05.1945 Ort: Volary Friedhof: Volary Quelle: Volary, FloNB, Gerda W. Klein S.166f.	**Lachivert, Marie** 05.08.1912 Kerity Wohnort: Deportation: Paris: bis 11.08.1944 Saarbrücken: 17.08.1944 [Neue Bremm] Ravensbrück: RavNo.: 61000 **Zwodau**: [01.09.1944] FloNr.: 51507 HaftKat.: Politische Nation: Frankreich **Todestag**: spät. 30.04.1945 Ort: Holleischen Quelle : LDF, FloNB, RGB Jiri Fiser	**Ladynska, Genowefa** 12.06.1925 Leopoldow [AltNa.: Waschinska] Wohnort : Deportation : Bergen Belsen: BeBeNo.: **Wolkenburg**: 30.11.1944 FloNo.: 59096 HaftKat.: Z.A. Nation.: Polen **Todestag**: 03.04.1945 Ort: Wolkenburg Quelle : Aas, FloNB
Laffite, Rose Marie 13.10.1911 Tarnos Wohnort: Deportation: Paris: bis 01.07.1944 Saarbrücken: 03.07.1944 [Neue Bremm] Ravensbrück: 27.07.1944 RavNo.: 47188 **Zwodau**: **Neu Rohlau**: 02.04.1945 FloNo.: 65414 HaftKat.: Sch.H. Nation: Frankreich **Todestag**: [01.04.] ? 1945 Ort: Neu Rohlau Abmeldung: 14.04.1945 Quelle: FloNB, LDF	**Lancon, Andrée** 15.01.1910 Lons le Saunier Wohnort : Deportation: Paris: bis 13.05.1944 Ravensbrück: 18.05.1944 RavNo.: 38905 **Zwodau**: [01.09.1944] FloNo.: 51507 HaftKat.: ohne Nation: Frankreich **Todestag**: 26.04.1945 Ort: [Zwodau] Quelle : LDF, FloNB, RGB	**Landgarten, Liba** Tauba 05.12.1915 Wodzislaw [Foto] Wohnort: Bendzin Deportation: Bendzin Ghetto A: Beuthenerstr. (Kollataja) 26 Neusalz [GrRos]: GrRosNo.: **Flossenbürg**: 08.03.1945 FloNo.: 64782 HaftKat.: Jüdin Nation: Polen Bergen Belsen: [17.03.45] BeBeNo.: **Todestag**: 1945 Ort: unbekannt Quelle: BBMB, FloNB PoT YV Item ID: 3616922, 3584399, 1147893 u.a. Vgl. 7432845, 7433019, 7433025

Landovics, Paula 18.10.1920 Wohnort: Deportation: Ghetto Lodz: Auschwitz: AuNo.: **Freiberg**: 22.09.1944 FloNo.: 53796 HaftKat.: Jüdin Nation: Polen **Todestag**: spät.17.03.1945 Ort: Freiberg Abmeldung: 21.03.1945 Quelle: FloNB, Düsing	**Lanella, Maria** 18.01.1918 Wohnort: Deportation: Auschwitz: AuNo.: **Mittweida**: 09.10.1944 FloNo.: 55442 HaftKat.: Politische Nation: Russland **Todestag**: 1944 Ort: Mittweida Abmeldung: 06.11.1944 Quelle: FloNB	**Langer, Amalia** [Amilia] 16.07.1914 [AltDa: 14.04.1916] Wohnort: Bielsko [Bielitz] Deportation: Bolkenhain: 14.07.1942 Grünberg [GrRos]: GrRosNo.: **Helmbrechts**: 06.03.1945 FloNo.: 63703 HaftKat.: Jüdin Nation: Polen Befreiung: Volary [Foto] **Todestag**: 1945 Ort: Volary Friedhof: Volary [33.] Quelle: Volary, FloNB YV Item ID: 6693660
Lasker, Nacha 26.09.1889 [1882] MaNa.: Ulman Wohnort: Lodz, Siegfried Str.18F19, 18F20, Dom 20 Deportation: Ghetto Lodz Auschwitz: AuNo.: keine Tätowierung Stutthof: 03.09.1944 StuNo.: 82379 Dresden: 29.11.1944 **[Dresden Bernsdorf]** FloNo.: 59773 HaftKat.: Jüdin Nation: Polen **Todestag**: 06.05.1945 Ort: [Auschwitz?] Quelle: FloNB, PoT YV Item ID: 5592489	**Lasmann, Zlata** 28.12.1914 [10] [13] Lodz [03.09.1922 Warschau] Wohnort: Deportation: Ghetto Lodz: Auschwitz: AuNo.: **Hainichen**: FloNo.: 54184 HaftKat.: Jüdin Nation: Polen **Todestag**: 09.09.1944 Ort: Hainichen Abmeldung: 01.10.1944 Quelle: FloNB, Röcher	**Lauber, Sidi** 19.07.1910 Wohnort: Deportation: Grünberg [GrRos]: GrRosNo.: **Helmbrechts**: 06.03.1945 FloNo.: 63799 HaftKat.: Jüdin Nation: Tschechoslowakei **Todestag**: 1945 Ort: Helmbrechts Abmeldung: 31.03.1945 Quelle: FloNB

<table>
<tr>
<td>Lebovits, Frieda
26.05.1923

Wohnort: Bocsko
Deportation:

Grünberg [GrRos]:
GrRosNo.:
Helmbrechts: 06.03.1945
FloNo.: 63802
HaftKat.: Jüdin
Nation: Ungarn
Todestag: 1945
Ort:
Friedhof: Volary [9.]

Quelle: Volary, FloNB</td>
<td>Lefkowicz, Anna
15.08.1895 [1888] Lodz

Wohnort: Lodz
Deportation:
Ghetto Lodz:
Auschwitz:
AuNo.: keine Tätowierung
Stutthof: 03.09.1944
StuNo.: 82343
Dresden: 29.11.1944
[Dresden Bernsdorf]
FloNo.: 59780
HaftKat.: Jüdin
Nation: Polen
Todestag: 29.12.1944
Ort: Dresden
Bestattung: 30.06.1950
Abmeldung: 03.01.1945
Quelle: FloNB, Tolkewitz
PoT YV Item ID: 915712</td>
<td>Lefkowicz, Rifka
21.06.1917 Lodz [21.05.1916]

Wohnort:
Deportation:

Ghetto Lodz:
Auschwitz:
AuNo.:
Hainichen: 08.09.1944
FloNo.: 53343
HaftKat.: Jüdin
Nation: Polen
Todestag: 23.01.1945
Ort: Hainichen

Abmeldung: 31.01.1945
Quelle: FloNB, Röcher</td>
</tr>
<tr>
<td>Lehmann, Lise Flore
01.07.1927 Paris

Wohnort: Paris
Deportation:
Drancy: bis 20.05.1944 [74]
Auschwitz: 23.05.1944
AuNo.: [A-5420 – A-5666]
Bergen Belsen:
BeBeNo.:
Venusberg: 28.02.1945
FloNo.: 63077
HaftKat.: Jüdin
Nation: Frankreich
Todestag: [nicht 02/1945!]
Ort: [nicht Auschwitz!]

Quelle : JO !, FloNB</td>
<td>Leiding, Theodora
05.01.1923 Stechradehatlen

Wohnort:
Deportation:

Romainville:
Ravensbrück: 16.03.1944
RavNo.: 32011
Zwodau: [01.09.1944]
FloNo.: 51290
HaftKat.: Aso.
Nation: Deutsches Reich
Todestag:
Ort: Zwodau
Abmeldung: 28.02.1945
Quelle: FloNB, LDF</td>
<td>Leier, Olga
20.04.1909 ['1914'] Trnava
MaNa.: Deutsch [Foto]
Wohnort: Nitra
Deportation: Topolcany

Sered:
Auschwitz:
AuNo.: keine Tätowierung
Freiberg: 12.10.1944
FloNo.: 54159
HaftKat: Jüdin
Nation: Slowakei
Todestag: spät. 09.11.1944
Ort: Freiberg
Abmeldung: 12.11.1944
Quelle: FloNB, Düsing
PoT YV Item ID: 727127</td>
</tr>
</table>

Leitner, Rosa
13.10.1907

Wohnort:
Deportation:

Grünberg [GrRos]:
GrRosNo.:
Helmbrechts: 06.03.1945
FloNo.: 63809
HaftKat.: Jüdin
Nation: Polen

Todestag: 1945
Ort: Helmbrechts
Abmeldung: 03.04.1945
Quelle: FloNB

Lelievre, Germaine
02.04.1911 Paris
MaNa.: Delamain
Wohnort: Paris
Deportation:
Paris: bis 13.05.1944
Ravensbrück: 18.05.1944
RavNo.: 38917
Zwodau:
Neu Rohlau: 02.04.1945
FloNo.: 65423
HaftKat.: Politische
Nation: Frankreich
Befreiung:
Todestag: kurz nach Heimkehr
Place : Frankreich

Quelle: LDF, FloNB

Lenczycka, Bela Berta
08.12.1896 Zürich [06.07.]
MaNa.: Bajla Dresner [Foto]
Wohnort: Lodz
Hirten Weg 15F5
Deportation:
Ghetto Lodz:
Auschwitz:
AuNo.: keine Tätowierung
Freiberg: 22.09.1944
FloNo.: 53802
HaftKat.: Jüdin
Nation: Polen
Befreiung: Mauthausen
Todestag: 23.10.1945
Ort: Mauthausen

Quelle: PoT YV, FloNB
YV Item ID: 3984546

Lenczycka, Rosa
28.11.1928 Lodz
[AltNa.: Leczycki] [Foto]
Wohnort: Lodz
Hirten Weg 15F5
Deportation: Ghetto Lodz:

Auschwitz:
AuNo.: keine Tätowierung
Freiberg: 22.09.1944
FloNo.: 53800
HaftKat.: Jüdin
Nation: Polen
Befreiung: Mauthausen
Todestag: 17.09.1945
Ort: Katsdorf [nicht 24.10.45]
Bestattung: 18.09.1945
Quelle: PoT YV, FloNB
YV Item ID: 3984548, 8891626

Lengyel, Edith
25.03.1922 Budapest

Wohnort: Budapest
Deportation: Budapest

Dachau: 24.11.1944
DaNo.: 131678
Bergen Belsen:
BeBeNo.:
Dresden Reick: 25.02.1945
FloNo.: 62757
HaftKat.: Jüdin
Nation: Ungarn

Todestag: 06.04.1945
Ort: Dresden
Bestattung: 07.04.1945
Abmeldung: ohne
Quelle: FloNB, Tolkewitz

Lenkei, Agnes *Agi*
27.06.1925

Wohnort: Budapest
Deportation: Budapest

Freiburg:
GrRosNo.: 94095
Zwodau: 26.02.1945
FloNo.: 63424
HaftKat.: Jüdin
Nation: Ungarn

Todestag: 1945
Ort: [Zwodau]

Quelle: FloNB, YV Item
ID: 7164381, 9329714

<table>
<tr>
<td>Lenkfuss, Hella
28.03.1925

Wohnort:
Deportation:

Grünberg [GrRos]:
GrRosNo.:
Helmbrechts: 06.03.1945
FloNo.: 63814
HaftKat.: Jüdin
Nation: Polen

Todestag: 1945
Ort: Helmbrechts
Abmeldung: 29.03.1945
Quelle: FloNB</td>
<td>Levy, Mina
11.04.1920 Krakau [1916]
[AltNa.: Mindl Levi / Löwy]
Wohnort: Krakau
Deportation:
Krakau-Plaszow:

Auschwitz: 1944
AuNo.:
Gundelsdorf: 15.09.1944
FloNo.: 52904
HaftKat.: Jüdin
Nation: Polen
Zwodau: 27.02.1945
Todestag: 1945
Ort:

Quelle : FloNB, PoT YV
YV Item ID : 9150938</td>
<td>Lewin, Sophie
22.05.1899

Wohnort:
Deportation:

Bergen Belsen:
BeBeNo.:
Dresden Reick: 25.02.1945
FloNo.: 62759
HaftKat.: Jüdin
Nation: Deutsches Reich

Todestag: 18.03.1945
Ort: Dresden
Bestattung: 20.03.1945
Abmeldung: 21.03.1945
Quelle: FloNB, Tolkewitz</td>
</tr>
<tr>
<td>Lichtenberg, Charlotte
06.12.1921

Wohnort:
Deportation:

Grünberg [GrRos]:
GrRosNo.:
Zwodau: 06.03.1945
FloNo.: 65065
HaftKat.: Jüdin
Nation: Ungarn

Todestag: 1945
Ort: Zwodau

Abmeldung: 06.04.1945
Quelle: FloNB</td>
<td>Lichtenstein, Erzsebet
10.08.1919 Udvard
MaNa.: Baum
Wohnort:
Deportation:

Bergen Belsen:
BeBeNo.:
Venusberg: 28.02.1945
FloNo.: 63093
HaftKat.: Jüdin
Nation: Ungarn
Befreiung: Mauthausen
Todestag: 09.06.1945
Ort: Mauthausen
Quelle: FloNB,
YV Item ID: 7169015,
6733171, 6733186</td>
<td>Liebermannová, Berta
07.12.1900

Wohnort: Prag
Deportation:

Prag: [Transport L]
Theresienstadt: 10.12.1941
Auschwitz: 06.10.1944 [En]
AuNo.: keine Tätowierung
Freiberg: 12.10.1944
FloNo.: 54189
HaftKat.: Jüdin
Nation: Tschechoslowakei
Mauthausen: 29.04.1945
Todestag: 29.04.1945
Ort: Mauthausen

Quelle: TDB, FloNB,
Scheuer S.112, Cziborra</td>
</tr>
</table>

Ligety, Rosi 13.03.1900 Wohnort: Deportation: Grünberg [GrRos]: GrRosNo.: **Zwodau**: 06.03.1945 FloNo.: 65066 HaftKat.: Jüdin Nation: Ungarn **Todestag**: 1945 Ort: Zwodau Abmeldung: 13.04.1945 Quelle: FloNB Vgl. PoT YV Item ID: 1042734	**Lignier, Hélène** 02.09.1916 Dijon [07.09.] MaNa..: Millot Wohnort: Deportation: Compiègne: bis 31.01.1944 Ravensbrück: 03.02.1944 RavNo.: 27465 **Holleischen**: [01.09.1944] FloNo.: 50414 HaftKat.: Politische Nation: Frankreich **Flossenbürg**: 11.04.1945 **Exekution**: 13.04.1945 Ort: Flossenbürg Abmeldung: 13.04.1945 Quelle : FloNB, LDF	**Lindemann, Liesbeth** 06.03.1916 Königsmark Wohnort: Deportation: Ravensbrück: RavNo.: **Zwodau**: [01.09.1944] FloNo.: 51042 HaftKat.: Aso. Nation: Deutsches Reich **Todestag**: 1945 Ort: Zwodau Abmeldung: 20.03.1945 Quelle: FloNB
Lindenberg, Irene 30.05.1907 Wohnort: Deportation: Neusalz [GrRos]: GrRosNo.: **Flossenbürg**: 08.03.1945 FloNo.: 64542 HafKat.: Jüdin Nation: Ungarn Bergen Belsen: [17.03.45] BeBeNo.: Befreiung: Bergen Belsen **Todestag**: 30.04.1945 Ort: Bergen Belsen Quelle: BBMB, FloNB	**Linier, Henriette** 23.10.1898 Wargnies MaNa.: Cozette [‘Cosede’] Wohnort: Flesselles Deportation: 25.06.1944 Paris: 18.07.1944 Neue Bremm Ravensbrück: 29.07.1944 RavNo.: 47358 **Zwodau**: **Neu Rohlau**: 02.04.1945 FloNo.: 65436 HaftKat.: Politische Nation: Frankreich **Todestag**: 05.05.1945 Ort: ‚Kasbatt’ = Karlsbad? [Tschechien] Quelle: LDF, FloNB, JO Nr. 114 17.05.2008	**Linker, Jeannette** 30.07.1899 Stanislau MaNa.: Gaster Wohnort: Deportation: Ravensbrück: RavNo.: **Zwodau**: **Neu Rohlau**: 02.04.1945 FloNo.: 65437 HaftKat.: Jüdin Nation: Rumänien [Holland] **Todestag**: 16.04.1945 Ort: [Flossenbürg] Abmeldung: ohne Quelle: OGS, FloNB YV Item ID: 4267503

Lisowska, Luba 18.12.1922 Kamenez Wohnort: Deportation: Ravensbrück: 29.09.1944 RavNo.: 72764 **Dresden Goehle**: 09.10.44 FloNo.: 56928 HaftKat.: Z.A. Nation: Russland **Flossenbürg**: 23.12.1944 **Exekution**: Ort: Flossenbürg Abmeldung: 03.01.1945 Quelle: FloNB	**Lissauer, Lilli** [Magdolna] 07.09.1918 Bekaschena [Békásmegyer] [N :Liszauer] [AltDa.: 07.11.1918] Wohnort: Budapest Deportation: Budapest: [Sondertransp. 123] Ravensbrück: 22.11.1944 RavNo.: 85836 **Venusberg**: 15.01.1945 FloNo.: 62043 HaftKat.: Jüdin Nation: Ungarn **Todestag**: [nicht 15.12.44] Ort: Venusberg Abmeldung: 07.04.1945 Quelle: FloNB Vgl. YV Item ID: 5840851, 6756957	**Litten, Jansje Susana** 20.05.1911 Amsterdam MaNa.: Serlui [Foto] Wohnort: Gouda A .: Ritter van Catsweg 61 Deportation: Westerbork Theresienstadt: 06.09.1944 Auschwitz: 03.10.1944 [Em] AuNo.: [Groß Rosen:] [GrRosNo.:] **Zwodau**: 07.03.1945 FloNo.: 63477 HaftKat.: Jüdin Nation: Niederlande Befreiung: Tschechien **Todestag**: 24.05.1945 Ort: Tschechoslowakei Quelle: PoT YV, TDB, FloNB YV Item ID: 5375920
Löwidtová, Marta 17.07.1901 Usti nad Labem MaNa.: Löwit [?] Wohnort: Prag Deportation: Praha [L] Theresienstadt: 10.12.1941 Auschwitz: 06.10.1944 [En] AuNo.: Grünberg [GrRos]: GrRosNo.: **Helmbrechts**: 06.03.1945 FloNo.: 63824 HaftKat.: Jüdin Nation: Tschechoslowakei **Zwodau**: **Todestag**: 17.04.1945 Todesort: Zwodau Quelle: TDB, FloNB, Erben PoT YV Item ID: 1714717	**Löwinger, Erzsebet** 11.04.1905 Szekesfehervar Wohnort: Deportation: Budapest: Ravensbrück: RavNo.: **Venusberg**: 15.01.1945 FloNo.: 62046 HaftKat.: Jüdin Nation: Ungarn **Todestag**: 1945 Ort: Venusberg Abmeldung: 23.03.1945 Quelle: FloNB	**Lubinska, Chawa** 23.11.1920 Wohnort : Deportation: Ghetto Lodz: Auschwitz: AuNo.: **Freiberg**: 22.09.1944 FloNo.: 53818 HaftKat.: Jüdin Nation: Polen **Todestag**: spät.19.12.1944 Ort: Freiberg Abmeldung: 22.12.1944 Quelle: FloNB, Düsing

Luel, Raysa 08.03.1923 Pabianice Wohnort: Pabianice / Lodz Deportation: Ghetto Lodz: Auschwitz: AuNo.: **Freiberg**: 22.09.1944 FloNo.: 53821 HaftKat.: Jüdin Nation: Polen Mauthausen: 29.04.1945 **Todestag**: Mai 1945 Ort: Mauthausen Quelle: PoT YV, FloNB YV Item ID: 1244812	**Lukacs, Gizella** 15.06.1908 Budapest [MaNa.: Elbert ?] Wohnort: Budapest Deportation: Bergen Belsen: BeBeNo.: **Venusberg**: 28.02.1945 FloNo.: 63099 HaftKat.: Jüdin Nation: Ungarn **Todestag**: 1945 Ort: Venusberg Abmeldung: 27.03.1945 Quelle: FloNB, HUNHDC Vgl. YV Item ID: 5784168	**Lustig, Alice** 03.07.1905 Wohnort : Deportation : Grünberg [GrRos] : GrRosNo. : **Zwodau** : 06.03.1945 FloNo. : 65068 HaftKat.: Jüdin Nation: Polen **Todestag**: 1945 Ort: Zwodau Abmeldung: 28.03.1945 Quelle: FloNB
Lustiger, Masza [Nussa] 11.11.1920 Bedzin Wohnort: Deportation: Neusalz [GrRos] : GrRosNo.: **Flossenbürg** : 08.03.1945 FloNo.: 64551 HaftKat.: Jüdin Nation: Polen Bergen Belsen: [17.03.45] BeBeNo.: **Todestag**: 12.04.1945 Ort: Bergen Belsen Quelle: BBMB, FloNB	**Mamberg, Cesia** 11.04.1923 Wohnort: Deportation: Neusalz [GrRos]: GrRosNo.: **Flossenbürg**: 08.03.1945 FloNo.: 64560 HaftKat.: Jüdin Nation: Polen Bergen Belsen: [17.03.45] BeBeNo.: Befreiung: Bergen Belsen **Todestag**: 14.05.1945 Ort: Bergen Belsen Quelle: BBMB, FloNB	**Manela, Jent**la 12.05.1916 [1912] Zawierce Wohnort: Zawierce Deportation: Neusalz [GrRos]: GrRosNo.: **Flossenbürg**: 08.03.1945 FloNo.: 64569 HaftKat.: Jüdin Nation: Polen Bergen Belsen: [17.03.45] BeBeNo.: **Todestag**: 1945 Ort: Bergen Belsen Quelle: PoT YV, FloNB YV Item ID: 859202

<table>
<tr>
<td>Markovits, Ilona
30.07.1922

Wohnort:
Deportation:

Grünberg [GrRos]:
GrRosNo.:
Zwodau: 06.03.1945
FloNo.: 65072
HaftKat.: Jüdin
Nation: Ungarn
Todestag: 1945
Ort:
Friedhof: Volary [40.]
Quelle: Volary, FloNB
YV Item ID: 6693912</td>
<td>Marmorstein, Klara
18.09.1925 Ujpest

Wohnort:
Deportation:

Budapest:
Ravensbrück:
RavNo.:
Venusberg: 15.01.1945
FloNo.: 62051
HaftKat.: Jüdin
Nation: Ungarn

Todestag: 1945
Ort: Venusberg
Abmedlung: 07.04.1945
Quelle : FloNB, Vgl. YV</td>
<td>Martin, Jacqueline
30.01.1914 La Ferté-Bernard
MaNa.: Guyot
Wohnort:
Deportation: Paris
Saarbrücken: 04.07.1944
[Neue Bremm]
Ravensbrück: 27.07.1944
RavNo.: 47162
Zwodau:
Neu Rohlau: 02.04.1945
FloNo.: 65451
HaftKat.: Z.A.
Nation.: Frankreich
Theresienstadt:
Todestag: 02.06.1945
Ort: Theresienstadt
Quelle : LDF, TDB,
FloNB</td>
</tr>
<tr>
<td>Masatova, Marketa
30.12.1899 Pilsen [Foto]
MaNa.:Ledrova/Lederowa
Wohnort: Prag
Svatoslavova 13, Praha 14
Deportation:

Auschwitz:
AuNo.:
Bergen Belsen:
BeBeNo.:
Venusberg: 28.02.1945
FloNo.: 63354
HaftKat.: Jüdin
Nation: Tschechoslowakei

Todestag: 1945
Ort:
Quelle: PoT YV, FloNB
YV Item ID: 5235640</td>
<td>Mass, Chaja
10.03.1913

Wohnort:
Deportation:

Neusalz [GrRos]:
GrRosNo.:
Flossenbürg: 09.03.1945
FloNo.: 64576
HaftKat.: Jüdin
Nation: Polen

Todestag: 1945
Ort: Flossenbürg
Abmeldung: 18.03.1945
Quelle : FloNB, Vgl. YV</td>
<td>Mathes, Ella
14.09.1919

Wohnort:
Deportation:

Ravensbrück: 04.02.1943
RavNo.: 16685
Neu Rohlau: [01.09.1944]
FloNo.: 52094
HaftKat.: Sch.H.
Nation: Deutsches Reich

Todestag: 1944
Ort: Neu Rohlau
Abmeldung: 06.12.1944
Quelle: FloNB</td>
</tr>
</table>

Mautner, Klara 06.09.1919 Homokbodoge MaNa.: Krausz [1917] Wohnort: Otteveny Deportation: Auschwitz: AuNo.: Bergen Belsen: BeBeNo.: **Venusberg**: 28.02.1945 FloNo.: 63060 HaftKat.: Jüdin Nation: Ungarn **Todestag**: 1945 Ort: Venusberg [?] Quelle: PoT YV, FloNB YV Item ID: 1058108 Item ID: 5829946, 6770082	**Medrek, Janina** 24.06.1924 Kazimiercz Wohnort: Deportation: Auschwitz: AuNo.: **Chemnitz**: 24.10.1944 FloNo.: 56558 HaftKat.: Z.A. Nation: Polen **Todestag**: Ort: Chemnitz Abmeldung: 03.03.1945 Quelle: FloNB	**Melnik, Tatjana** 13.01.1907 Marachowka Wohnort: Deportation: Ravensbrück: RavNo.: 72104 **Dresden Goehle**: 09.10.44 FloNo.: 56937 HaftKat.: Z.A. Nation: Russland **Todestag**: spät.18.11.1944 Ort: Dresden Abmeldung: 23.11.1944 Quelle: FloNB
Mendel, Maria 24.01.1916 Wohnort: Deportation: Bergen Belsen: BeBeNo.: **Dresden Reick**: 25.02.1945 FloNo.: 62765 HaftKat.: Jüdin Nation: Ungarn **Todestag**: 25.03.1945 Ort: Dresden Bestattung: 26.03.1945 Abmeldung: 31.03.1945 Quelle: FloNB, Tolkewitz	**Mendlovits, Eva** 02.08.1921 Wohnort: Deportation: Grünberg [GrRos]: GrRosNo.: **Zwodau** : 06.03.1945 FloNo.: 65074 HaftKat.: Jüdin Nation: Ungarn **Todestag**: 1945 Ort: Zwodau Abmeldung: 28.03.1945 Quelle: FloNB	**Mermelstein, Edith** 16.03.1924 Wohnort: Deportation: Bergen Belsen: BeBeNo.: **Dresden Reick**: 25.02.1945 FloNo.: 62767 HaftKat.: Jüdin Nation: Ungarn **Todestag**: 1945 Ort: Dresden Abmeldung: 21.03.1945 Quelle: FloNB

<table>
<tr>
<td>Mermelstein, Maria
15.03.1915

Wohnort:
Deportation:

Grünberg [GrRos]:
GrRosNo.:
Zwodau: 06.03.1945
FloNo.: 65075
HaftKat.: Jüdin
Nation: Ungarn

Todestag: 1945
Ort: Zwodau
Abmeldung: 20.03.1945
Quelle: FloNB</td>
<td>Mestrano, Kadina Cadet
07.03.1904 Aidin
[AltDa.: ‘03.03.1910’]
MaNa.: Benadiret
Wohnort:
Deportation: Marseille
Drancy: bis 20.05.1944 [74]
Auschwitz: 23.05.1944
AuNo.: [A-5420 – A-5666]
Bergen Belsen:
BeBeNo.:
Venusberg: 28.02.1945
FloNo.: 63118
HaftKat.: Jüdin
Nation: Frankreich
Todestag: 1945
Ort:
Quelle: FloNB,
Ministère de la défense:
acte de disparition</td>
<td>Michel-Lévy, Simone
19.01.1906 Chaussin [Jura]

Residence:
Deportation:

Compiègne: bis 31.01.1944
Ravensbrück: 03.02.1944
RavNo.: 27481
Holleischen: [01.09.1944]
FloNo.: 50422
HaftKat.: Politische
Nation: Frankreich
Flossenbürg: 11.04.1945
Exekution: 13.04.1945
Ort: Flossenbürg
Abmedlung: 13.04.1945
Quelle : FloNB, LDF</td>
</tr>
<tr>
<td>Minichová, Anna Anni
02.12.1922 [1921]

Wohnort:
Deportation: Brno [U]
Theresienstadt: 28.01.1942
Auschwitz:03.10.1944 [Em]
AuNo.:
Grünberg [GrRos]:
GrRosNo.:
Helmbrechts: 06.03.1945
FloNo.:63853
HaftKat.: Jüdin
Nation: Tschechoslowakei

Todestag: 07.03.1945
Ort: Helmbrechts
Abmeldung: 10.03.1945
Quelle: FloNB</td>
<td>Miodownik, Maria
27.10.1928

Wohnort:
Deportation:

Neusalz [GrRos]:
GrRosNo.:
Flossenbürg: 09.03.1945
FloNo.: 64600
HaftKat.: Jüdin
Nation: Polen

Todestag: 1945
Ort: Flossenbürg
Abmeldung: 16.03.1945
Quelle: FloNB, Vgl. YV</td>
<td>Mittelmann, Gisella
11.01.1906 Pereczen
MaNa.: Kokhn
Wohnort: Perecseny
Deportation: Perechin

Auschwitz:
AuNo.:
Hainichen: 11.10.1944
FloNo.: 53242
HaftKat: Jüdin
Nation: Ungarn
Befreiung: Theresienstadt
Todestag: 20.06.1945
Ort: Theresienstadt
Quelle: TDB, FloNB,
YV Item ID: 8180832</td>
</tr>
</table>

Molnar, Elisabeth 09.02.1906 Wohnort: Deportation: Bergen Belsen: 17.12.1944 BeBeNo.: **Venusberg**: 28.02.1945 FloNo.: 63355 HaftKat.: Jüdin Nation: Ungarn **Todestag**: 1945 Ort: Venusberg Abmeldung: 29.03.1945 Quelle : FloNB, Vgl. YV	**Molnar, Julia** 26.05.1907 Kisvarda Wohnort: Kisvarda Deportation: Auschwitz: bis 26.07.1944 AuNo.: Dachau: 01.08.1944 DaNo.: 86793 Bergen Belsen: 17.12.1944 BeBeNo.: **Venusberg**: 28.02.1945 FloNo.: 63127 HaftKat.: Jüdin Nation: Ungarn **Todestag**: 1945 Ort: Venusberg Abmeldung: 07.04.1945 Quelle: FloNB, Dachau YV Item ID: 7632076	**Monfray, Hélène** 01.07.1924 Lyon [AltNa.: Paquet] Wohnort: Deportation: Paris: bis 02.03.1944 Ravensbrück: 16.03.1944 RavNo.: 31968 **Zwodau**: **Neu Rohlau**: 02.04.1945 FloNo.: 65465 HaftKat.: Politische Nation.: Frankreich **Todestag**: nach der Heimkehr Ort: Frankreich Quelle: LDF, RGB, FloNB
Morgenstern, Alma 15.06.1925 Malmupen Wohnort: Deportation: Auschwitz: 16.04.1944 AuNo.: **Z-10404** Ravensbrück: RavNo.: 48828 **Wolkenburg**: 21.08.1944 FloNo.: 50061 HaftKat.: Zig. Nation: Deutsches Reich **Todestag**: 15.03.1945 Ort: Wolkenburg Abmeldung: 20.03.1945 Quelle: FloNB, MGB, Aas	**Moskovits, Manzi** 20.05.1922 Wohnort: Deportation: Grünberg [GrRos]: GrRosNo.: **Zwodau**: 06.03.1945 FloNo.: 65082 HaftKat.: Jüdin Nation: Ungarn **Todestag**: 1945 Ort: Zwodau Abmeldung: 02.04.1945 Quelle: FloNB	**Moszkowicz, Bluma** 15.04.1927 [,1925'] Wohnort: Zdunska Wola, Lodz: Hohensteiner Str. 36F10 Deportation: Ghetto Lodz: Auschwitz: AuNo.: **Freiberg**: 02.09.1944 FloNo.: 53593 HaftKat.: Jüdin Nation: Polen Befreiung: Mauthausen **Todestag**: 23.09.1945 Ort: Katsdorf Bestattung: 24.09.1945 Quelle: FloNB, Katsdorf

Nachtigal, Rywka 10.10.1922 Rudnik Wohnort: Rudnik / Wielun Deportation: Neusalz [GrRos]: GrRosNo.: **Flossenbürg**: 08.03.1945 FloNo.: 64620 HaftKat.: Jüdin Nation: Polen Bergen Belsen: [17.03.45] BeBeNo.: Befreiung: Bergen Belsen **Todestag**: 20.05.1945 Ort: Bergen Belsen Quelle: BBMB, FloNB PoT YV Item ID: 9261768	**Nagy, Marianne** 22.08.1924 Lorinci Wohnort: Budapest, Ullöi Str. Deportation: Budapest: Ravensbrück: RavNo.: **Venusberg**: 15.01.1945 FloNo.: 62075 HaftKat.: Jüdin Nation: Ungarn Mauthausen: **Todestag**: 05.05.1945 [?] Ort: Mauthausen Quelle: ZStL, FloNB, Eschinger, YV Item ID: 5806658	**Naparstek, Eva** / Chawa 16.08.1905 Lodz MaNa.: Tabacznik Wohnort: Lodz Adresse: [Lustige Gasse] Deportation: Ghetto Lodz: Auschwitz: AuNo.: **Freiberg**: 22.09.1944 FloNo.: 53840 HaftKat.: Jüdin Nation: Polen Mauthausen: 29.04.1945 **Todestag**: 1945 Ort: Mauthausen Quelle: PoT YV, FloNB YV Item ID: 849824
Nejgebauer, Else 10.08.1908 Wohnort: Deportation: Auschwitz: AuNo.: **Zschopau**: 25.11.1944 FloNo.: 61190 HaftKat.: Jüdin Nation: Slowakei **Todestag**: 1945 Ort: Zschopau Friedhof: Zschopau Abmeldung: 20.03.1945 Quelle: FloNB Vgl.YV Item: 7905662 u.a.	**Neuberger, Erna** 31.07.1923 Nürnberg MaNa.: Kolb [Fotos] Wohnort: Nürnberg Deportation: Theresienstadt: Auschwitz: 25.10.1944 [Et] AuNo.: keine Tätowierung **Oederan**: 30.10.1944 FloNo.: 59339 HaftKat.: Jüdin Nation: Deutsches Reich Bergen Belsen: 12.03.1945 BeBeNo.: **Todestag**: März/April 1945 Ort: Bergen Belsen Quelle: PoT YV, TDB, FloNB YV Item ID: 544715, 1297311	**Neuländer, Piroska** 11.07.1911 Göncruszka [# ledig] Wohnort: Szerencs, Budapest A: Paulay Ede ut 16 Deportation: Budapest Ravensbrück: 12/1944 RavNo.: Freiburg [GrRos]: 12.01.45 GrRosNo.: 94050 **Zwodau**: 26.02.1945 FloNo.: 63430 HaftKat.: Jüdin Nation: Ungarn **Todestag**: 1945 Ort: Zwodau [Todesmarsch] Abmeldung: 03.04.1945 Quelle: FloNB, Vgl.PoT YV Item ID: 464215, 1732335, 5330385

Nojdorf, Lysa [Zisa] 18.12.1910 Lodz Wohnort: Lodz Mühl Gasse 89F5 Deportation: Ghetto Lodz: Auschwitz: AuNo.: **Freiberg**: 22.09.1944 FloNo.: 53845 HaftKat.: Jüdin Nation: Polen Mauthausen: 29.04.1945 **Todestag**: 1945 Ort: Mauthausen Quelle: PoT YV, FloNB YV Item ID: 826207	**Nucher, Golda** 10.07.1898 [93] Sosnowiec MaNa.: Szenkier Wohnort: Sosnowitz Deportation: Grünberg [GrRos]: GrRosNo.: **Helmbrechts**: 06.03.1945 FloNo.: 63869 HaftKat.: Jüdin Nation: Polen **Erschossen**: 05.05.1945 Ort: beim Todesmarsch Friedhof: Volary [vgl. 65.] Quelle: PoT YV, FloNB YV Item ID: 1799152	**Nussbaum, Magda** 25.04.1925 Barodbesnye Wohnort: Deportation: Barodbesnye Auschwitz: AuNo.: **Hainichen**: 11.10.1944 FloNo.: 53240 HaftKat: Jüdin Nation: Ungarn Befreiung: Theresienstadt **Todestag**: 03.07.1945 Ort: Theresienstadt Quelle: TDB, FloNB
Öszterreicher, Magda 30.10.1927 Nagykapornak Wohnort: Nagykanisza Deportation: Auschwitz: 1944 AuNo.: Bergen Belsen: BeBeNo.: **Dresden Reick**: 25.02.1945 FloNo.: 62777 HaftKat.: Jüdin Nation: Ungarn Befreiung: **Todestag**: 11.06.1945 Ort: Bad Gottleuba Friedhof: Bad Gottleuba Quelle: FloNB, Gottleuba YV Item ID: 6854000 [nicht 15.06.1944!]	**Oszmann, Zsuzsi** Lidia 23.03.1915 Budapest MaNa.: Kertesz [23.02.15] Wohnort: Ujpest Deportation: Neusalz [GrRos]: GrRosNo.: **Flossenbürg**: 08.03.1945 FloNo.: 64652 HaftKat.: Jüdin Nation: Ungarn Befreiung: Bergen Belsen **Todestag**: 01.07.1945 / Juli Ort: Bergen-Belsen Quelle: HUNHDC YV Item ID: 5811977, 6765728, 7496922 Vgl. BeBeGB S.773, 774	**Pachner, Emma** 16.12.1922 Wohnort: Deportation: Grünberg [GrRos]: GrRosNo.: **Zwodau**: 06.03.1945 FloNo.: 65085 HaftKat.: Jüdin Nation: Ungarn **Todestag**: 1945 Ort: Friedhof: Volary [vgl. 64.] Quelle: Volary, FloNB

Palczynska, Katarzina 08.04.1907 Okreglik Wohnort: Deportation: Auschwitz: AuNo.: **Chemnitz**: 24.10.1944 FloNo.: 56603 HaftKat.: Politische Nation: Polen **Todestag**: 1945 Ort: Chemnitz Abmeldung: 11.04.1945 Quelle: FloNB	**Pariser, Mania** 17.07.1917 Wohnort: Deportation: Grünberg [GrRos]: GrRosNo.: **Helmbrechts**: 06.03.1945 FloNo.: 63874 HaftKat.: Jüdin Nation: Polen **Todestag**: 1945 Ort: Friedhof: Volary [32.] Quelle: Volary, FloNB	**Partosz, Fernanda Baba** 21.01.1912 Miresul Mare [1909] MaNa.: *Bobby* Lautmann Wohnort: Satumare Deportation: Szatmar [‚Szalnár'] Auschwitz: AuNo.: Grünberg [GrRos]: GrRosNo.: **Helmbrechts**: 06.03.1945 FloNo.: 63876 HaftKat.: Jüdin Nation: Ungarn **Todestag**: 1945 Ort: Friedhof: Volary [18.] Quelle: Volary, FloNB PoT YV Item ID: 783476
Pascariu, Yetta Bella 25.08.1917 Paris Wohnort: Paris Deportation: Drancy: bis 27.03.1944 [70] Auschwitz: 30.03.1944 AuNo.: [76162 – 76309] Bergen Belsen: BeBeNo.: **Venusberg**: 28.02.1945 FloNo.: 63149 HaftKat.: Jüdin Nation: Frankreich **Todestag**:[nicht 01.04.44!] Ort: [nicht Auschwitz!] Quelle : JO !, FloNB	**Pasztor, Erzsi** [Ilse] 15.12.1913 [Budapest?] Wohnort: [Kispest?] Deportation: [Auschwitz AuNo.:?] Grünberg [GrRos]: GrRosNo.: **Zwodau**: 06.03.1945 FloNo.: 65087 HaftKat.: Jüdin Nation: Ungarn **Todestag**: 1945 Ort: Friedhof: Volary [38.] Quelle: Volary, FloNB Vgl.PoT YV Item ID: 1478707	**Paulich, Ilse** 18.04.1903 Dresden MaNa.: Mortkewitz Wohnort: Dresden Deportation: Dresden: Arrest 10.08.44 Auschwitz: Oktober 1944 AuNo.: Bergen Belsen: BeBeNo.: **Dresden Reick**: 25.02.1945 FloNo.: 62778 HaftKat.: Jüdin Nation: Deutsches Reich **Todestag**: 21.03.1945 Ort: Dresden Bestattung: 22.03.1945 Abmeldung: ohne Quelle: FloNB, Tolkewitz

<table>
<tr>
<td>Pelikan, Anna
02.03.1900

Wohnort:
Deportation:

Bergen Belsen:
BeBeNo.:
Venusberg: 28.02.1945
FloNo.: 63356
HaftKat.: Jüdin
Nation: Tschechoslowakei

Todestag: 1945
Ort: Venusberg
Abmeldung: 31.03.1945
Quelle: FloNB</td>
<td>Penzinski, Hedwig
08.07.1915 Münsterberg

Wohnort:
Deportation:

Ravensbrück: 02.01.1943
RavNo.: 15981
Neu Rohlau: [01.09.1944]
FloNo.: 52084
HaftKat.: Sch.
Nation: Deutsches Reich

Todestag:
Ort: Neu Rohlau
Abmeldung: 01.03.1945
Quelle: FloNB</td>
<td>Pergricht, Sala
04.10.1928
[AltNa.: Sura Pergerycht]
Wohnort: Bendzin [?]
[Bedzin: Modrzejowska 48]
Deportation:Ghetto Bedzin
Neusalz [GrRos]:
GrRosNo.:
Flossenbürg: 08.03.1945
FloNo.: 64659
HaftKat.: Jüdin
Nation: Polen
Bergen Belsen: [17.03.45]
BeBeNo.:
Befreiung: Bergen Belsen
Todestag: 18.05.1945
Ort: Bergen Belsen
Quelle: BBMB, FloNB,
YV Item ID: 7202561</td>
</tr>
<tr>
<td>Perl, Frieda
06.01.1906 Budapest

Wohnort: Budapest
Deportation: Budapest
Dachau: 24.11.1944
DaNo.: 132375
Bergen Belsen:
BeBeNo.:
Dresden Reick: 25.02.1945
FloNo.: 62779
HaftKat.: Jüdin
Nation: Ungarn

Todestag: 27.03.1945
Ort: Dresden
Bestattung: 28.03.1945
Abmeldung: ohne
Quelle: FloNB, Tolkewitz</td>
<td>Perlmutter, Nacha
23.03.1923 Wloclawek

Wohnort: Wloclawek
Deportation: Wloclawek
Ghetto Lodz:
Adresse: Holz Str. 21F5
Auschwitz:
AuNo.:
Stutthof: 03.09.1944
StuNo.: 82455
Dresden: 29.11.1944
[Dresden Bernsdorf]
FloNo.: 59815
HaftKat.: Jüdin
Nation: Polen
Todestag: 1945
Ort: Mockethal?
Abmeldung: 26.03.1945
Quelle: FloNB, Lodz</td>
<td>Pietermann, Regina
15.02.1916

Wohnort:
Deportation:
Ghetto Lodz:
Auschwitz:
AuNo.:
Stutthof: 03.09.1944
StuNo.: 83911
Dresden: 29.11.1944
[Dresden Bernsdorf]
FloNo.: 59818
HaftKat.: Jüdin
Nation: Polen
Todestag: 14.02.1945
Ort: Dresden Bombardierung
Bestattung: 26.02.1945
Abmeldung: 06.03.1945
Quelle: FloNB, Tolkewitz</td>
</tr>
</table>

Pihas, Diana 15.03.1924 Rhodos [AltDate:16.03.1920] Wohnort: Rhodos Deportation: 23.07.1944 Athen: 03.08.1944 Auschwitz: 16.08.1944 AuNo.: [A-24215 – A-24468] Dachau: 26./27.10.1944 DaNo.: 119901 Bergen Belsen: 17.12.1944 BeBeNo.: **Venusberg**: 28.02.1945 FloNo.: 63150 HaftKat.: Jüdin Nation: Italien **Todestag**: 1945 Ort: Quelle: PiFa, FloNB	**Pinkas, Adele** 18.08.1926 Wohnort: Deportation: Grünberg [GrRos]: GrRosNo.: **Helmbrechts**: 06.03.1945 FloNo.: 63884 HaftKat.: Jüdin Nation: Ungarn **Todestag**: 1945 Ort: Helmbrechts Abmeldung: 31.03.1945 Quelle: FloNB	**Pinter, Eszter** 19.04.1921 Wohnort: Deportation: Bergen Belsen: BeBeNo.: **Dresden Reick**: 25.02.1945 FloNo.: 62781 HaftKat.: Jüdin Nation: Ungarn Befreiung: **Todestag**: 28.05.1945 Ort: Bad Gottleuba Friedhof: Bad Gottleuba Quelle: FloNB, Gottleuba
Piotrkowska, Chaja 20.06.1927 Lodz Wohnort: Lodz Deportation: Ghetto Lodz Auschwitz: AuNo.: **Oederan**: 09.10.1945 FloNo.: 54536 HaftKat.: Jüdin Nation: Polen Befreiung: Theresienstadt **Todestag**: 06.06.1945 Ort: Theresienstadt Quelle: TDB, FloNB	**Piras, Marta** 08.05.1922 Wohnort: Deportation: Grünberg [GrRos] : GrRos.: **Helmbrechts**: 06.03.1945 FloNo.: 64032 HaftKat.: Jüdin Nation: Polen **Todestag**: 1945 Ort: Helmbrechts Abmeldung: 12.04.1945 Quelle: FloNB	**Plasmann, Yvonne** 30.03.1908 Gugnes Rabutin Wohnort: Deportation: Paris: bis 11.08.1944 Saarbrücken: 17.08.1944 [Neue Bremm] Ravensbrück: 26.08.1944 RavNo.: 61189 **Holleischen**: [01.09.1944] FloNo.: 52593 HaftKat.: Politische Nation: Frankreich **Todestag**: Todesort: Quelle: LDF, FloNB

<table>
<tr>
<td>Pöschle, Helena
26.02.1917 Galinchen

Wohnort:
Deportation:

Auschwitz:
AuNo.:
Ravensbrück: 30.08.1944
RavNo.: 61633
Graslitz: [01.09.1944]
FloNo.: 52752
HaftKat.: Aso.
Nation: Deutsches Reich

Todestag: 1944
Ort: Graslitz
Abmeldung: 04.11.1944
Quelle: FloNB</td>
<td>Politzer, Lilli
19.02.1905 Oroszló – Pécs
MaNa: Mautner [?]
Wohnort: Budapest
Adresse: V.Visegradi Köz ut
Deportation: Budapest

Budapest:
Ravensbrück:
RavNo.:
Venusberg: 15.01.1945
FloNo.: 62101
HaftKat.: Jüdin
Nation: Ungarn

Todestag: 1945
Ort: Venusberg
Abmeldung: 31.03.1945
Quelle: FloNB, PoT YV [?]
YV Item ID: 5338368</td>
<td>Poschtar, Tanja
25.04.1925 Kiew

Wohnort:
Deportation:

Ravensbrück: 28.03.1944
RavNo.: 33101
Holleischen: [01.09.1944]
FloNo.: 50659
HaftKat.: Politische
Nation: Russland

Todestag: 03.03.1945
Ort: Holleischen
Abmeldung: 08.03.1945
Quelle: FloNB, Jiri Fiser</td>
</tr>
<tr>
<td>Priester, Nani [Nanny]
24.04.1900 Katowice
MaNa.: Rosenberger
Wohnort: Kattowitz
Deportation: Sosnowitz
Ghetto Sosnowitz:
Neusalz [GrRos]:
GrRosNo.:
Flossenbürg: 08.03.1945
FloNo.: 64682
HaftKat.: Jüdin
Nation: Polen
Bergen Belsen: [17.03.45]
BeBeNo.:
Befreiung: Bergen Belsen
Todestag: 20.05.1945
Ort: Bergen Belsen
Quelle: BBMB, FloNB
PoT YV Item ID: 1870063</td>
<td>Przendza, Sara
22.08.1918
[AltNa.: Prentsa]
Wohnort:
Deportation:

Grünberg [GrRos]:
GrRosNo.:
Helmbrechts: 06.03.1945
FloNo.: 63899
HafKat.: Jüdin
Nation: Polen [‘Ungarn’]

Todestag: 1945
Ort:
Friedhof: Volary [54.]
Quelle: Volary, FloNB</td>
<td>Przjdzielska, Wladyslava
25.09.1920 Mokre

Wohnort:
Deportation:

Auschwitz:
AuNo.:
Wolkenburg: 10.10.1944
FloNo.: 58237
HaftKat.: Z.A.
Nation: Polen

Todestag: 15.02.1945
Ort: Wolkenburg
Abmeldung: 21.02.1945
Quelle: FloNB, Aas</td>
</tr>
</table>

Quentin, Susanne 10.05.1924 Chatien [Chatillon sur Marne] Wohnort: Deportation: Ravensbrück: 15.08.1944 RavNo.: 57XXX Torgau: Ravensbrück: 10/1944 Rav No.: 75415 **Leitmeritz**: [‘06.04.1945’] FloNo.: nicht registriert PriCat.: Sch. Nation: Frankreich **Todestag**: 1945 Ort: Quelle: RGB S.498	**Radzyner, Hinda Esther** 21.08.1920 Lodz MaNa: Mincberg Wohnort: Lodz, Matrosen Gasse 39F1A, Kilinski 49 Deportation: Ghetto Lodz Auschwitz: AuNo.: Stutthof: 03.09.1944 StuNo.: 83979 Dresden: 29.11.1944 **[Dresden Bernsdorf]** FloNo.: 59830 HaftKat.: Jüdin Nation: Polen **Todestag**: 21.02.1945 Ort: Dresden [Knochen-TBC] Abmeldung: 06.03.1945 Quelle: FloNB, PoT YV YV Item ID: 608475, Rad.	**Radzyner, Rachela** 12.12.1891 Radom MaNa.: Alberstein Wohnort: Lodz, Hohensteiner Str. 23F17, Steinmetz 8 Deportation: Ghetto Lodz Auschwitz: AuNo.: Stutthof: 03.09.1944 StuNo.: 83981 Dresden: 29.11.1944 **[Dresden Bernsdorf]** FloNo.: 59834 HaftKat.: Jüdin Nation: Polen **Todestag**: 08.02.1945 Ort: Dresden Abmeldung: 14.02.1945 Quelle : FloNB, PoT YV YV Item ID: 1254129
Regrowska, Pelagia 01.03.1921 Budy Chojna Wohnort: Deportation: Auschwitz: AuNo.: **Mittweida**: 09.10.1944 FloNo.: 55574 HaftKat.: Sch.H. Nation: Polen Ravensbrück: 24.02.1945 RavNo.: Befreiung: **Todestag**: 04.06.1945 Ort: Schweden Quelle: RGB, FloNB	**Reich, Lilly** 01.05.1911 Wohnort: Deportation: Grünberg [GrRos]: GrRosNo.: **Helmbrechts**: 06.03.1945 FloNo.:63903 HaftKat.: Jüdin Nation: Ungarn **Todestag**: 08.03.1945 Ort: Helmbrechts Abmeldung: 10.03.1945 Quelle: FloNB	**Reisman, Magda** 18.05.1927 Wohnort: Deportation: Bergen Belsen: BeBeNo.: **Dresden Reick**: 25.02.1945 FloNo.: 62791 HaftKat.: Jüdin Nation: Ungarn Befreiung: **Todestag**: 24.07.1945 Ort: Bad Gottleuba Friedhof: Bad Gottleuba Quelle : FloNB, Gottleuba Vgl. PoT YV Item ID: 5583257

<table>
<tr>
<td>Reismann, Olga
01.09.1923 Budapest

Wohnort:
Deportation:

Auschwitz:
AuNo.:
Hainichen: 11.10.1944
FloNo.: 53124
HaftKat: Jüdin
Nation: Ungarn

Todestag: März 1945
Ort: Hainichen
Abmeldung: 20.03.1945
Quelle: FloNB</td>
<td>Renard, Solange
19.10.1910 St. Martin [19.12.]
MaNa.: Gerard
Wohnort:
Deportation:

Paris: bis 18.04.1944
Ravensbrück: 22.04.1944
RavNo.: 35278
Holleischen: [01.09.1944]
FloNo.: 50744
HaftKat.: Politische
Nation: Frankreich

Todestag:
Ort:

Quelle: LDF, FloNB</td>
<td>Richter, Klara
21.08.1909

Wohnort:
Deportation:

Bergen Belsen:
BeBeBo.:
Venusberg: 28.02.1945
FloNo.: 63157
HaftKat.: Jüdin
Nation: Ungarn

Todestag: 1945
Ort: Venusberg
Abmeldung: 27.03.1945
Quelle: FloNB
Vgl. PoT YV Item ID: 1479194</td>
</tr>
<tr>
<td>Ringler, Zsuzsanna
21.03.1924

Wohnort:
Deportation:

Grünberg [GrRos]:
GrRosNo.:
Zwodau: 06.03.1945
FloNo.: 65090
HaftKat.: Jüdin
Nation: Ungarn

Todestag: 1945
Ort:
Friedhof: Volary [47.]
Quelle: Volary, FloNB
Vgl. PoT YV Item ID: 5229437</td>
<td>Rievel, Berta
05.07.1910

Wohnort:
Deportation:

Auschwitz:
AuNo.:
Hertine: 10.10.1944
FloNo.: 55038
HaftKat.: Jüdin
Nation.: Ungarn
Befreiung: Theresienstadt

Todestag: 18.06.1945
Ort: Theresienstadt

Quelle : TDB, FloNB</td>
<td>Roche, Marthe Marie
10.10.1896 Saint Dié

Wohnort:

Deportation:
Paris:
Ravensbrück: 26.08.1944
RavNo.: 61154
Holleischen: [01.09.1944]
FloNo.: 52562
HaftKat.: Politische
Nation: Frankreich

Todestag: 11.04.1945
Ort: Holleischen

Quelle: LDF, RGB, FloNB</td>
</tr>
</table>

Rona, Amalia 05.09.1910 Szeged Wohnort: Budapest Deportation: Budapest: Ravensbrück: 1944 RavNo.: **Venusberg**: 15.01.1945 FloNo.: 62109 HaftKat.: Jüdin Nation: Ungarn **Todestag**: 1945 [nicht 1944] Ort: Quelle: PoT YV, FloNB YV Item ID: 3982332	**Rosenbaum, Bela** 26.05.1925 [AltNa.: Bajla Rozenbaum] Wohnort: Lodz, Sulzfelder Str. 39F8, Hanseaten Str. 9 Deportation: Ghetto Lodz: Auschwitz: AuNo.: **Freiberg**: 22.09.1944 FloNo.: 53873 HaftKat.: Jüdin Nation: Polen **Todestag**: spät. 26.03.1945 Ort: Freiberg Abmeldung: 26.03.1945 Quelle: FloNB, Düsing Vgl. PoT YV Item ID: 468233	**Rosenbaum, Fela** 01.05.1924 Oswiecim Wohnort: Deportation: Neusalz [GrRos]: GrRosNo.: **Flossenbürg**: 08.03.1945 FloNo.: 64703 HaftKat.: Jüdin Nation: Polen Bergen Belsen: [17.03.45] BeBeNo.: Befreiung: Bergen Belsen **Todestag**: 26.06.1945 Ort: Bergen Belsen Quelle: BBMB, FloNB
Rosenbaum, Lili 01.12.1925 Wohnort: Deportation: Neusalz [GrRos]: GrRosNo.: **Flossenbürg**: 08.03.1945 FloNo.: 64704 HaftKat.: Jüdin Nation: Ungarn Bergen Belsen: [17.03.45] BeBeNo.: Befreiung: Bergen Belsen **Todestag**: 30.04.1945 Ort: Bergen Belsen Quelle: BBMB, FloNB	**Rosenbaum, Roza** 20.02.1922 Trzebinia Wohnort: Deportation: Neusalz [GrRos]: GrRosNo.: **Flossenbürg**: 08.03.1945 FloNo.: 64708 HaftKat.: Jüdin Nation: Polen Bergen Belsen: [17.03.45] BeBeNo.: Befreiung: Bergen Belsen **Todestag**: 06.07.1945 Ort: Bergen Belsen Quelle: BBMB, FloNB	**Rosenberg, Bella** 24.04.1911 Wohnort: Deportation: Bergen Belsen: BeBeNo.: **Dresden Reick**: 25.02.1945 FloNo.: 62795 HaftKat.: Jüdin Nation: Ungarn **Todestag**: 1945 Ort: Dresden Abmeldung: 21.03.1945 Quelle: FloNB

Rosenberg, Elza 25.01.1912 Kowale MaNa.: Zinger Wohnort: Skoczow Deportation: Kowale Grünberg [GrRos]: GrRosNo.: **Helmbrechts**: 06.03.1945 FloNo.: 63913 HaftKat.: Jüdin Nation: Polen **Todestag**: 12.03.1945 Ort: Helmbrechts[Erschöpfung] Abmeldung: 26.03.1945 Quelle: FloNB, PoT YV YV Item ID: 5636523, 1614507	**Rosenberg, Lili** 23.07.1911 Miskolc MaNa.: Glück [Foto] Wohnort: Miskolc Deportation: Pürschkau [GrRos]: Grünberg [GrRos]: GrRosNo.: **Helmbrechts**: 06.03.1945 FloNo.: 63646 HaftKat.: Jüdin Nation: Ungarn Befreiung: Volary **Todestag**: Mai 1945 Ort: Volary Friedhof: Volary [24.] Quelle: PoT YV, Volary, FloNB YV Item ID: 1699502	**Rosenberg, Nacha** 10.02.1912 Wohnort: Deportation: Grünberg [GrRos]: GrRosNo.: **Helmbrechts**: 06.03.1945 FloNo.: 63916 HaftKat.: Jüdin Nation: Polen **Todestag**: 1945 Ort: Helmbrechts Abmeldung: 04.04.1945 Quelle: FloNB, Vgl. YV Item ID: 7308419
Rosenblatt, Roza 21.08.1920 or 10.02.1926 Wohnort: Deportation: Grünberg [GrRos]: GrRosNo.: **Helmbrechts or Zwodau** FloNo.: [63917 or 65094] HaftKat.: Jüdin Nation: Ungarn **Todestag**: 1945 Ort: Friedhof: Volary [2.] Quelle: Volary, FloNB YV Item ID: 6692757	**Rosenblum, Marian** 05.07.1902 Wohnort: Deportation: Ghetto Lodz Auschwitz: AuNo.: Stutthof: 03.09.1944 StuNo.: 82522 Dresden: 29.11.1944 **[Dresden Bernsdorf]** FloNo.: 59849 HaftKat.: Jüdin Nation: Polen **Todestag**: 1945 Ort: Mockethal? [Dresden] Abmeldung: 20.03.1945 Quelle: FloNB	**Rosenfeld, Lisa** 25.01.1925 Wohnort: Deportation: Grünberg [GrRos]: GrRosNo.: **Helmbrechts**: 06.03.1945 FloNo.: 63919 HaftKat.: Jüdin Nation: Ungarn **Todestag**: 1945 Ort: Helmbrechts Abmeldung: 14.03.1945 Quelle: FloNB

Rosenzweig, Stella 29.03.1915 Wien [Fotos] Wohnort: Krakau Deportation: Krakau-Plaszow **Flossenbürg:** 09/1944 FloNo.: 52923 HaftKat.: Jüdin Nation: Polen Ravensbrück: 18.10.1944 RavNo.: [78821-78827] Bergen Belsen: ? **Todestag**: 1945 Ort: Todesmarsch Quelle: TDB, FloNB, PoT YV Item ID: 1134586, 473892 u.a.	**Rosinski, Maria** 23.01.1914 Wolhynien MaNa.: Leiter Wohnort: Deportation: Ravensbrück: 16.02.1944 RavNo.: 28796 **Leitmeritz**: [‚06.04.1945’] FloNo.: nicht registriert HaftKat.: Sch. Nation: Deutsches Reich **Todestag**: 02.04.1945 Ort: Leitmeritz Quelle: M. Langhamerová, TDB	**Rotenberg, Szaindla** 29.11.1910 Wohnort: Deportation: Auschwitz: AuNo.: Stutthof: 27.09.1944 StuNo.: 88184 Dresden: 29.11.1944 **[Dresden Bernsdorf]** FloNo.: 59856 HaftKat.: Jüdin Nation: Polen **Zwodau**: April 1945 **Todestag**: April 1945 Ort: Zwodau Abmeldung: 13.04.1945 Quelle: FloNB
Rottenberg, Jentuscha 15.09.1926 Pulawy [25.09.] Wohnort: Deportation: Blizyn: Auschwitz: 31.07.1944 AuNo.: [A-15211 – A-15925] **Wilischthal**: 22.11.1944 FloNo.: 58958 HaftKat.: Jüdin Nation: Polen Theresienstadt:~ 21.04.1945 **Todestag**: 05.05.1945 Ort: Theresienstadt Quelle: TDB, ZStL, Cziborra, Yaja Boren, PoT YV Item: 8849861	**Rottenstein, Vera** 06.08.1920 Wohnort: Deportation: Bergen Belsen: BeBeNo.: **Dresden Reick**: 25.02.1945 FloNo.: 62799 HaftKat.: Jüdin Nation: Ungarn **Todestag**: 1945 Ort: Dresden Abmeldung: 21.03.1945 Quelle: FloNB	**Rozanna, Basia** 26.12.1926 Sosnowice [AltNa.: Rozena] Wohnort: Deportation: Neusalz [GrRos]: GrRosNo.: **Flossenbürg**: 08.03.1945 FloNo.: 64724 HaftKat.: Jüdin Nation: Polen Bergen Belsen: [17.03.45] BeBeNo.: **Todestag**: 1945 Ort: Bergen Belsen Quelle: BBMB, FloNB Vgl.YV Item ID: 563445

<table>
<tr>
<td>Rubinstein, Adel
07.03.1919

Wohnort:
Deportation:

Bergen Belsen:
BeBeNo.:
Venusberg: 28.02.1945
FloNo.: 63169
HaftKat.: Jüdin
Nation: Ungarn

Todestag: 1945
Ort: Venusberg
Abmeldung: 07.04.1945
Quelle: FloNB</td>
<td>Rübner, Kato
21.10.1912 Sarbogard
MaNa.: Miklos [‚1916’]
Wohnort: Rakospalota
Deportation:

Neusalz [GrRos]:
GrRosNo.:
Flossenbürg: 08.03.1945
FloNo.: 64728
HaftKat.: Jüdin
Nation: Ungarn
Bergen Belsen: [17.03.45]
BeBeNo.:
Befreiung: Bergen Belsen
Todestag: 09.05.1945
Ort: Bergen Belsen
[nicht 15.04.1945!]
Quelle: BBMB, FloNB
YV Item ID: 6841904, 6841987 Vgl. 7752479 u.a.</td>
<td>Rypsztajn, Nadja Nadzi
25.06.1925 Lodz
[Foto]
Wohnort:
Deportation:
Ghetto Lodz: bis 08/1944
Auschwitz:
AuNo.:
Grünberg [GrRos]:
GrRosNo.:
Zwodau: 06.03.1945
FloNo.: 65092
HaftKat.: Jüdin
Nation: Polen
Befreiung: Volary
Todestag: 1945
Ort: Volary
Friedhof: Volary [75.]
Quelle: Volary, FloNB</td>
</tr>
<tr>
<td>Sachowaiko, Maria
09.07.1926 Kiew Pawlinko

Wohnort:
Deportation:

Leipzig:
Ravensbrück: 08.06.1944
RavNo.: 41605
Helmbrechts [01.09.1944]
FloNo.: 50226
HaftKat.: Z.A.
Nation: Russland

Todestag:
Ort:
Abmeldung: 22.03.1945
Quelle: FloNB</td>
<td>Safir, Ibolya
19.10.1918

Wohnort:
Deportation:

Grünberg [GrRos]:
GrRosNo.:
Zwodau: 06.03.1945
FloNo.: 65096
HaftKat.: Jüdin
Nation: Ungarn

Todestag: 1945
Ort: Zwodau
Abmeldung: 26.03.1945
Quelle : FloNB, Vgl. YV</td>
<td>Salamon, Ilona
09.05.1898

Wohnort:
Deportation:

Bergen Belsen:
BeBeNo.:
Venusberg: 28.02.1945
FloNo.: 63175
HaftKat.: Jüdin
Nation: Ungarn

Todestag: 1945
Ort: Venusberg
Abmeldung: 07.04.1945
Quelle: FloNB</td>
</tr>
</table>

Salamon, Rozsi 30.08.1926 Wohnort: Deportation: Auschwitz: AuNo.: **Hertine**: 10.10.1944 FloNo.: 55090 HaftKat.: Jüdin Nation: Ungarn **Todestag**: 1944 Ort: Hertine Abmeldung: 07.12.1944 Quelle: FloNB	**Salonicchio, Sandra** 15.10.1909 [19.10.] [AltNa. Alessandra Salonikiou] Wohnort: Triest Deportation: Griechenland [Korfu?] Auschwitz: AuNo.: Bergen Belsen: BeBeNo.: **Venusberg**: 28.02.1945 FloNo.: 63177 HaftKat.: Jüdin Nation: Griechenland Befreiung: Mauthausen **Todestag**: 11.08.1945 Ort: Katsdorf Bestattung: 13.08.1945 Quelle: Katsdorf, FloNB	**Samaljenko, Alexandra** 25.05.1898 Kiew Wohnort: Deportation: Ravensbrück: RavNo.: 55102 **Helmbrechts** [01.09.1944] FloNo.: 52484 HaftKat.: Z.A. Nation: Russland **Todestag**: Ort: Helmbrechts Abmeldung: 03.03.1945 Quelle: FloNB
Schaffer, Piroska 30.04.1924 Szabadka Wohnort: Deportation: Budapest: Ravensbrück: RavNo.: **Venusberg**: 15.01.1945 FloNo.: 62151 HaftKat.: Jüdin Nation: Ungarn **Todestag**: 1945 Ort: Venusberg Abmeldung: 23.03.1945 Quelle: FloNB	**Scheps, Fella** 22.09.1918 Dabrowa Gornicza [AltNa.: Szeps][Fotos] Wohnort: Dumkrova Deportation: Dabrowa Gornicza Ghetto: Grünberg [GrRos]: 07.02.42 GrRosNo.: **Helmbrechts**: 06.03.1945 FloNo.: 63974 HaftKat.: Jüdin Nation: Polen Befreiung: Volary **Todestag**: 09.05.1945 Ort: Volary Friedhof: Volary [26.] Quelle: Volary, FloNB PoT YV Item ID: 1415625	**Schlesinger, Erzsebet** 11.08.1894 Lengyeltoti MaNa.: Friedmann, *Bözsi* Wohnort: Budapest Deportation: Budapest: Ravensbrück: RavNo.: **Venusberg**: 15.01.1945 FloNo.: 62154 HaftKat.: Jüdin Nation: Ungarn Mauthausen: **Todestag**: Mai 1945 Ort: Mauthausen Quelle: PoT YV, FloNB YV Item ID: 3964245

Schlomovits, Helene 22.03.1925 Wohnort: Deportation: Grünberg [GrRos]: GrRosNo.: **Helmbrechts**: 06.03.1945 FloNo.: 63981 HaftKat.: Jüdin Nation: Ungarn **Todestag**: 1945 Ort: Helmbrechts Abmeldung: 03.04.1945 Quelle: FloNB	**Schoemaker, Margaretha** 19.03.1908 Amsterdam MaNa.: Lisser Wohnort: Deportation: Westerbork: 03.09.1944 Auschwitz: 05.09.1944 AuNo.: [A-25060 – A-25271] Bergen Belsen: BeBeNo.: **Venusberg**: 28.02.1945 FloNo.: 63208 HaftKat.: Jüdin Nation: Niederlande **Todestag**: 1945 Ort: Venusberg Abmeldung: 23.03.1945 Quelle: FloNB, OGS	**Schönberg, Mirjam** 10.11.1928 Lupeny ['Lubeny', 'Lobezy'] Wohnort: Szovata Deportation: ‚Sovarto' Auschwitz: AuNo.: **Hainichen**: 11.10.1944 FloNo.: 53171 HaftKat: Jüdin Nation: Ungarn [Rumänien] Befreiung: Theresienstadt **Todestag**: 31.05.1945 Ort: Theresienstadt Quelle : TDB, FloNB. PoT YV Item ID: 1300847, 2029131, 3946339
Schönberger, Katalin 06.06.1922 Wohnort: Deportation: Grünberg [GrRos]: GrRosNo.: **Zwodau**: 06.03.1945 FloNo.: 65103 HaftKat.: Jüdin Nation: Ungarn **Todestag**: 1945 Ort: Zwodau Abmeldung: 10.04.1945 Quelle: FloNB	**Schreiberová, Anna** 06.03.1907 Wohnort: Deportation: Prag Prag: [Transport Cc] Theresienstadt: 20.11.1942 Auschwitz: 03.10.1944 [Em] AuNo.: keine Tätowierung **Freiberg**: 12.10.1944 FloNo.: 54360 HaftKat.: Jüdin Nation: Tschechien Befreiung: Mauthausen **Todestag**: 27.05.1945 Place: Gusen Bestattung: KZ Friedhof Gusen Quelle: TDB, FloNB, AMM Y/39, B/12/90, Y/50/11/810/13	**Schultz, Livia** *Lili* 26.06.1912 Budapest MaNa.: Mauthner Wohnort: Budapest Deportation: Bergen Belsen: BeBeNo.: **Dresden Reick**: 25.02.1945 FloNo.: 62813 HaftKat.: Jüdin Nation: Ungarn **Todestag**: 05.04.1945 Ort: Dresden Bestattung: 07.04.1945 Abmeldung: ohne Quelle: FloNB, Tolkewitz YV Item ID: 5839245, 7835212

<table>
<tr>
<td>Schulz, Jolan
04.01.1906 Puho
MaNa.: Klein
Wohnort: Budapest
Deportation:
Budapest
Ravensbrück:
RavNo.:
Venusberg: 28.02.1945
FloNo.: 62160
HaftKat.: Jüdin
Nation: Ungarn

Todestag: [15.03.1945?]
Ort: [Venusberg?]
Quelle: FloNB, YV Item ID: 6883443, 5802678</td>
<td>Schwabe, Jadwiga
22.09.1881 Tymbarg
MaNa.: Szczewczyk
Wohnort:
Deportation:

Ravensbrück: 1944
RavNo.: 74573
Leitmeritz: [‚06.04.1945’]
FloNo.: nicht registriert
HaftKat.: Sch.
Nation: Polen

Todestag: 27.04.1945
Ort: Leitmeritz
Quelle: M. Langhamerová, TDB</td>
<td>Schwarcz, Irma Jozsefne
17.09.1906 ‚Sowartei’ Szombathely, MaNa.: Vogel
Wohnort: Budapest
Deportation:

Bergen Belsen:
BeBeNo.:
Venusberg: 28.02.1945
FloNo.: 62180
HaftKat.: Jüdin
Nation: Ungarn
Mauthausen:
Todestag: 04.05.1945
Ort: Mauthausen

Quelle: FloNB,
YV Item ID: 6945751</td>
</tr>
<tr>
<td>Schwarz, Lenke
14.09.1927

Wohnort:
Deportation:

Auschwitz:
AuNo.:
Hertine: 10.10.1944
FloNo.: 55113
HaftKat.: Jüdin
Nation: Ungarn
Oederan: 06.01.1945
Todestag: 10.03.1945
Ort: Oederan
Bestattung: 12.03.1945
Abmeldung: 20.03.1945
Quelle: FloNB</td>
<td>Schwarz, Lenke
29.04.1914 Ungvar

Wohnort:
Deportation:

Grünberg [GrRos]:
GrRosNo.:
Zwodau: 06.03.1945
FloNo.: 65105
HaftKat.: Jüdin
Nation: Ungarn

Todestag: 1945
Ort:
Friedhof: Volary [11.]
Quelle: Volary, FloNB</td>
<td>Schwimmerová, Edita
19.02.1923

Wohnort: Prag
Deportation: Praha [Ba]
Theresienstadt: 10.08.1942
Auschwitz: 06.10.1944 [En]
AuNo.:
Grünberg [GrRos]:
GrRosNo.:
Zwodau : 06.03.1945
FloNo.: 65106
HaftKat.: Jüdin
Nation: Tschechoslowakei

Todestag: 1945
Ort: Zwodau
Abmeldung: 16.03.1945
Quelle : FloNB, TDB</td>
</tr>
</table>

Séailles, Simone 22.11.1917 Paris Wohnort: Paris Deportation: Paris: Saarbrücken: 04.07.1944 [Neue Bremm] Ravensbrück: 27.07.1944 RavNo.: 47182 **Zwodau**: **Neurohlau**: 02.04.1945 FloNo.: 65561 HaftKat.: Sch.H. Nation: Frankreich Theresienstadt: **Todestag**: 26.05.1945 Ort: Theresienstadt Quelle: LDF, TDB, FloNB	**Seelig, Marianne Sara** 11.09.1926 Homberg Wohnort: Deportation: Westerbork: bis 18.01.1944 Theresienstadt: 20.01.1944 Auschwitz: 03.10.1944 [Em] AuNo.: Grünberg [GrRos]: GrRosNo.: **Helmbrechts**: 06.03.1945 FloNo.: 63940 HaftKat.: Jüdin Nation: Deutsches Reich **Todestag**: 1945 Ort: [nicht Auschwitz!] Quelle: OGS!, TDB, FloNB	**Segerová, Charlota** 13.08.1928 [16.08.] Pilsen Wohnort: Deportation: Pilsen Theresienstadt: 18.01.1942 Auschwitz: 06.10.1944 [En] AuNo.: keine Tätowierung **Freiberg**: 12.10.1944 FloNo.: 54314 HaftKat.: Jüdin Nation: Tschechoslowakei **Todestag**: spät. 27.01.1945 Ort: Freiberg Abmeldung: 31.01.1945 Quelle: FloNB, Düsing
Senes, Ella 15.03.1915 Wohnort: Deportation: Grünberg [GrRos]: GrRosNo.: **Helmbrechts**: 06.03.1945 FloNo.: 63942 HaftKat.: Jüdin Nation: Ungarn **Todestag**: 1945 Ort: Helmbrechts Abmeldung: 12.04.1945 Quelle: FloNB	**Siklos, Eva** 05.08.1920 Wohnort: Budapest Deportation: Bergen Belsen: BeBeNo.: **Dresden Reick**: 25.02.1945 FloNo.: 62804 HaftKat.: Jüdin Nation: Ungarn **Todestag**: 23.03.1945 Ort: Dresden Bestattung: 26.03.1945 Abmeldung: 31.03.1945 Quelle : FloNB, Tolkewitz YV Item ID : 7635433	**Siklos, Iren** 05.08.1920 Wien Wohnort : Deportation : Bergen Belsen: BeBeNo.: **Dresden Reick**: 25.02.1945 FloNo.: 62805 HaftKat.: Jüdin Nation: Ungarn **Todestag**: 17.03.1945 Ort: Dresden Bestattung: 20.03.1945 Abmeldung: 21.03.1945 Quelle: FloNB, Tolkewitz

Silbermann, Jetty 03.06.1915 Andrychów Wohnort: Andrychów Deportation: Auschwitz: 1942 AuNo.: Grünberg [GrRos]: GrRosNo.: **Helmbrechts**: 06.03.1945 FloNo.: 63946 HaftKat.: Jüdin Nation: Ungarn **Todestag**: 1945 Ort: Helmbrechts Abmeldung: 08.04.1945 Quelle: FloNB YV Item ID: 9591946	**Silberzahn, Ruda** 10.11.1926 Wohnort: Dabrowa Gornicza? Deportation: Grünberg [GrRos]: GrRosNo.: **Zwodau**: 06.03.1945 FloNo.: 65097 HaftKat.: Jüdin Nation: Polen **Todestag**: 1945 Ort: Zwodau Abmeldung: 22.03.1945 Quelle: FloNB, Vgl. PoT YV Item ID: 1032693	**Singer, Sara** 15.10.1908 Wohnort: Deportation: Auschwitz: AuNo.: **Hertine**:10.10.1944 FloNo.: 55159 HaftKat.: Jüdin Nation.: Ungarn **Todestag**: Ort: Hertine Abmeldung: 15.01.1945 Quelle: FloNB
Sipos, Erzsebet Elisabeth 03.03.1901 Budapest MaNa.: Angyal Wohnort: Budapest Deportation: Budapest Bergen Belsen: BeBeNo.: **Venusberg**: 28.02.1945 FloNo.: 63187 HaftKat.: Jüdin Nation: Ungarn **Todestag**: [nicht 02.03.45] Ort: [nicht Bergen Belsen] Quelle: FloNB, PoT YV Item ID: 965823	**Sohn, Sara** 11.03.1914 Wohnort: Deportation: Auschwitz: AuNo.: **Zschopau**: 25.11.1944 FloNo.: 61270 HaftKat.: Jüdin Nation: Polen **Todestag**: wohl 1944 Ort: Zschopau Abmeldung: 03.01.1945 Quelle: FloNB	**Sommerfeld, Gertrud** 12.07.1898 Berlin MaNa.: Marcuse Wohnort: Berlin Deportation: Berlin: I/95 Theresienstadt: 29.05.1943 Auschwitz: 06.10.1944 [En] AuNo.: keine Tätowierung **Freiberg**: 12.10.1944 FloNo.: 54313 HaftKat.: Jüdin Nation: Deutsches Reich **Todestag**: [nicht 04.09.44] Ort: unbekannt Quelle: Koblenz, TDB, FloNB PoT YV Item ID: 823114

Sonnino, Maria Luisa 05.10.1920 Napoli /Neapel [# ledig] Wohnort: Genua / Genova Deportation: Bozen Bolzano: bis 24.10.1944 Auschwitz: 28.10.1944 AuNo.: **A-26698** Bergen Belsen: BeBeNo.: **Venusberg**: 28.02.1945 FloNo.: 63188 HaftKat.: Jüdin Nation: Italien **Todestag**: 1945 Ort: Venusberg Abmeldung: 20.03.1945 Quelle: FloNB, PiFa, PoT YV Item ID: 9583560, 1499125	**Sons, Perla Ruckla** 23.09.1908 Plock MaNa.: Taub Wohnort: Deportation: Westerbork: bis 18.01.1944 Theresienstadt: 20.01.1944 Auschwitz: 03.10.1944 [Em] AuNo.: Grünberg [GrRos]: GrRosNo.: **Helmbrechts**: 06.03.1945 FloNo.: 64102 HaftKat.: Jüdin Nation: Niederlande **Todestag**: [nicht 03.10.44] Ort: [nicht Auschwitz!] Quelle: OGS!, TDB, FloNB	**Sperling, Hildegard** 27.07.1919 Bochum Wohnort: Deportation: Ravensbrück: RavNo.: **Zwodau**: [01.09.1944] FloNo.: 51049 HaftKat.: BV. Nation: Deutsches Reich **Todestag**: Ort: Zwodau Abmeldung: 10.04.1945 Quelle: FloNB
Spiegel, Lenke 30.10.1921 Wohnort: Deportation: Grünberg [GrRos]: GrRosNo.: **Zwodau**: 06.03.1945 FloNo.: 65098 HaftKat.: Jüdin Nation: Ungarn **Todestag**: 1945 Ort: Zwodau Abmeldung: 02.04.1945 Quelle: FloNB	**Spiegelmann, Halina** 12.12.1927 Sücksvoty [?] Wohnort: Deportation: Grünberg [GrRos]: GrRosNo.: **Helmbrechts**: 06.03.1945 FloNo.: 63959 HaftKat.: Jüdin Nation: Polen **Todestag**: 1945 Ort: Friedhof: Volary [22.] Quelle: Volary, FloNB	**Spitz, Piroska** 15.12.1901 Nagykallo MaNa.: Schnitz[l]er Wohnort: Budapest Deportation: Budapest Ravensbrück: RavNo.: **Venusberg**: 28.02.1945 FloNo.: 62157 HaftKat.: Jüdin Nation: Ungarn Mauthausen **Todestag**: 20.05.1945 Ort: Mauthausen Quelle: FloNB, AMM Y/39 PoT YV Item ID: 3991346

Spitzer, Ibolya 10.05.1924 Rakospalota Wohnort: Budapest Deportation: Bergen Belsen: BeBeNo.: **Venusberg**: 28.02.1945 FloNo.: 63191 HaftKat.: Jüdin Nation: Ungarn **Todestag**: April 1945 Ort: in oder auf dem Weg nach Mauthausen Quelle: FloNB, YV Item ID: 6864886, 6943297, 7646199, 7648977 u.a.	**Stark, Lenke** 02.03.1916 Wohnort: Deportation: Grünberg [GrRos]: GrRosNo.: **Helmbrechts**: 06.03.1945 FloNo.: 64003 HaftKat.: Jüdin Nation: Ungarn **Todestag**: 1945 Ort: Helmbrechts Abmeldung: 04.04.1945 Quelle: FloNB	**Stein, Marta** 18.02.1922 Beregszasz MaNa.: Fingerhut [Foto] Wohnort: Beregszasz / Budapest Deportation: Budapest: Ravensbrück: RavNo.: **Venusberg**: 15.01.1945 FloNo.: 61859 HaftKat.: Jüdin Nation.: Ungarn Befreiung: Mauthausen **Todestag**: 10.05.1945 Ort: Mauthausen Quelle: PoT YV, FloNB YV Item ID: 3993918
Steiner, Ernestine 22.09.1913 Wohnort: Deportation: Bergen Belsen: BeBeNo.: **Venusberg**: 28.02.1945 FloNo.: 63216 HaftKat.: Jüdin Nation: Ungarn **Todestag**: 1945 Ort: Venusberg Abmeldung: 07.04.1945 Quelle: FloNB	**Steiner, Leontin** 12.02.1900 Wohnort : Deportation : Neusalz [GrRos] : GrRosNo. : **Flossenbürg** : 09.03.1945 FloNo. : 64831 HaftKat.: Jüdin Nation: Ungarn **Todestag**: 1945 Ort: Flossenbürg Abmeldung: 18.03.1945 Quelle: FloNB	**Steiner, Lili** Livia 07.03.1907 Budapest MaNa.: Link [Foto] Wohnort: Budapest Deportation: Budapest Ravensbrück: RavNo.: **Venusberg**: 15.01.1945 FloNo.: 62188 HaftKat.: Jüdin Nation: Ungarn **Todestag**: 1945 Ort: Mauthausen Quelle: FloNB, SVHF24791 YV Item ID: 9325360

Stepper[ová], **Liese** *Liesl* 20.08.1926 Wien [# ledig] [Ostravska 747] Wohnort: Neu Oderberg Deportation: Sosnowitz Bolkenhain: Juni 1942 Merzdorf: Oktober 1942 Schönberg[?]: Januar 1943 Grünberg [GrRos]: 08/44 GrRosNo.: **Helmbrechts**: 06.03.1945 FloNo.: 64013 HaftKat.: Jüdin Nation: Tschechoslowakei Befreiung: Volary [Foto] **Todestag**: Mai 1945 Ort: Volary Friedhof: Volary [25.] Quelle: Volary, FloNB, Klein PoT YV Item ID: 1046562	**Stern, Frieda** 04.12.1924 Wohnort: Deportation: Grünberg [GrRos]: GrRosNo.: **Zwodau**: 06.03.1945 FloNo.: 65110 HaftKat.: Jüdin Nation: Ungarn **Todestag**: 1945 Ort: Zwodau Abmeldung: 10.04.1945 Quelle: FloNB	**Stern, Helly** 17.12.1927 Wohnort: Deportation: Grünberg [GrRos]: GrRosNo.: **Helmbrechts**: 06.03.1945 FloNo.: 64018 HaftKat.: Jüdin Nation: Ungarn **Todestag**: 1945 Ort: Helmbrechts Abmeldung: 12.04.1945 Quelle: FloNB
Stern, Jolan 03.06.1920 [AltNa.: ‚Stein''] Wohnort: Deportation: Auschwitz: AuNo.: **Hertine**: 10.10.1944 FloNo.: 55148 HaftKat.: Jüdin Nation: Ungarn Befreiung: Theresienstadt **Todestag**: 31.05.1945 Ort: Theresienstadt Quelle : TDB, FloNB, Vgl. PoT YV Item ID: 1974525	**Stern, Ursula** 14.01.1924 Wohnort: Berlin Deportation: Berlin 18.04.44 Auschwitz: 20.04.1944 AuNo.: Bergen Belsen: BeBeNo.: **Dresden Reick**: 25.02.1945 FloNo.: 62822 HaftKat.: Jüdin [‚Ungarn''] Nation: Deutsches Reich **Todestag**: 1945 Ort: Quelle: FloNB, Koblenz	**Sternberg, Regina** 23.03.1920 Wien [# ledig] Wohnort: Amsterdam Deportation: Westerbork Theresienstadt: 07.04.1944 Auschwitz: 19.05.1944 [Eb] AuNo.: [A-3642 – A-5078] Neusalz [GrRos]: GrRosNo.: **Flossenbürg**: 08.03.1945 FloNo.: 64839 HaftKat.: Jüdin Nation: Österreich [Niederl.] Bergen Belsen: [17.03.45] **Todestag**: 31.05.1945 Ort: Bergen Belsen Quelle: BBMB, FloNB, TDB PoT YV Item ID: 1150049

Steyer, Eta 22.05.1922 Wohnort: Deportation: Grünberg [GrRos]: GrRosNo.: **Zwodau**: 06.03.1945 FloNo.: 65115 HaftKat.: Jüdin Nation: Ungarn **Todestag**: 1945 Ort: Zwodau Abmeldung: 26.03.1945 Quelle: FloNB	**Strakova, Klauda** Wohnort: Deportation: **Leitmeritz:** FloNo.: ohne HaftKat.: ohne Nation: ohne **Todestag**: 1945 Ort: Leitmeritz Quelle: M. Langhamerová, TDB	**Suchet, Noémie** 21.08.1920 Burbure MaNa.: Delobelle Wohnort: Deportation: Bruxelles: bis 26.11.1942 Ravensbrück: 26.11.1943 RavNo.: 25122 **Helmbrechts** [01.09.1944] **Holleischen**: FloNo.: 50279 HaftKat.: Politische Nation: Frankreich **Flossenbürg**: 11.04.1945 **Exekution**: 13.04.1945 Ort: Flossenbürg Abmeldung: 13.04.1945 Quelle: FloNB, LDF
Svigelj, Ancka 10.01.1925 Saranstein [AltNa.: Anna Schwigl] Wohnort: Deportation: Ravensbrück: RavNo.: **Dresden [Univ.]**: 09.10.44 FloNo.: 57656 HaftKat.: Sch.H. Nation: Deutsches Reich [Slowenin] **Todestag**: 14.02.1945 Ort: Dresden Bombardierung Abmeldung: ohne Quelle: FloNB, Sprengel	**Szajewicz, Chana** 25.06.1912 Lodz MaNa.: Hutarski Wohnort: Lodz, Insel Str. 5F33 Deportation: Ghetto Lodz: Auschwitz: AuNo.: **Freiberg**: 02.09.1944 FloNo.: 53529 HaftKat.: Jüdin Nation: Polen Mauthausen: 29.04.1945 **Todestag**: 1945 Ort: Mauthausen Quelle: PoT YV, FloNB YV Item ID: 912229	**Szekely, Magda** 07.05.1910 Eperjes / Presov MaNa. Spiegel [vgl.YV5801041] Wohnort: Kiralyhelmec Deportation: Budapest Bergen Belsen: BeBeNo.: **Venusberg**: 28.02.1945 FloNo.: 63196 HaftKat.: Jüdin Nation: Ungarn **Todestag**: 1945 Ort: Venusberg Abmeldung: 27.03.1945 Quelle: FloNB, HUNHDC PoT YV Item ID: 11092962

<table>
<tr>
<td>Sznycer, Itka
14.01.1927 Libiaz
[AltNa.: Schnitzer]
Wohnort: Cebinja
Deportation: Trzebinia
Neusalz [GrRos]:
GrRosNo.:
Flossenbürg: 08.03.1945
FloNo.: 64782
HaftKat.: Jüdin
Nation: Polen
Bergen Belsen: [17.03.45]
BeBeNo.:
Befreiung: Bergen Belsen
Todestag: 04.06.1945
Ort: Bergen Belsen

Quelle: BBMB, SVHF47711
PoT YV Item ID: 3594935, 8850190</td>
<td>Szurek, Anna
14.02.1907

Wohnort:
Deportation:
Ghetto Lodz:
Auschwitz:
AuNo.:
Stutthof: 03.09.1944
StuNo.: 82542
Dresden: 29.11.1944
[Dresden Bernsdorf]
FloNo.: 59877
HaftKat.: Jüdin
Nation: Polen
Todestag: Februar 1945
Ort: Dresden
Abmeldung: 15.02.1945
Quelle: FloNB</td>
<td>Szurek, Rachel Ela
25.02.1925

Wohnort:
Deportation: Ghetto Lodz
Auschwitz:
AuNo.:
Stutthof: 03.09.1944
StuNo.: 82543
Dresden: 29.11.1944
[Dresden Bernsdorf]
FloNo.: 59878
HaftKat.: Jüdin
Nation: Polen
Todestag: 14.02.1945
Ort: Dresden Bombardierung
Bestattung: 26.02.1945
Abmeldung: 06.03.1945
Quelle: FloNB, Tolkewitz</td>
</tr>
<tr>
<td>Szwarzberg, Gusta
26.06.1927

Wohnort:
Deportation:

Neusalz [GrRos]:
GrRosNo.:
Flossenbürg: 08.03.1945
FloNo.: 64790
HaftKat.: Jüdin
Nation: Polen
Bergen Belsen: [17.03.45]
BeBeNo.:
Befreiung: Bergen Belsen
Todestag: 02.05.1945
Ort: Bergen Belsen

Quelle: BBMB, FloNB</td>
<td>Tabakszmeker, Estera Lola
15.07.1924 Lodz
[AltDa.: 14.07.1923][# ledig]
Wohnort: Lodz, Zimmer Str. 22F5, Scheunen Str. 2
Deportation: Ghetto Lodz
Auschwitz:
AuNo.:
Stutthof: 03.09.1944
StuNo.: 84122
Dresden: 29.11.1944
[Dresden Bernsdorf]
FloNo.: 59901
HaftKat.: Jüdin
Nation: Polen
Todestag: April 1945
Todesort: [bei Dresden]
Bestattung: 04.04.1945
Quelle: FloNB, Tolkewitz
PoT YV Item ID: 3939133</td>
<td>Taflewicz, Mira
27.09.1919

Wohnort:
Deportation:

Auschwitz:
AuNo.:
Stutthof: 27.09.1944
StuNo.: 88845
Dresden: 29.11.1944
[Dresden Bernsdorf]
FloNo.: 59902
HaftKat.: Jüdin
Nation: Polen
Todestag: 1945
Ort: Mockethal? [Dresden]
Abmeldung: 14.03.1945
Quelle: FloNB, Vgl. PoT
YV Item ID: 774134</td>
</tr>
</table>

Tarr, Aurelia *Aja* [Aranka] 20.01.1909 [22.01.] Presov [#ledig] [Foto] Wohnort: Eperjes / Presov, Masaryk Str. 109 Deportation: Ghetto: 1942 Ravensbrück: RavNo.: **[Zwodau:]** **Neu Rohlau**: 02.04.1945 FloNo.: 65607 HaftKat.: Jüdin Nation: Slowakei [Ungarn] **Todestag**: 1945 Ort: Ghetto Karlsbad Quelle: PoT YV, FloNB YV Item ID: 4076737	**Taub, Piri** 26.04.1916 Wohnort: Deportation: Grünberg [GrRos]: GrRosNo.: **Helmbrechts**: 06.03.1945 FloNo.: 64026 HaftKat.: Jüdin Nation: Ungarn **Todestag**: 1945 Ort: Helmbrechts Abmeldung: 14.03.1945 Quelle: FloNB	**Thieberger, Ottilie** *Tilly* 26.02.1923 Wohnort: Oberschlesien Deportation: Grünberg [GrRos]: GrRosNo.: **Helmbrechts**: 06.03.1945 FloNo.: 64031 HaftKat.: Jüdin Nation: Polen **Todestag**: 1945 Ort: Friedhof: Volary [30.] Quelle: Volary, FloNB YV Item ID: 6693645
Tillemann, Elisabeth 11.03.1921 Wohnort: Deportation: Bergen Belsen: BeBeNo.: **Venusberg**: 28.02.1945 FloNo.: 63235 HaftKat.: Jüdin Nation: Ungarn **Todestag**: 1945 Ort: Venusberg Abmeldung: 29.03.1945 Quelle: FloNB	**Tomczak, Helena** 05.11.1911 Tybla [Kiew] Wohnort: Deportation: Auschwitz: AuNo: **Mittweida**: 09.10.1944 FloNo.: 55679 HaftKat: Z.A. Nation: Polen **Holleischen**: **Todestag**: 07.05.1945 Ort: Holleischen Quelle: Holysov, FloNB	**Treimann, Hella** 19.01.1909 Lodz Wohnort: Deportation: Ghetto Lodz: Auschwitz: AuNo: **Hainichen**: 08.09.1944 FloNo.: 53399 HaftKat: Jüdin Nation: Polen **Todestag**: 22.11.1944 Ort: Hainichen Abmeldung: 26.11.1944 Quelle: FloNB, Röcher

Türk, Klara 14.12.1911 Budapest MaNa.: Blutreich Wohnort: Budapest Deportation: Budapest Ravensbrück: RavNo.: **Venusberg**: 15.01.1945 FloNo.: 62206 HaftKat.: Jüdin Nation: Ungarn **Todestag**: 1945 Ort: unbekannt Quelle: FloNB, HUNHDC YV Item ID: 6980613, 5804557	**Unger, Hermine** 22.10.1911 Zilina MaNa.: Felkai Wohnort: Budapest Deportation: Budapest Ravensbrück: RavNo.: **Venusberg**: 15.01.1945 FloNo.: 62208 HaftKat.: Jüdin Nation: Ungarn **Todestag**: 1945 Ort: unbekannt Quelle: FloNB PoT YV Item ID: 1819315	**Vadasz, Ilona** 04.08.1900 Ajnacsko Wohnort: Budapest Deportation: Budapest Ravensbrück: RavNo.: **Venusberg**: 15.01.1945 FloNo.: 62209 HaftKat.: Jüdin Nation: Ungarn **Todestag**: 1945 Ort: [nicht Ravensbrück] Quelle: FloNB PoT YV Item ID: 1476068
Vainchtein, Celine 13.05.1896 Paris MaNa.: Tintel Wohnort: Paris Deportation: Drancy: bis 20.05.1944 [74] Auschwitz: 23.05.1944 AuNo.: [A-5420 – A-5666] Bergen Belsen: BeBeNo.: **Venusberg**: 28.02.1945 FloNo.: 63243 HaftKat.: Jüdin Nation: Frakreich **Todestag**: [nicht 27.05.44] Ort: [nicht Auschwitz!] Quelle: PoT YV, !JO!, FloNB YV Item ID: 1837328	**Vajdi, Livia** 21.12.1912 Eger Wohnort: Deportation: Bergen Belsen: BeBeNo.: **Dresden Reick**: 25.02.1945 FloNo.: 62829 HaftKat.: Jüdin Nation: Ungarn **Todestag**: April 1945 Ort: Dresden Bestattung: 14.04.1945 Abmeldung: ohne Quelle: FloNB, Tolkewitz	**Vass, Eva** 30.05.1917 Budapest Wohnort: Ujpest Deportation: Budapest Ravensbrück: RavNo.: **Venusberg**: 15.01.1945 FloNo.: 62212 HaftKat.: Jüdin Nation: Ungarn **Todestag**: 1945 Ort: Quelle: FloNB YV Item ID: 5021030

<table>
<tr>
<td>Van der Veen, Sientje
24.11.1907 Amsterdam
MaNa.: Bas
Wohnort:
Deportation: Westerbork
Auschwitz:
AuNo.:
Bergen Belsen:
BeBeNo.:
Venusberg: 28.02.1945
FloNo.: 63285
HaftKat.: Jüdin
Nation: Niederlande
Befreiung: Mauthausen
Todestag: 12.07.1945
Ort: Herisau
Friedhof: St.Gallen
Quelle: OGS, FloNB</td>
<td>Vieth, Martha
23.05.1921 Weipert

Wohnort:
Deportation:
Auschwitz:
AuNo.:
Ravensbrück: 30.08.1944
RavNo.: 61720
Graslitz: [01.09.1944]
FloNo.: 52770
HafKat.: Aso.
Nation: Deutsches Reich

Todestag: 1944
Ort: Graslitz
Abmeldung: 10.12.1944
Quelle: FloNB</td>
<td>Viragh, Magda
24.02.1924 [1920 ?]
[# ledig] [Foto?]
Wohnort:
Deportation: Budapest
Ravensbrück: 1944
RavNo.:
Freiburg [GrRos]: 12.01.45
GrRosNo.: 94015
Zwodau: 26.02.1945
FloNo.: 63470
HaftKat.: Jüdin
Nation: Ungarn
Todestag: 1945
Ort: [nicht Ravensbrück]
Friedhof: Volary [52.]
Quelle: Volary, FloNB
PoT YV Item ID: 755315 ?</td>
</tr>
<tr>
<td>Vodopivec Vilma
26.12.1913 Vituglia [28.12.]

Wohnort:
Deportation:

Auschwitz:
AuNo.:
Chemnitz: 24.10.1944
FloNo.: 56763
HaftKat.: Politische
Nation: Italien [Slowenien]
Ravensbrück: 12.02.1945
RavNo.: 108041
Todestag: [nicht 1944]
Ort: Ravensbrück

Quelle: RGB, FloNB</td>
<td>Voglová, Hildegard Dr. med.
31.01.1903

Wohnort: Prag
Deportation:
Prag-Lodz: 31.10.1941 [D]
Adresse: Holz Str.15F9
Auschwitz:
AuNo.:
Stutthof: 03.09.1944
StuNo.: 82674
Dresden: 29.11.1944
[Dresden Bernsdorf]
FloNo.: 59906
HaftKat.: Jüdin
Nation: Tschechoslowakei
Todestag: 14.02.1945
Ort: Dresden Bombardierung
Bestattung: 26.02.1945
Abmeldung: 06.03.1945
Quelle: FloNB, TDB</td>
<td>Volnermann, Chana
03.03.1930

Wohnort:
Deportation:

Grünberg [GrRos]:
GrRosNo.:
Helmbrechts: 06.03.1945
FloNo.: 64090
HaftKat.: Jüdin
Nation: Polen
Todestag: 1945
Ort:
Friedhof: Volary [76.]
Quelle: Volary, FloNB</td>
</tr>
</table>

Waczak, Magdalena *Maria* 10.07.1903 Brunow Wohnort: Deportation: Ravensbrück: 25.08.1944 RavNo.: 60513 **Leitmeritz**: [‚06.04.1945’] FloNo.: nicht registriert PriCat.: Sch. Nation: Polen Befreiung: Leitmeritz **Todestag**: 14.05.1945 Ort: Leitmeritz Quelle: M. Langhamerová, TDB	**Waibel, Anna** 20.09.1912 Seifritz Wohnort: Deportation: Ravensbrück: RavNo.: **Zwodau**: [01.09.1944] FloNo.: 52719 HaftKat.: BV. Nation: Deutsches Reich **Todestag**: 1945 Ort: Zwodau Abmeldung: 26.03.1945 Quelle: FloNB	**Wajsbard, Ewa** 30.06.1901 Lodz MaNa: Wohnort: Lodz Deportation: Ghetto Lodz: Auschwitz: AuNo.: **Freiberg**: 02.09.1944 FloNo.: 53661 HaftKat.: Jüdin Nation: Polen Mauthausen: 29.04.1945 **Todestag**: 1945 Ort: Mauthausen Quelle: PoT YV, FloNB YV Item ID: 796147
Waksmann, Mirla 05.07.1915 Wohnort: Deportation: Grünberg [GrRos]: GrRosNo.: **Helmbrechts**: 06.03.1945 FloNo.: 64040 HaftKat.: Jüdin Nation: Polen **Todestag**: 1945 Ort: Friedhof: Volary Quelle: Volary, FloNB	**Waldner, Mala** *Malka* 12.11.1928 Kranov = Chrzanow? Wohnort: Deportation: Grünberg [GrRos]: GrRosNo.: **Helmbrechts**: 06.03.1945 FloNo.: 64041 HaftKat.: Jüdin Nation: Polen **Todestag**: 1945 Ort: Friedhof: Volary [3.] Quelle: Volary, FloNB	**Waldner, Mania** 06.08.1926 Kranov = Chrzanow? Wohnort: Deportation: Grünberg [GrRos]: GrRosNo.: **Helmbrechts**: 06.03.1945 FloNo.: 64042 HaftJat.: Jüdin Nation: Polen **Todestag**: 1945 Ort: Friedhof: Volary [15.] Quelle: Volary, FloNB

Walter, Ilona 30.03.1907 Budapest MaNa.: Rothmann [Foto] Wohnort: Deportation: Bergen Belsen: BeBeNo.: **Dresden Reick**: 25.02.1945 FloNo.: 62835 HaftKat.: Jüdin Nation: Ungarn **Todestag**: 1945 Ort: Quelle: PoT YV, FloNB YV Item ID: 1452576	**Walter**ová**, Ida** 01.03.1896 Wohnort: Deportation: Bergen Belsen: BeBeNo.: **Dresden Reick**: 25.02.1945 FloNo.: 62834 HaftKat.: Jüdin Nation: Tschechoslowakin **Todestag**: 1945 Ort: Dresden Abmeldung: 05.03.1945 Quelle: FloNB	**Weber, Dina** 05.02.1928 [23] Chrzanow [# ledig] [Kinderfoto] Wohnort: Chrzanow Deportation: Neusalz [GrRos]: GrRosNo.: **Flossenbürg**: 08.03.1945 FloNo.: 64879 HaftKat.: Jüdin Nation: Polen Bergen Belsen: [17.03.45] BeBeNo.: **Todestag**: April 1945 Ort: Bergen Belsen [Typhus] Quelle: PoT YV, FloNB, YV Item ID: 870203, 1204234
Weinberger, Maria 06.06.1899 Budapest Wohnort: Deportation: Budapest: Ravensbrück: RavNo.: **Venusberg**: 15.01.1945 FloNo.: 62216 HaftKat.: Jüdin Nation: Ungarn **Todestag**: 1945 Ort: Venusberg Abmeldung: 26.03.1945 Quelle: FloNB	**Weinberger, Marta** 22.09.1926 [AltDa.: 10.09.1922] Wohnort: Deportation: Grünberg [GrRos]: GrRosNo.: **Helmbrechts**: 06.03.1945 FloNo.: 64058 HaftKat.: Jüdin Nation: Ungarn **Todestag**: 1945 Ort: Friedhof: Volary [vgl. 78.] Quelle: Volary, FloNB	**Weiner, Felicia** 01.07.1910 Wohnort: Deportation: Bergen Belsen: BeBeNo.: **Venusberg**: 28.02.1945 FloNo.: 63256 HaftKat.: Jüdin Nation: Tschechoslowakei **Todestag**: 1945 Ort: Venusberg Abmeldung: 23.03.1945 Quelle: FloNB

Weinstock, Irenc
24.09.1929

Wohnort:
Deportation:

Grünberg [GrRos]:
GrRosNo.:
Zwodau: 06.03.1945
FloNo.: 65124
HaftKat.: Jüdin
Nation: Ungarn

Todestag: 1945
Ort: Zwodau
Abmeldung: 19.03.1945
Quelle: FloNB

Weintraub, Mania [Maria]
20.12.1920
Lodz
Wohnort:
Deportation:

Grünberg [GrRos]:
GrRosNo.:
Helmbrechts: 06.03.1945
FloNo.: 64063
HaftKat.: Jüdin
Nation: Polen

Todestag: 1945
Ort:
Friedhof: Volary [12.]
Quelle: Volary, FloNB

Weiss, Erzsebet [Jenöne]
04.01.1915 Szatmarnemeti
MaNa.: Moskovits [?]
Wohnort: Budapest
Deportation: Budapest
Csengery 64, Budapest VI.
Dachau: 24.11.1944
DaNo.: 135436
Bergen Belsen: 17.12.1944
BeBeBo.:
Venusberg: 28.02.1945
FloNo.: 63293
HaftKat.: Jüdin
Nation: Ungarn
Befreiung: Mauthausen
Todestag: 29.05.1945
Ort: Mauthausen

Quelle: FloNB, AMM Y/39
YV Item ID: 9325277, 9325657

Weiss, Martha
15.09.1919 Kisvarda
MaNa.: Blaustein [?]
Wohnort: Budapest
Deportation:

Budapest:
Ravensbrück:
RavNo.:
Venusberg: 15.01.1945
FloNo.: 62227
HaftKat.: Jüdin
Nation: Ungarn
Befreiung: Mauthausen
Todestag: 17.04.1945 [?]
Ort: Evakuierung/Mauthausen

Quelle: FloNB, Vgl.
BArch B 162 8375/37f.

Weiss, Zsuzsanna *Zsuzsa*
07.11.1926

Wohnort: Budapest
Deportation: Budapest
Ravensbrück:
RavNo.:
Freiburg [GrRos]: 12.01.45
GrRosNo.: 94147
Zwodau: 26.02.1945
FloNo.: 63472
HaftKat.: Jüdin
Nation: Ungarn

Todestag: 1945
Ort:
Friedhof: Volary [19.]
Quelle: Volary, FloNB
Vgl. Pot YV Item ID: 1306043

Weisz, Irene
06.08.1919 [1918] Satoraljaujhely

Wohnort: Budapest
Deportation:

Bergen Belsen:
BeBeNo.:
Dresden Reick: 25.02.1945
FloNo.: 62841
HaftKat.: Jüdin
Nation: Ungarn

Todestag: 1945
Ort: Hellendorf

Quelle: PoT YV, FloNB
YV Item ID: 428497

<table>
<tr>
<td>Weisz, Maria
03.10.1927

Wohnort:
Deportation:

Bergen Belsen:
BeBeNo.:
Dresden Reick: 25.02.1945
FloNo.: 62843
HaftKat.: Jüdin
Nation: Ungarn
Todestag: 30.03.1945
Ort: Dresden
Bestattung: 31.03.1945
Abmeldung: ohne
Quelle: FloNB, Tolkewitz</td>
<td>Weisz, Ruth
15.05.1910 Berlin
MaNa.: Neumann
Residence: Berlin
Deportation:
Westerbork: bis 03.09.1944
Auschwitz: 05.09.1944
AuNo.: [A-25060 – A-25271]
Bergen Belsen:
BeBeNo.:
Venusberg: 28.02.1945
FloNo.: 63259
HaftKat.: Jüdin
Nation: Niederlande
Todestag: [spät. 10.05.1945]
Ort: Mitteleuropa

Quelle: OGS, FloNB</td>
<td>Weksler, Bacia
23.05.1921 Dabrowa Gornicza
[AltNa.: Wechter]
Residence: Dabrowa Gornicza
Deportation:

Grünberg [GrRos]:
GrRosNo.:
Helmbrechts: 06.03.1945
FloNo.: 64049
HaftKat.: Jüdin
Nation: Polen
Erschossen: 1945
Ort:

Quelle: PoT YV, FloNB
YV Item ID: 674972 u.a.</td>
</tr>
<tr>
<td>Wenger, Suse

Wohnort:
Deportation:

Neusalz [GrRos]:
GrRosNo.:
Flossenbürg: 09.03.1945
FloNo.: 64899
HaftKat.: Jüdin
Nation: Polen

Todestag: 1945
Ort: Flossenbürg
Abmeldung: 14.03.1945
Quelle: FloNB</td>
<td>Wengrodska, Cipora
08.01.1930 [29] Lodz
[# ledig]
Wohnort: Lodz, Fisch Str. 1
Deportation: Ghetto Lodz
Auschwitz:
AuNo.:
Stutthof: 03.09.1944
StuNo.: 82652
Dresden: 29.11.1944
[Dresden Bernsdorf]
FloNo.: 59922
HaftKat.: Jüdin
Nation: Polen
Zwodau:
Befreiung: Theresienstadt
Todestag: 10.07.1945
Ort: Theresienstadt
Quelle: TDB, FloNB
Pot YV Item ID: 925281</td>
<td>Werebejczyk, Cwija
17.09.1895 [94-99] Lodz
MaNa.: Lasman [Foto]
Wohnort: Lodz, Insel Str. 9
Deportation: Ghetto Lodz
Auschwitz:
AuNo.:
Stutthof: 03.09.1944
StuNo.: 84124
Dresden: 29.11.1944
[Dresden Bernsdorf]
FloNo.: 59914
HaftKat.: Jüdin
Nation: Polen
Todestag: 20.03.1945
Ort: Dresden
Bestattung: 30.03.1945
Abmeldung: 02.04.1945
Quelle: FloNB, Tolkewitz
PoT YV Item ID: 1534961 u.a.</td>
</tr>
</table>

<table>
<tr>
<td>**Wertheimer, Eva Lea**
1922 Balkany
[#ledig][AltDa.: '22.09.1902']
Wohnort: Balkany
Deportation:
Nyredhaza: Nyiregyhaza
Auschwitz:
AuNo.:
Krakau Plaszow:
Auschwitz:
Oederan: 12.09.1944
FloNo.: 59443
HaftKat.: Jüdin
Nation: Ungarn
Todestag: 11.10.1944
Ort: Oederan
Bestattung: 12.10.1944
Abmeldung: 16.10.1944
Quelle: PoT YV, FloNB
YV Item ID: 865580</td>
<td>**Wigdorowicz, Itla**
13.04.1911 [14] Chrzanow

Wohnort: Chrzanow
Deportation:

Neusalz [GrRos]:
GrRosNo.:
Flossenbürg: 08.03.1945
FloNo.: 64921
HaftKat.: Jüdin
Nation: Polen
Bergen Belsen: [17.03.45]
BeBeNo.:
Todestag: Mai 1945
Ort: Bergen Belsen

Quelle: PoT YV, FloNB
YV Item ID: 749481</td>
<td>**Windholc, Berta**
29.03.1927 Trinec
[#ledig]
Wohnort: Moravska Ostrava
Deportation: Teschen
Auschwitz:
Neusalz [GrRos]:
GrRosNo.:
Flossenbürg: 08.03.1945
FloNo.: 64922
HaftKat.: Jüdin
Nation: Polen
Bergen Belsen: [17.03.45]
BeBeNo.:
Todestag: 16.03.1945 [?!]
Ort: Bergen Belsen

Quelle: PoT YV, FloNB
YV Item ID: 8829726
PoT YV Item ID: 328407</td>
</tr>
<tr>
<td>**Winger, Lilli**
22.11.1922

Wohnort:
Deportation:
Ravensbrück:
RavNo.:
Freiburg [GrRos]: 12.01.45
GrRosNo.: 94138
Zwodau: 26.02.1945
FloNo.: 63474
HaftKat.: Jüdin
Nation: Ungarn

Todestag: 1945
Ort: Zwodau
Abmeldung: 28.03.1945
Quelle: FloNB</td>
<td>**Winkler, Rosi**
08.06.1926

Wohnort:
Deportation:

Grünberg [GrRos]:
GrRosNo.:
Zwodau: 06.03.1945
FloNo.: 65131
HaftKat.: Jüdin
Nation: Ungarn

Todestag: 1945
Ort: Zwodau
Abmeldung: 26.03.1945
Quelle: FloNB
Vgl. YV Item ID: 7474604</td>
<td>**Winkler, Rozsi**
01.02.1921

Wohnort: Budapest
Deportation:

Budapest:
Ravensbrück:
RavNo.:
Venusberg: 15.01.1945
FloNo.: 62248
HaftKat.: Jüdin
Nation: Ungarn
Befreiung: Mauthausen
Todestag: 06.06.1945
Ort: Mauthausen [Typhus]

Quelle: FloNB, AMM, ITS
YV Item ID: 5021411</td>
</tr>
</table>

Winter, Eva 22.02.1923 Budapest [AltDa.: 23.02.1923] Wohnort: Budapest Deportation: Budapest Bergen Belsen: BeBeNo.: **Venusberg**: 28.02.1945 FloNo.: 63266 HaftKat.: Jüdin Nation: Ungarn **Todestag**: 1945 Ort: [nicht Bergen Belsen] Quelle: FloNB, PoT YV Item ID: 8131448	**Winter, Ita** 24.04.1924 Bedzin Wohnort: Bedzin Deportation: Neusalz [GrRos]: GrRosNo.: **Flossenbürg**: 08.03.1945 FloNo.: 64926 HaftKat.: Jüdin Nation: Polen Bergen Belsen: [17.03.45] BeBeNo.: **Todestag**: 13.05.1945 Ort: Bergen Belsen Quelle: PoT YV, BBMB, FloNB YV Item ID: 643216	**Winterberg,** **Irmgard Margot** 01.06.1904 Putzig MaNa.: Lewinski [Foto] Wohnort: Bonn Deportation: Bonn Theresienstadt: Auschwitz: 06.10.1944 [En] AuNo.: keine Tätowierung **Freiberg**: 12.10.1944 FloNo.: 54410 HaftKat.: Jüdin Nation: Deutsches Reich Befreiung: Mauthausen **Todestag**: 16.12.1945 Ort: Linz Quelle: PoT YV, FloNB, TDB YV Item ID: 755292
Wisniewska, Kazimira 04.03.1919 Wohnort: Sebrowo Deportation: Ravensbrück: RavNo.: **Holleischen**: [01.09.1944] FloNo.: 50573 HaftKat.: Politische Nation: Polen **Todestag**: 02.08.1945 Ort: Holleischen Quelle: Jiri Fischer, FloNB	**Wloszczowska, Cyla** 14.07.1916 Wohnort: Maczki Deportation: Neusalz [GrRos]: GrRosNo.: **Flossenbürg**: 08.03.1945 FloNo.: 64932 HaftKat.: Jüdin Nation: Polen Bergen Belsen: [17.03.45] BeBeNo.: **Todestag**: 19.07.1945 Ort: Norrkoeping Quelle: Schweden, FloNB	**Wolf, Johanna** 16.01.1921 Amsterdam Wohnort: Amsterdam Deportation: Westerbork: Theresienstadt: 07.04.1944 Auschwitz: 19.05.1944 [Eb] AuNo.: [A-3642 – A-5078] Neusalz [GrRos]: GrRosNo.: **Flossenbürg**: 08.03.1945 FloNo.: 64936 HaftKat.: Jüdin Nation: Niederlande Bergen Belsen: [17.03.45] BeBeNo.: **Todestag**: 02.06.1945 Ort: Bergen Belsen Quelle: BBMB, FloNB, TDB

<table>
<tr>
<td>Wolf, Magdalena
03.05.1902 [1903] Budapest
MaNa.: Spitzer [Foto]
Wohnort: Bratislava
Deportation:
Ravensbrück:
RavNo.:
[Zwodau:]
Neu Rohlau: 02.04.1945
FloNo.: 65648
HaftKat.: Jüdin
Nation: Slowakei [Ungarn]
Todestag: 1945
Ort:
Quelle: PoT YV, FloNB
YV Item ID: 870383</td>
<td>Wolkowicz, Miriam
31.05.1905
MaNa.: Pfeffer [?]
Wohnort: Lodz, Korn Gasse 5F9, Kurze Gasse 18, Alexanderhof 9
Deportation: Ghetto Lodz
Auschwitz:
AuNo.:
Stutthof: 03.09.1944
StuNo.: 84127
Dresden: 29.11.1944
[Dresden Bernsdorf]
FloNo.: 59924
HaftKat.: Jüdin
Nation: Polen
Todestag: 1945
Ort: Bei der Evakuierung
Quelle: FloNB, ZIH 301/3762</td>
<td>Zacher, Rose
10.02.1922 Augsburg
Wohnort:
Deportation:
Ravensbrück:
RavNo.:
Zwodau: [01.09.1944]
FloNo.: 51011
HaftKat.: Aso.
Nation: Deutsches Reich
Todestag:
Ort: Zwodau
Abmeldung: 16.02.1945
Quelle: FloNB, RGB</td>
</tr>
<tr>
<td>Zaks, Livia Nunia
10.09.1927 Sosnowice
Wohnort: Sosnowitz
Deportation:
Bolkenhain: 1944
Grünberg [GrRos]:
GrRosNo.:
Helmbrechts: 06.03.1945
FloNo.: 64095
HaftKat.: Jüdin
Nation: Polen
Todestag: 1945
Ort: Volary
Quelle: PoT YV, FloNB
YV Item ID: 4424282</td>
<td>Zerykier, Renija Ryfka
12.03.1905 [10]
Wohnort:
Deportation: Ghetto Lodz
Auschwitz:
AuNo.:
Stutthof: 03.09.1944
StuNo.: 82726
Dresden: 29.11.1944
[Dresden Bernsdorf]
FloNo: 59933
HaftKat.: Jüdin
Nation: Polen
Todestag: 13.12.1944
Ort: Dresden
Bestattung: 24.01.1945
Abmeldung: 27.12.1944
Quelle: FloNB, Tolkewitz</td>
<td></td>
</tr>
</table>

Unbekannte Tote Wohnort: Deportation: Grünberg [GrRos]: GrRosNo.: **Zwodau**: [06.03.1945] FloNo.: 65134 HaftKat.: Jüdin Nation: **Todestag**: 4. bis 08.03.1945 Ort: Unterwegs nach Zwodau Abmeldung: [ohne] Quelle: FloNB	**Unbekannte Tote** Wohnort: Deportation: Grünberg [GrRos]: GrRosNo.: **Zwodau**: [06.03.1945] FloNo.: 65135 HaftKat.: Jüdin Nation: **Todestag**: 4. bis 08.03.1945 Ort: Unterwegs nach Zwodau Abmeldung: [ohne] Quelle: FloNB	**Unbekannte Tote** Wohnort: Deportation: Grünberg [GrRos]: GrRosNo.: **Zwodau**: [06.03.1945] FloNo.: 65136 HaftKat.: Jüdin Nation: **Todestag**: 4. bis 08.03.1945 Ort: Unterwegs nach Zwodau Abmeldung: [ohne] Quelle: FloNB
Unbekannte Tote Wohnort: Deportation: Grünberg [GrRos]: GrRosNo.: **Zwodau**: [06.03.1945] FloNo.: 65137 HaftKat.: Jüdin Nation: **Todestag**: 4. bis 08.03.1945 Ort: Unterwegs nach Zwodau Abmeldung: [ohne] Quelle: FloNB	**Unbekannte Tote** Wohnort: Deportation: Grünberg [GrRos]: GrRosNo.: **Zwodau**: [06.03.1945] FloNo.: 65138 HaftKat.: Jüdin Nation: **Todestag**: 4. bis 08.03.1945 Ort: Unterwegs nach Zwodau Abmeldung: [ohne] Quelle: FloNB	**Unbekannte Tote** Wohnort: Deportation: Grünberg [GrRos]: GrRosNo.: **Zwodau**: [06.03.1945] FloNo.: 65139 HaftKat.: Jüdin Nation: **Todestag**: 4. bis 08.03.1945 Ort: Unterwegs nach Zwodau Abmeldung: [ohne] Quelle: FloNB

Unbekannte Tote	Unbekannte Tote	Unbekannte Tote
Wohnort: Deportation:	Wohnort: Deportation:	Wohnort: Deportation:
Grünberg [GrRos]: GrRosNo.: **Zwodau**: [06.03.1945] FloNo.: 65140 HaftKat.: Jüdin Nation:	Grünberg [GrRos]: GrRosNo.: **Zwodau**: [06.03.1945] FloNo.: 65141 HaftKat.: Jüdin Nation:	Grünberg [GrRos]: GrRosNo.: **Zwodau**: [06.03.1945] FloNo.: 65142 HaftKat.: Jüdin Nation:
Todestag: 4. bis 08.03.1945 Ort: Unterwegs nach Zwodau Abmeldung: [ohne] Quelle: FloNB	**Todestag**: 4. bis 08.03.1945 Ort: Unterwegs nach Zwodau Abmeldung: [ohne] Quelle: FloNB	**Todestag**: 4. bis 08.03.1945 Ort: Unterwegs nach Zwodau Abmeldung: [ohne] Quelle: FloNB
Unbekannte Tote	**Unbekannte Tote**	**Unbekannte Tote**
Wohnort: Deportation:	Wohnort: Deportation:	Wohnort: Deportation:
Grünberg [GrRos]: GrRosNo.: **Zwodau**: [06.03.1945] FloNo.: 65143 HaftKat.: Jüdin Nation:	Grünberg [GrRos]: GrRosNo.: **Zwodau**: [06.03.1945] FloNo.: 65144 HaftKat.: Jüdin Nation:	Grünberg [GrRos]: GrRosNo.: **Zwodau**: [06.03.1945] FloNo.: 65145 HaftKat.: Jüdin Nation:
Todestag: 4. bis 08.03.1945 Ort: Unterwegs nach Zwodau Abmeldung: [ohne] Quelle: FloNB	**Todestag**: 4. bis 08.03.1945 Ort: Unterwegs nach Zwodau Abmeldung: [ohne] Quelle: FloNB	**Todestag**: 4. bis 08.03.1945 Ort: Unterwegs nach Zwodau Abmeldung: [ohne] Quelle: FloNB

Unbekannte Tote Wohnort: Deportation: Grünberg [GrRos]: GrRosNo.: **Zwodau**: [06.03.1945] FloNo.: 65146 HaftKat.: Jüdin Nation: **Todestag**: 4. bis 08.03.1945 Ort: Unterwegs nach Zwodau Abmeldung: [ohne] Quelle: FloNB	**Unbekannte Tote** Wohnort: Deportation: Grünberg [GrRos]: GrRosNo.: **Zwodau**: [06.03.1945] FloNo.: 65147 HaftKat.: Jüdin Nation: **Todestag**: 4. bis 08.03.1945 Ort: Unterwegs nach Zwodau Abmeldung: [ohne] Quelle: FloNB	**Unbekannte Tote** Wohnort: Deportation: Grünberg [GrRos]: GrRosNo.: **Zwodau**: [06.03.1945] FloNo.: 65148 HaftKat.: Jüdin Nation: **Todestag**: 4. bis 08.03.1945 Ort: Unterwegs nach Zwodau Abmeldung: [ohne] Quelle: FloNB
Unbekannte Tote Wohnort: Deportation: Grünberg [GrRos]: GrRosNo.: **Zwodau**: [06.03.1945] FloNo.: 65149 HaftKat.: Jüdin Nation: **Todestag**: 4. bis 08.03.1945 Ort: Unterwegs nach Zwodau Abmeldung: [ohne] Quelle: FloNB	**Unbekannte Tote** Wohnort: Deportation: Grünberg [GrRos]: GrRosNo.: **Zwodau**: [06.03.1945] FloNo.: 65150 HaftKat.: Jüdin Nation: **Todestag**: 4. bis 08.03.1945 Ort: Unterwegs nach Zwodau Abmeldung: [ohne] Quelle: FloNB	**Unbekannte Tote** Wohnort: Deportation: Grünberg [GrRos]: GrRosNo.: **Zwodau**: [06.03.1945] FloNo.: 65152 HaftKat.: Jüdin Nation: **Todestag**: 4. bis 08.03.1945 Ort: Unterwegs nach Zwodau Abmeldung: [ohne] Quelle: FloNB

Literatur

Aas, Norbert. Sinti und Roma im KZ Flossenbürg und seinen Außenlagern Wolkenburg und Zwodau. Bumerang Verlag. Bayreuth. 2001

Benz, Wolfgang. Distel, Barbara. Der Ort des Terrors. Geschichte der nationalsozialistischen Konzentrationslager. Band 4. C.H. Beck Verlag. München. 2006

Czech, Danuta. Kalendarium der Ereignisse im KZ Auschwitz-Birkenau 1939-1945. Rowohlt. Reinbek bei Hamburg. 1989

Cziborra, Pascal. Frauen im KZ. Möglichkeiten und Grenzen der historischen Forschung am Beispiel des KZ Flossenbürg und seiner Außenlager. Lorbeer Verlag. Bielefeld. 2010

Cziborra, Pascal. KZ Dresden Reick. Tödlicher Typhus. Lorbeer Verlag. Bielefeld. 2014

Cziborra, Pascal. KZ Dresden Striesen. Das Familienlager Bernsdorf & Co. in der Schandauer Straße 68 Lorbeer Verlag. Bielefeld. 2013

Cziborra, Pascal. KZ Flossenbürg. Gedenkbuch der Frauen. Lorbeer Verlag. Bielefeld. 2007

Cziborra, Pascal. KZ Freiberg. Geheime Schwangerschaft. Lorbeer Verlag. Bielefeld. 2008

Cziborra, Pascal. KZ Gundelsdorf. Fischers Liste. Lorbeer Verlag. Bielefeld. 2010

Cziborra, Pascal. KZ Mehltheuer. Lippenstift statt Lebensmittel. Lorbeer Verlag. Bielefeld. 2012

Cziborra, Pascal. KZ Oederan. Verlorene Jugend. Lorbeer Verlag. Bielefeld. 2008

Cziborra, Pascal. KZ Venusberg. Der verschleppte Tod. Lorbeer Verlag. Bielefeld. 2008

Cziborra, Pascal. KZ Wilischthal. Unter Hitlerauges Aufsicht. Lorbeer Verlag. Lemgo. 2007

Cziborra, Pascal. KZ Zschopau. Sprung in die Freiheit. Lorbeer Verlag. Lemgo. 2007

Düsing, Michael. Wir waren zum Tode bestimmt. Jüdische Zwangsarbeiterinnen erinnern sich. Forum Verlag Leipzig. Leipzig. 2002

Frankl, Michal. Theresienstädter Gedenkbuch. Österreichische Jüdinnen und Juden in Theresienstadt 1942 – 1945. Prag. 2005

Goldhagen, Daniel Jonah. Hitler's Willing Executioners. Ordinary Germans and the Holocaust. Alfred A. Knopf. New York. 1996

Ibel, Johannes. Die Häftlingsdatenbank der KZ-Gedenkstätte Flossenbürg. Rundbrief Nr. 115 10/2003

Kárný, Miroslav. Theresienstädter Gedenkbuch : die Opfer der Judentransporte aus Deutschland nach Theresienstadt 1942 - 1945. Academia. Prag. 2000

Klarsfeld, Serge. Le mémorial de la déportation des juifs de France. Beate et Serge Klarsfeld. 1978

Klarsfeld, Serge. Mémorial de la déportation des juifs de Belgique.
Union des Déportés Juifs en Belgique. Bruxelles. 1982

Nitsche, Jürgen. Röcher , Ruth. Juden in Chemnitz. Die Geschichte der Gemeinde und ihrer Mitglieder.
Michel Sandstein Verlag. Dresden. 2002

Parcer, Jan. Memorial Book. The Gypsies at Auschwitz-Birkenau. K.G. Saur. München. 1993

Philipp, Grit. Kalendarium der Ereignisse im Frauen-Konzentrationslager Ravensbrück 1939-1945.
Metropol Verlag. Berlin. 1999

Picciotto Fargion, Liliana. Il libro della memoria gli ebrei deportati dall'Italia (1943-1945).
Mursia. Milano. 2002

Reynaud, Michel. Livre mémorial des déportés de France arrêtés par mesure de répression
et dans certains cas par mesure de persécution : 1940 – 1945. Ed.Tirésias. Paris. 2004

Bundesarchiv Koblenz. Gedenkbuch. Opfer der Verfolgung der Juden
unter der nationalsozialistischen Gewaltherrschaft in Deutschland 1933-1945. Koblenz. 2006

Gedenkstätte Bergen-Belsen. Book of Remembrance. Stiftung Niedersächsische Gedenkstätten. 2005

Mahn- und Gedenkstätte Ravensbrück. Gedenkbuch für die Opfer des Konzentrationslagers Ravensbrück
1939-1945. Metropol Verlag. Berlin. 2005

Quellen:

AMM – Archiv Mauthausen Memorial (Wien, Österreich)
AMM U8a/2, U8b/2, Y/39

APMO – Archiwum Panstwowe Muzeum Auschwitz-Birkenau (Oswiecim, Polen)
Häftlingsdatenbank - Onlinequelle

BArch – Bundesarchiv (Berlin, Deutschland)
Forderungsnachweise BArch NS4 FL / 393 Bd. 2, B 162 (Zentrale Stelle Ludwigsburg)

DEGOB - Deportáltaktat Gondozó Országos Bizottság (Budapest, Ungarn)
Protokoll 691, 2111, 2650, 3377

NARA - National Archives and Records Administration (Washington, USA)
NARA, M-1935 R1, M-1935 R-2, M-1935 R-3, M-1935 R-4
[Flossenbürger Nummernbücher]

Památnik Terezin (Theresienstadt, Tschechien):
Auszüge aus der Häftlingsdatenbank (Onlinequelle)

Shoah Visual History Foundation – University of Southern California (Los Angeles)
SVHF-Videointerviews Überlebender

USHMM – United States Holocaust Memorial Museum (Washington, USA)
Häftlingsdatenbank - Onlinequelle

YV – Yad Vashem Archiv (Jerusalem, Israel)
Gedenkblätter [Pages of Testimony], Opferdatenbank - Onlinequelle

Abkürzungsverzeichnis

Kürzel	Abkürzungen und Quellen des Gedenkteils
Aas	Norbert Aas [Publikation]
AltNa	Alternativer Name
AuNo	Auschwitzer Häftlingsnummer
BeBeNo	Bergen Belsener Häftlingsnummer
BBMB	Bergen Belsener Gedenkbuch
Cziborra	Pascal Cziborra [Publikation]
Düsing	Michael Düsing [Publikation]
DOEW	Dokumentationsarchiv des Österreichischen Widerstandes
FloNB	Flossenbürger Nummernbücher
FloNo	Flossenbürger Häftlingsnummer
GrRosNo	Groß Rosener Häftlingsnummer
Holysov	Opferliste des Lagers Holleischens
HUNHDC	Holocaust Document Center Budapest (HDCB)
JO	Französisches Amtsblatt – Journal Officiel
Katsdorf	Friedhofsakten Katsdorf – Katsdorfer Heimatblätter Folge 5
Koblenz	Gedenkbuch des Bundesarchivs
LDF	Livre mémorial des déportés de France
Lodz	Ghettoregistratur Lodz
MaNa	Mädchenname
OGS	Stiftung Niederländische Kriegsgräberfürsorge - Oorlogsgravenstichting
PiFa	Liliana Picciotto Fargion [Publikation]
PoT YV	Biografische Datenbögen der Gedenkstätte Yad Vashem
HaftKat	Häftlingskategorie
RavNo	Ravensbrücker Häftlingsnummer
Red Cross	Rotes Kreuz [Dokumente]
RGB	Ravensbrücker Gedenkbuch
Röcher	Ruth Röcher [&Nitsche Publikation]
Scheuer	Lisa Scheuer [Publikation]
Sweden	Auflistungen Holocaust Überlebender in Schweden
TDB	Theresienstädter Datenbank
Volary	Auswertung der Gräber
ZStL B 162	Zentrale Stelle der Landesjustizverwaltung in Ludwigsburg zur Aufklärung nationalsozialistischer Verbrechen
Kürzel	**Kürzel & Bestandteile der Häftlingskategorien**
Aso.	"Asozialer"
a.W.	auf Widerruf
BH	Beugehaft
BV	Berufsverbrecher
J[üd].	Jüdisch / Jude
Pol[it].	Politischer Häftling
PSV	Polizeiliche Sicherungsverwahrung
Sch. [H.]	Schutzhaft
VH	Vorbeugehaft/-häftling
Z.A.	„Zivilarbeiter“
Zig.	„Zigeuner“